异度均衡

未来的"最"优解

朱小黄　谭庆华◎著

中信出版集团｜北京

图书在版编目（CIP）数据

异度均衡 / 朱小黄，谭庆华著. -- 北京：中信出版社，2023.10
ISBN 978-7-5217-5085-0

Ⅰ.①异⋯ Ⅱ.①朱⋯ ②谭⋯ Ⅲ.①中国经济－经济发展－研究 Ⅳ.① F124

中国版本图书馆 CIP 数据核字 (2022) 第 251845 号

异度均衡
著者： 朱小黄 谭庆华
出版发行：中信出版集团股份有限公司
（北京市朝阳区东三环北路 27 号嘉铭中心 邮编 100020）
承印者： 北京通州皇家印刷厂

开本：787mm×1092mm 1/16 印张：20 字数：251 千字
版次：2023 年 10 月第 1 版 印次：2023 年 10 月第 1 次印刷
书号：ISBN 978-7-5217-5085-0
定价：78.00 元

版权所有·侵权必究
如有印刷、装订问题，本公司负责调换。
服务热线：400-600-8099
投稿邮箱：author@citicpub.com

目录

序言一：未来值得期待 …………………… 白钦先　5
序言二：坚持思考与理论创新 …………………… 常振明　9
序言三：让未来叩问当前——新的发展观 ………… 周天勇　11
前言：要从理论和心理上改掉只顾眼前的毛病 ………………… 19

引言：如何校正只顾当前的短视行为？ ………………… 001

第一章　从敬畏自然到敬畏未来：发展观的完善 ………… 002
　一、现代工业文明忧思 ………………………… 002
　二、人类自然生存策略及其模式调整：从敬畏自然到
　　　敬畏未来 ……………………………………… 005
　三、异度均衡理论概述：第三类均衡 ………………… 009
　四、异度均衡理论的中国特色背景与探索 …………… 016
　五、异度均衡数据模型及其意义 …………………… 019

第二章　异度均衡的理论来源 ………………………… 020
　一、东方哲学的精华：适度 …………………………… 020
　二、均衡分析理论的思想线 …………………………… 025

三、不确定性原理及风险管理理论：如何测算未来 ………… 033
　　四、可持续发展理论及其代际公平的实现 ………………… 043

第三章　异度均衡的理论假设 ……………………………… 048
　　一、过去、现在和未来构成事物的整体 …………………… 048
　　二、隐性收益与隐性损耗的客观性 ………………………… 050
　　三、人类理性的有限性与理性自负 ………………………… 051
　　四、未来是一个权利主体 …………………………………… 055

第四章　异度均衡理论的基本范畴 ………………………… 060
　　一、未来的现实性 …………………………………………… 060
　　二、经济公平 ………………………………………………… 061
　　三、风险转移与风险承担 …………………………………… 066
　　四、完全成本理论：总损耗的计算 ………………………… 072
　　五、收益损耗与拐点分析 …………………………………… 086
　　六、边界 ……………………………………………………… 089
　　七、悖论与解悖：当前与未来之间的均衡兼顾 …………… 090
　　八、异度均衡为何不是零和博弈？ ………………………… 093
　　九、代际公平的实现路径 …………………………………… 097
　　十、未来的价值与价格 ……………………………………… 099

第五章　异度均衡的算法与模型构建 ……………………… 101
　　一、异度均衡的算法思路 …………………………………… 101
　　二、银行经济资本模型的启发 ……………………………… 102
　　三、异度均衡的数学模型 …………………………………… 103

四、具体示例 ·· 106

第六章 异度均衡的经济解释 ·· 110
  一、经济增长与结构调整 ·· 110
  二、新人口论 ··· 115
  三、创新边界：伦理隔离 ·· 117
  四、低碳文明 ··· 119
  五、经济危机与金融危机 ·· 124
  六、共同富裕与共享经济 ·· 127

第七章 异度均衡的现实观察及评价功能 ································ 131
  一、对计划经济与新结构经济学的反思 ······························ 131
  二、关于竞争与合作关系的讨论 ·· 140
  三、推动新经济健康发展 ·· 147
  四、打破二元结构 推动城乡统筹发展 ······························· 151
  五、中国服务业发展现状观察 ·· 158
  六、异度均衡的评价模式 ·· 168

第八章 异度均衡拐点测算实例及其预警功能 ························· 176
  一、系统性风险预警拐点 ·· 177
  二、中国债务拐点 ··· 192
  三、实体经济与虚拟经济的黄金比例 ································· 199
  四、公平指数与贫富差距 ·· 222
  五、企业规模拐点 ··· 230
  六、城市发展拐点 ··· 239

第九章　不确定性与经济理论重构 …… 246
一、不确定性是世界运行的本质 …… 246
二、人类社会的偶然性及其运行机理 …… 251
三、不确定性经济理论的若干问题 …… 256
四、数据及数据分类是经济理论重构的基础 …… 266
五、不确定性经济理论的主要方向 …… 270

结束语 …… 273
参考文献 …… 278
后记 …… 295

序言一：未来值得期待

朱小黄君将其与谭庆华君合作撰写的《异度均衡》书稿拿过来，要我简单写个序言。他们二位都是我在中山大学时指导的博士研究生，有此成果，我倍感欣喜。但由于年事已高，视力也不佳，长时间依赖高倍放大镜也难以为继，故未能认真看完全部书稿，主要通过与他们的交谈对书的内容进行了简单的讨论。思考之下欣然命笔，因有此文，是为序。

"异度均衡"这一概念极具创意。均衡是经济学的核心概念，也是诸多分析的基本框架和目标。而异度均衡则是在现有一般均衡与纳什均衡的基础上，从时间与空间相结合的复合维度，将传统经济学研究的公平与效率主题进一步延展至未来，以图在更加合理、更加全面地度量各种收益与损耗的基础上找到价值均衡，我想这也是它被称为异度均衡的主要原因吧。异度均衡是不同于传统研究维度的均衡，冠之以第三类均衡，在理论上也是成立的。作者殚精竭虑、持续研究思考，终成正果。这一概念是具有浓厚本土原创特征的中国特色经济理论创新，从敬畏自然到敬畏未来的发展、对人性自负的思考、完全成本概念的提出、代际公平的可计量等，都是中国经济实践的理论产物，我祝贺这项新的经济理论研究成果的诞生。

异度均衡是可持续发展理论的延续和拓展。我从 1998 年提出的金融可持续发展理论与战略，就是可持续发展理论在经济金融领域的一次探索，之后借助金融资源的概念，初步构建了一套金融可持续发展的理论与政策体系。从近期国家的主要政策实践来看，其中很多提法和设想都得到了国家相关政策的认可或应用，包括金融资源、功能监管、金融安全等。按照我自己的理解，异度均衡理论是对可持续发展理论的一种拓展，为可持续发展理论的具体落地提供了底层逻辑和基本分析工具。相信对异度均衡理论的研究与传播，必然也会带动可持续发展理论的传承、应用和创新，并为当前的"双碳"行动和"国内国际双循环"提供更多的方向引领与指导。

异度均衡强调可计量和可操作性。具有原创性的经济思想理论非常难得，思想理论对实践的指导也非常必要，否则就是空谈。异度均衡理论则是原创性与指导性的有机结合。尤其是异度均衡理论从不确定性出发，利用风险管理分析工具，强调对收益与损耗的全面准确计量，并以此作为对经济活动评价和预警的基础。这就将具有原创性的经济思想理论构筑在坚实的价值计量分析基础之上，也为思想理论的指导性与可操作性提出了具体的方向和标准。国际和国内的学者们都努力想要打通可持续发展理论与计量经济学之间的桥梁，寻找可操作、可测量、可客观判断的可持续发展评价体系。应该说，异度均衡所提出的理论和操作方案不失为一项有益的探索。

小黄君长期从事金融理论研究与金融实务工作，具有深厚的理论素养和丰富的实践经验，是一位用心用情用行做人做事的学者型、专业型金融高管，而且在繁忙的实务工作之余，勤奋思考，笔耕不辍。尤其是他结合长期的风险管理工作实践，开创性地提出了异度均衡的理论设想与基本框架，并利用该理论对诸多热点经济现象与问题进行了较有说服力的解释和说明，观念之新颖、视野之开阔、分析之严密，难能可贵，令人耳目一新。庆华君在某国有银行总行工作十多年，也是一位用心用情用行做人做事、颇具实力和发展潜力的青年才俊。

当然，任何原创性思想理论的构建都不可能是一蹴而就的，需要经历一个不断完善的过程，异度均衡理论也是如此。记得在改革开放之初，我在研究生毕业留校任教后，撰写的第一篇学术文章《论内外两大货币与物资系统间的交叉对应效应——外汇收支与国民经济综合平衡》，与本书提到的价值均衡理论有异曲同工之妙，如今四十多年过去了，仍然有它的现实意义。人类的精神活动、思想理论是相通的、无界限的。

最后，我有一点与作者不同的看法，说出来既同作者也同读者分享。"异度均衡"强调了时间与空间两个维度是不错的，但弱化了作者引入价值均衡这一创新点，也弱化了本书对马克思"价值理论"进一步丰富和发展的意义。似乎称之为"非传统均衡"更为贴切易懂，也更能体现其创新性。

作为两位作者的博士生导师，看到自己的学生在理论研究上既有传承，又有创新，并在持续拼搏和前进，我倍感欣慰。我想我们之间说是同行、兄弟与朋友，会更加符合实际，我们之间的最大公约数是对理论研究的执着追求、对事业的忠诚和浓浓的家国情怀。

期待人类社会有更好的未来。

八三翁　白钦先
2022 年 3 月 27 日

（辽宁大学教授，博士生导师，2017 年度中国金融学科终身成就奖获得者）

序言二：坚持思考与理论创新

小黄同志的新著《异度均衡》由中信出版社出版，这是值得祝贺的事情。关于异度均衡的理论含义，小黄也与我多次讨论过，他的许多观点我都认同，对其中许多创新之处我也很赞赏。

我与小黄是近二十年的同事和朋友，彼此也常有思想交流。他能在退休之后写出这样的经济基础理论著述，而且是理论原创型的作品，使我对思考与创新的关系有了新的体会，小黄同志嘱我为他的新书作序，我想也是因为我同他个人在工作之余有许多神思交往，彼此间较了解的缘故吧。

党的十八大以来，中国特色社会主义理论以习近平新时代中国特色社会主义思想为指导，不断完善和深化。实践在创新，理论要跟上，坚持不懈地思考就是实践与创新之间的桥梁。人的思考不能停顿，否则很难有创新的机会。

思考是人间常态，但能坚持在某个领域里不断思考，深入追寻逻辑结果，不断追问实践中的矛盾和原因，却不是人人都能做到的。这就是创新的难点所在。《易经》有曰：君子豹变，其文蔚也。凡事长期坚持，必有收获。

说到异度均衡理论，我的直觉是它对当今世界克服浮躁功利、关注事物的负面清单、顾及未来的权益等构筑了一些新的观念和计量方法，自有其独特的理论价值。这套理论的产生，应该同中国几十年改革发展的进步和中国特色社会主义实践有关。我同小黄都是这个发展过程的参与者和观察者。小黄多年来勤于思考，勤于笔耕，这样的理论成果难能可贵，值得关注。

终身学习，终生读书。读老同事、老朋友的书，不亦乐乎。

闲聊几句，权以为序。

常振明

2022 年 3 月 31 日

（中信集团原董事长）

序言三：让未来叩问当前——新的发展观

认真读完《异度均衡》的书稿，我觉得耳目一新。显然，这是难得的经济学基础理论的创新，也为宏观经济学研究和微观经济学研究提供了一套新的方法论和工具，给许多新的经济现象的解释带来了理论启发。我应小黄同志之邀为这本书作序，所以不揣冒昧，对异度均衡理论做一个简单评价。

一

均衡是经济学理论的重要概念，特别是在微观经济学理论的研究中，如何通过约束条件计算经济变量之间的均衡点是一种主要的研究方法。在西方经济学的研究中，均衡点也是检验资源配置是否有效的参照标准。因此，均衡思想贯穿于整个经济学理论研究的始末。

然而，现实世界是复杂多变的，特别是大部分理论经济学基于一些严格的假设条件进行均衡分析，这导致现实观察与理论模型之间存在较大的差异。更何况，一些经济学假设也频繁遭受质疑，例如"理性人"假设是经济学理论的重要研究假设，然而现实中经济行为个体并非完全遵循理性人的行为模式。这也促使理论经济学不断改进模型假设,在更加贴合现实情况的前提下,讨论资源配置效率、经济增长等问题。除此之外,万物相连,也就意味着客观经济变量之间存在错综复杂的关系,从数学上表现为非线性关系。但鲜有经济学理论侧重采用一阶导数求均衡点的方法探讨变量之间的线性关系。也就是说,我们采用线性的"无机研究"方法来分析客观世界中的"有机整体",因此,得到的相关结论往往脱离现实情况,这也是经济学屡遭质疑的重要原因。

经济学理论存在很多欠缺,这也成为我们对经济理论、研究方法不断进行反思和完善的动力。朱小黄博士与谭庆华博士基于现有经济学理论,结合多年以来对现实经济发展的观察和相关从业经验,认为现有经济学理论中的纳什均衡是以主体"唯利是图"为假设前提的,丢失了特定人文环境下的公平需求,而且一般均衡的假设建立在相对确定条件下,这些潜在问题不能够全面揭示不确性状态下的经济运行机制和现实经济现象。他们认为,在进行均衡理论研究时,要将过去、现在、未来看成一个统一的、一以贯之的过程,要将时间维度和空间维度纳入均衡研究体系,其中时间维度主要指时间曲线上的不确定性及波动,空间维度主要指空间变化下的机会成本,而公平尺度是时间和空间维度的综合考量。除了设定某种条件下的分析,凡是动态的分析就必须考虑"异度",即不同时间与空间之间的经济均衡问题。均衡理论的完善,不是新旧替代的过程,而是不同条件下不同理论框架对经济现象的不同解释。朱博士认为,如果将未来这个附有众多经济变量的组合事实纳入考虑,就提出了新的均衡条件和新的算法问题,并且将在纳什均衡的基础上建立第三类均衡的观念、方法、工具和一整套思想体系,可以将其称之为异度均衡理论。我将基于自身对经济学理论的理解以及对相关经济问题的观察，对朱小黄博士提出的异度均衡理论进行简要评述，主要包括三部分：第一部分是对异度均衡理论主要观点的总结，第二部分分析了异度均衡理论对现实经济问题的解释，第三部分是对异度均衡理论的总体评述。

二

异度均衡理论有许多原始创新点。首先，异度均衡理论以客观世界中的不确定性作为理论分析的出发点，认为不确定性是风险和收益的源泉，并试图采用拐点的概念表达从不确定性出发，借用风险计量的方法预判未来趋势的新观察角度，以此形成新的经济研究体系。其基本逻辑是，因为万事万物都具有不确定性，所以风险是客观存在的，而且是可计量的，世界上所有事物都存在正面与负面作用共存的发展悖论。找到正负两面的均衡点就是解悖，一旦经济事物的总收益和总损耗的平衡关系被打破，经济事物就会沿着某种趋势发展，并达成新的均衡。这代表某种新趋势的转折处，存在着经济发展的拐点，即数学曲线上的某个点。在经济学中，可以依据这个拐点预测未来的某些发展趋势。

其次，异度均衡理论认为拐点不是终点，而是某种客观存在的均衡状态被打破之后，经济发展新趋势的起点，是新的均衡关系形成之前的某种趋势性的非均衡点。寻找事物拐点的过程总是在计量收益与风险之间的关系，以确定一个最佳状态的拐点，过了拐点，风险成本会越来越大于风险收益，从而引起质变。

再次，异度均衡理论从波动的本质出发，在时间、空间两个维度上增加了不确定性与波动、风险成本、机会成本、公平尺度四个明显同当前收益与成本、投入与产出具有均衡关系的变量，结合收益损耗分析理论，计算异度均衡模型的均衡点。总体而言，异度均衡理论致力于在充满不确定性的前提下，对经济运动中的某种均衡状态及拐点进行理论阐述，并运用数据模型对其进行计量，从而升华现有的经济资源配置方案，校正当期人们的经济行为，预警未来发展的风险。

三

我本人在经济发展、国土资源、人口问题方面多有关注和研究。本书提出的新理论也引起了我的注意。朱博士认为，人与自然之间存在一种动物本能上的策略，这是理解人类社会发展的基础。在人口方面，人群的生存环境决定了人群的生育状况，其中，财富状态起决定作用。富足会使人们追求生存质量和整体进化，而贫困则会使人们以较高的出生率来对抗自然损耗，以低质量生存确保种群的繁衍。任何人为的行政干预都有违这一自然规律。这的确是一个值得研究的有趣问题。

经济理论的重要性在于它能够解释现实问题，一个有效的经济理论应该能够有效解释现实经济问题或者指导现实经济政策。从异度均衡的理论框架、研究方法与理论内涵来看，异度均衡在解释资源配置效率、社会公平问题和政策后果评估方面具有非常明显的理论优势。

第一，异度均衡理论提出了"拐点"的重要分析视角，该视角在政府与市场关系分析中具有重要的解释能力。西方经济体中的资源配置主要依赖市场机制，而中国的资源配置主要依赖政府和市场两种机制，而且两种机制的互动关系成为激活微观经济主体积极性的重要动因。中国的体制改革始终围绕政府与市场的关系展开，可以说政府与市场以及二者的互动关系构成了中国经济资源配置的重要机制。那么，如何让这些因素形成良性的互动关系以维系资源配置的效率，实现经济的健康快速发展呢？异度均衡理论基于总收益与总损耗的关系，选取一些关键经济指标，量化分析了政府与市场在资源配置中的合理区间。这为界定政府和市场在资源配置中的有效边界提供了理论依据，同时也为刻画资源配置中的潜在风险提供了预警工具。

第二，从中国经济体制改革的情形看，可以将传统的计划经济看成是同质场景，而产品、要素和资产市场化则是异质性变化的过程。因此，从计划向计划与市场并存，以及再向市场经济并轨的二元体制转型过程中，经济发展也不是平稳、连续且均衡同质的变动过程。自1978年以来，中国每一次大力度的改革和开放，对于发展的作用都是猛烈和外推式的，GDP变动曲线呈三次倒V奇点式分布。当然，在这种二元体制同质与异质之间相互螺旋式转轨和变化发展过程中，既有中国、捷克、匈牙利和波兰等国家的经济发展充满高风险中的高收益，也有俄罗斯和南斯拉夫等国家改革的高风险带来的低收益。因此，如何在二元体制同质与异质的交互影响和转轨中，既通过非均衡的改革获得突破和发展，又防止某项改革的不确定性和高风险造成转轨的重大损失甚至失败。这就需要应用朱小黄博士的异度均衡分析方法，在各种行动、路径、结果中进行仿真推演和科学抉择。

第三，异度均衡理论可以应用于重大经济政策的分析。异度均衡理论通过计算总收益与总损耗，可以形成对经济政策效果的评估，其中该理论涉及的收益与成本具有宽泛性，突破了现有关于收益与成本度量方式的局限性，不仅将显性收益与成本纳入分析框架，而且从不同维度刻画了与经济政策相关的隐性收益与成本。从国家和社会长期发展的角度看，未来国家的发展规划应该更多地考虑异度均衡，尤其是需要将未来风险纳入规划中来。

第四，异度均衡在分析社会公平和风险预警方面具有明显的理论优势。由于异度均衡理论充分考虑了时间维度和空间维度的因素，因此，在分析均衡点的过程中与现有均衡理论存在较大差异。异度均衡理论从未来角度对当前交易提出了解决公平问题的方法。任何当期的交易或投资，都应当建立在异度均衡理论的框架基础上才是合理的。特别是在资源配置的代际公平方面，该理论将未来的收益和损耗纳入当期的经济资源配置分析框架，终于使代际公平的正确观念建立在可实现、可观测的经济学理论基础上，解决了可持续发展理论的底层逻辑问题，与此相关的环境保护、污染与发展之间的矛盾也在异度均衡理论框架下迎刃而解。同样是基于较为广阔的分析视角，异度均衡理论认为，只有风险承担在时间和空间上都得到有效落实时，决策行为才能受到合适的约束，经济行为才能得到该有的激励，才有可能实现交易公平。

四

总之，从改革开放开始，中国经济发展呈现非常多的特殊性，而这些特殊性往往不能在现有西方经济学理论框架中找到答案。因此，基于中国现实，发展具有中国特色的经济学理论非常必要。朱小黄博士提出的异度均衡理论具有一定的创新性。概括而言，该理论将时间维度、空间维度等因素纳入理论研究框架，基于对不确定性的讨论，提出探讨未来经济发展、未来社会公平等重大问题的理论框架。从理论框架和应用分析来看，该理论具有解释中国经济发展特殊性的理论优势，这是对探索中国特色经济理论的有益尝试。从产生的过程和应用场景来看，异度均衡理论将在扶贫政策评估、社会可持续发展、系统性风险预警等领域存在较大的应用潜力。然而，理论的发展需要持续的投入和不断的优化，完善的经济学理论需要聚焦研究的主题，将复杂的现实问题简单化，我认为这是异度均衡理论需要继续深化的重要方面。总体而言，异度均衡理论为构建中国特色的经济学理论起到了很好的示范作用，该理论将在分析现实经济问题过程中起到重要的理论指导作用。

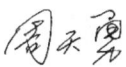

2022年春于海淀大有北里

（教授，博士生导师，中共中央党校国际战略研究所副所长）

前言：要从理论和心理上改掉只顾眼前的毛病

总有人强调时光消逝很快、时不我待，以激励人们努力抓住今天的机会。但未来总是遥远的，未来以什么样的方式走来，完全决定于当代人们的行为。没有哪个国家、哪个民族、哪个群体，甚至哪个社区不强调未来的重要性。也没有哪个国家、哪个民族、哪个群体，甚至哪个社区的行为不是以追求当前利益为己任的。寻求光明的未来更像是一句口号，而抓住今天的利益却是实实在在的行动。

未来是今天一切事物的自然延续。经济学对未来虽然颇有关注，但也只是想预测未来会不会产生收益或损失，从来没有想过未来是不是一个具象的权利或利益主体。如何从人的行为上改掉只顾眼前不顾未来这一根深蒂固的毛病（这样的事例举不胜举），需要从经济学理论和方法论上寻找路径。本书提出的异度均衡理论，是笔者从多年的经济拐点研究和金融风险研究中总结归纳提炼出的思想成果。笔者及其研究团队认为，在人类社会与自然关系的处理中要得到合理的、顾及未来的发展，就需要在敬畏自然的基础上进一步建立敬畏未来的理论和方法。在一系列理论假设的前提下，计算社会总收益（包括未来波动中的隐性收益）和总损耗（包括未来波动中的隐性损耗），构成一种继一般均衡、纳什均衡之后的第三类经济均衡，即跨越时间、空间维度的异度均衡。其论文《第三类均衡》已经在国际开源经济学理论期刊《Theoretical Economics Letters》正式发表。这是一整套复杂而深刻的新的经济学基础原理。希望这本书能够为全世界的经济学家和经济工作者提供一套新的经济学思想体系，而且是中国特色社会主义市场经济下产生的经济学原理，并为整个经济学基础的研究作出中国学者的贡献。

让读者读懂这本书，是这套理论思想传播并影响经济生活的关键。

首先要重新理解未来，重新定义未来。失去未来价值的经济从本质上讲毫无意义，因为人类社会的延续和发展才是当代人一切经济活动的价值基础。未来的价值才是人类社会的终极价值。异度均衡理论的出发点是当前与未来的关系，是未来权利和利益的有效实现。传统经济学研究的对象是公平与效率，这似乎需要被重新定义，经济学的研究对象在根本上应该是公平、效率与未来。

我们以前认为敬畏自然就是保护未来。但从价值判断上看，敬畏自然仍然是当代人的自利选择，对自然的破坏更多的是威胁到当代人的生存。所以敬畏自然并不能有效地保护自然，因为当代人的利己主义往往是选择性地保护自然，需要资源的时候就破坏自然，对自己不利的时候就高呼保护自然。这样的敬畏是虚伪的面具式的口号。

当我们认识到未来的价值和权利时，才会真正敬畏未来，真心敬畏自然。

不确定性原理是异度均衡的理论来源。不确定性是世界的本质，也是未来的本质。只有时间轴的未来部分才具有不确定性，已经过去的事物都是确定的事物，但我们仍可以从过去的数据里找到未来事物波动的规律，在经济学上可以计算出未来可能的收益和成本。当我们说敬畏自然的时候，更多的是敬畏尚不可知的存在；当我们说敬畏未来的时候，更多的是指未来发生事情的概率是无法精确预测的，所以我们敬畏的正是这种不确定性。发现未来的价值，就是拥抱、运用、测量各种事物的不确定性。这就是异度均衡理论的深奥之处。

这本书构建了异度均衡理论的框架和计量模型，并将这一理论用于当代经济行为的评价和各种经济现象的解释。这一理论的核心价值在于发现并构建新的经济均衡关系。在现代经济学理论中，均衡理论是最基础的，异度均衡是一种时空维度上的经济均衡，既是客观存在的经济现象，也是主观认知的境界。均衡是一种伟大的经济关系，值得我们终生探求。读者欲知其详，不妨仔细研读，或许书中的某些有趣而深刻的论述会激发你深埋心底光芒万丈的灵感。

希望读过此书的人都下意识地摒弃追求眼前利益而不顾未来的潜在心理和行为。

作者谨献。

2021 年 8 月于深圳

引言：如何校正只顾当前的短视行为？

人类社会的构成非常复杂，人的行为特征也难以预测。人的行为本能就是只顾当前，因为短期行为比长远安排更容易预见收益，也更实惠。当我们评价一个人有远见时，常常是肯定一个人的非凡责任感。但人类社会还是更多地充斥着各种短视行为，让人们觉得束手无策。

不顾未来的短视行为不胜枚举。大如经济上的高速投资、货币超发、银行信贷的快速投放、对环境污染的放任，行政上的任期政绩工程、对自然资源和人口红利的过度消费；中如虚拟经济（如电商）的快速发展、房地产的泡沫增长，甚至是税收上的寅吃卯粮；小如企业经营中的绩效至上、按单奖励，网红带货的不理性消费，互联网金融的高杠杆扩张以及不合理的消费信贷，还有"今朝有酒今朝醉"等林林总总的个人行为。

人们对这些现象了然于胸、耿耿于怀，却无能为力。发达国家已经走过的歪路，发展中国家仍然跃跃欲试。这其实已经不是认知和利益取舍那么简单的问题。如何校正人类社会治理中的这些弊端和人的不端行为，是一个大大的社会学难题，更是经济学难题。

本书正是从校正人类短视行为的目的出发，构建了一整套思想体系和经济理论。

第一章　从敬畏自然到敬畏未来：
　　　　发展观的完善

从本质上说，异度均衡理论是关于发展的经济理论，是从"敬畏自然的发展观"到"敬畏未来的发展观"的思考逻辑的转变，也是人类社会面对现代工业文明的一种理论反思，并结合中国实际情况进行的探索。

一、现代工业文明忧思

现代工业文明是迄今为止人类社会发展的最高阶段，为人类社会创造了巨额的物质财富，也极大地改善了人类社会的生存状况和生活质量。尤其是20世纪以来，随着移动互联网的兴起与普及，现代工业文明的发展进入一个全新的阶段，工业互联网、智能制造和网络社会的雏形开始显现。但与此相伴的是，不断向前发展的现代工业文明带来的各种各样的问题，现代工业文明的未来到底是什么，或者更进一步地说，人类社会向前发展的未来是什么，这些都值得深思。

工业文明不能走进没有未来的死胡同，有些问题的确引人忧思：

其一，科学技术的突飞猛进重塑了社会传统文化，造成现实生活方式与传统文化观念的脱节，造成多种类型的社会人文冲突。纵观20世纪的剧烈变化，值得我们深思。

一方面，科技进步带来了巨大的财富；另一方面，资本与智力的回报率远高于普通劳动的回报率，形成明显的贫富差距和阶层分化。传统社会的哲学、文化、价值观念、审美观念、行为习惯、道德观念等，在科技创新的力量下被重塑，这对人类的未来到底意味着什么，需要观察和思考。

其二，风险社会的来临使人类的现代生活方式在许多方面受到了不确定性的挑战。各种事物的波动更加剧烈。智能化和网络化一方面提高了社会运行效率，另一方面却使社会运行更加脆弱。未来如何，难以预料。各种灾难随时会在不同地点发生，令人猝不及防。

其三，行政权力介入经济和资本的力量，从而介入社会生活，可能会深刻改变未来的世界价值观内核。

其四，工业文明带来的舒适、便捷，令人陶醉，互联网时代的智能化、数字化和虚拟世界的运行令人心驰神往，但同时也积累了负面影响。

未来，这种舒适的环境和生活方式可能会导致人类智力的普遍下降或形成巨大差异，最终难以自拔地走向衰落。

其五，社会公平被技术优势破坏。在对技术的高度依赖中，公平正义等人类价值共识终将会服从于工业文明带来的效率与舒适。

其六，制度设计和人类行为趋于追求当前利益，更加短视。长期来看，工业文明进步带来的社会效率提高会因为被短视的制度设计所限制而趋于下降，直到优势消失。

其七，全球环境的恶化难以逆转，最终积累成充满负面元素的星球，现代社会终将毁于一旦。

可见，现代工业文明使人类社会进入高级发展阶段，三百多年来的财富暴增，使得人类拥有强大的力量。现代工业文明给世界带来了光明，也必然会积累各种风险，增加各种运行成本和不确定性挑战。尤其是，这样的现代文明发展也暴露出骇人的缺陷：只顾当前而丢弃了未来。

> 人类如果再不认真地约束自己的行为，就会失去自救的能力与机会。失去未来的发展终将变得毫无意义、毫无价值。工业文明如果失去控制，可能成为一头野兽。

没有忧思便没有反思。反思当前的现代工业文明，甚至是整个人类社会的发展，会发现人类确有必要认真思考未来，将未来纳入经济学分析框架，对现代工业文明的整体价值和趋势做出评估，能够为当代人们的行为尤其是经济行为提供一个理论上的边界。

二、人类自然生存策略及其模式调整：从敬畏自然到敬畏未来

人类在地球上生存发展的过程体现了人类自然生存策略及其模式的调整，即发展观的转变。在人类社会早期，人类需要生存就必须从地球上获取相应的资源和能量，人们更多地是敬畏自然、顺应自然，并从中获取自身生存所需的资源和能量。随着人类社会科技水平的快速发展，以及对自然规律的把握，人类开始具有局部改变自然环境的能力，能够在一定程度上和一定范围内影响自然规律。敬畏自然的观念似乎已不再能有效约束人类的行为和疯狂的欲望，当代人的各种复杂的经济决策和实施行为已经影响到人们对未来价值的预期，在很多领域给未来留下了长长的负面清单。从人类社会的整体观念而言，必须有新的人类自然生存策略或发展观出现，历史发展至此，敬畏未来应运而生。敬畏未来是在敬畏自然的基础上，对人类自然生存策略的进一步调整，也是发展观的转变。需要注意的是，这里的发展观并不是我们通常所说的微观或宏观经济的发展观（例如科学发展观），而是从人类整体价值观出发，从人类与自然的关系、人类繁衍生息的高度，对发展的理念和方式予以界定所产生的人类生存策略，它与通常说的发展观并行不悖、相互补充。

（一）人类自然生存策略：敬畏自然

人性没有绝对的好坏之分，只是有利于人类个体生存的基因冲动，从而带来人类整体的收益即繁衍。但是由于

人性建立在个人利益最大化的基础上，如果每一个个体都以实现利益最大化为目标，就必然会有竞争。一部分人牺牲利益，成就另一部分人的生存。竞争发展到极致时，世界就只剩下最后一个成功的人，这也就意味着人类的灭亡。为了弥补这个缺陷，文明的另一套规则应运而生：让保护人类整体利益成为社会文明的目标，个体利益和整体利益之间达到某种平衡时，个体充分竞争而整体充分发展，构成人类文明的成果。

这样一来，本质上是人类所有的有利于整体繁衍生息的文明，就是充分约束和限制人类个体的冲动，但又要给每个个体充分的空间，以激发人类整体发展动力的文明，这甚至可以看成是自然规律。每一种生物在生存与繁衍中都要学会与大自然和谐相处，人类也不例外。

人与自然的关系是整个人类社会面临的重大课题，伴随着整个人类社会发展历程。人作为一种生物，必须从自然中汲取能量和养分，才能够维持自身机体的正常运转和不断成长。所以，每个人从一出生甚至整个人类出现之时，首先面临的就是如何与自然相处的问题，也就是生存问题。与自然相处是一个不断探索和不断适应的过程，无论这个过程怎么演进，其基本前提都是怀着对自然的敬畏之心，即敬畏自然。这已经成为人类文明的一种标志。

人类同其他生物群体一样，基于同大自然的关系而不断调整生存繁衍的策略。现有的人类社会发展历史已经表明，正是基于敬畏自然，然后不断了解、利用自然，才有了人类社会的不断发展。在原始农耕社会，人类受自然规律支配，其生存繁衍都离不开良好的自然条件。人类历史上的文明古国,几乎都诞生于河流沿岸,盛行的各种图腾崇拜其实就是敬畏自然的直接体现。进入农耕社会以后,人类开始了解自然并利用自然,通过兴修水利、推广农耕等,为人类发展奠定了更多基础。从工业革命开始,人类社会生产力大幅提高,对自然的利用更多也更充分,部分自然资源(石油、煤炭)成为社会生产的基础条件,环境的恶化及治理,也体现出人类在了解自然、利用自然的同时,仍然敬畏自然。虽然在人类社会发展过程中,生产工具及其所体现的科技水平与社会组织发挥了极为重要的作用,但自然所起的作用,从来都不应该被忽视[①]。

(二)人类自然生存模式调整:敬畏未来

人类社会的发展,尤其是科学技术的发展,使人类在敬畏自然的过程中逐步掌握了部分自然规律,还可以利用自然规律,甚至在一定程度上影响自然规律。当然,这一趋势还处在不断前行的过程中,但这一过程也助长了人类的理性自负,认为几乎所有的自然规律都可以被掌握和被利用。由这种理性自负相伴随的,必然是人类欲望的无限放大。在这个敬畏自然的力量慢慢衰减的时候,必然需要一种新的力量来约束人类。

> 异度均衡理论在敬畏自然的基础上,进一步考量了当代经济活动对人类未来的影响,力图把这样的负面影响控

[①] 近期有学者专门研究了朝代更替与自然环境变化(冷热周期)之间的关系,发现其实冷热周期几乎可以解释绝大部分朝代更替现象,这也从一个侧面印证了自然在人类社会发展中所具有的重要作用。详见李义奇《寒冷、饥饿与战争》,发表于《蒙格斯专栏》(2021年5月9日)。

制在人类的可承受范围之内，同时，尽量实现未来社会的利益最大化。这种科学的考量映射出人类社会与自然关系的新模式，体现了人类自身发展策略的变化，即从敬畏自然到敬畏未来。

敬畏自然是为了生存，敬畏未来是为了发展。敬畏自然是基础，敬畏未来是敬畏自然在时间维度上的延伸，是在敬畏自然基础之上的完善和升华。从敬畏自然到敬畏未来，就是异度均衡理论的基本逻辑，也是有别于现有经济理论的最明显特征。

（三）异度均衡事关人类文明发展

人类同其他生物群体一样，基于同大自然的关系而不断地调整生存繁衍策略，这种调整不需要有形的力量来推动。由敬畏自然到敬畏未来的转变，是一个自然而然的演进过程，是人类文明发展所必需的。

在现实生活场景中，常常是本能创造收益，理性约束损耗；本能创造当前，理性保护未来。

社会的富裕程度其实是由两部分构成的，一部分来源于古人的积累，另一部分来源于今人的创造。未来的人们既会继承我们积累的各种文明与财富，也会在这个基础上创造新的文明与财富。当前留存的东西对未来的影响深远。所以，异度均衡是事关人类命运和文明延续的重要经济理论，值得深入研究和应用。

三、异度均衡理论概述：第三类均衡

异度均衡是将不确定性和风险管理的理念纳入经济学研究范畴，充分利用风险管理方法开展一系列拐点研究，并在此基础上进行的理论总结与提炼升华；是考虑不同时间、不同空间上的价值均衡问题；是将时间维度上的不确定性、空间维度上的机会成本及综合维度上的公平问题等纳入均衡分析框架得到的第三类均衡。我们将其定位为与一般均衡、纳什均衡相并列的第三类均衡，是因为在所有经济学均衡理论的研究成果中，异度均衡理论发现了在时间维度上的总收益与总损耗会在经济运行中不断达到均衡又不断突破均衡的经济现象。异度均衡理论是中国经济学家的最新研究成果，是中国经济实践的理论产物。异度均衡的思想与哈耶克的市场理念一脉相承，以不确定性为起点，以自然演进为过程（在本能与理性之间通过自发秩序或扩展秩序向前演进），以风险计量为研究工具，以悖论解悖为基本逻辑，以可持续发展为最终目标，由此构成异度均衡理论完整的思想内核。

（一）以不确定性为起点

世界是不确定的，自然是不确定的，未来是不确定的。承认世界的不确定性，才会有后续的异度均衡问题。人们关于不确定性的认识，经历了一个不断发展的过程。

> 不确定性是指行为者在事先无法准确得知自己的某种决策产生的结果，或者说某种决策的结果可能不止一种。但不确定性中包括可度量的部分和不可度量的部分。奈特

(Knight)首次区分了风险与不确定性,他认为可度量的不确定性才是风险,才能进行管理;对不可度量的不确定性,则不能主动进行管理,只能选择承受。

后续风险管理理论的发展都是针对可度量的不确定性。对不确定性的认识构成整个风险管理理论的起点,正是有了对不确定性的充分认识,才有了风险管理的概念及相关理论与工具的发展。

从思想背景上考察,经济学的发展就是从古典经济学的追求确定性向现代经济学的拥抱不确定性的转换。从微观上说,现代经济学可以看成心理与行为的博弈过程,是一种以不确定性为前提条件的社会活动。经济活动就是在不确定性中进行当前与未来、此地与异地之间的收益与损耗、有利与不利的取舍。在确定条件下的最优化理性决策很容易解释,但在不确定条件下的经济决策原理回答起来却不容易。也正是因为不确定性的广泛存在,以及经济学对不确定性的全面接纳,才有了异度均衡理论的产生,并将不确定性作为理论的起点和基本背景。

市场在完全不确定的条件下运行,脱离不确定性研究经济问题,是难以完全契合实际的,也难以对现实世界进行有效的解释和指导。异度均衡理论将不确定性作为整个研究的起点,力图从不确定性的角度去思考问题、解决问题,并将其作为整个理论展开的基本背景,利用风险管理理论与计量方法开展研究,对现实世界进行更加贴切、更加准确的演绎和解释。

(二)以自然演进为过程

经济过程是自然过程的一部分。经济生活是人类社会的主要组成部分，但也只是大自然秩序中的局部。异度均衡是跨越时空的均衡，是自然演进的结果，这是由人类社会秩序的形成规律所决定的。哈耶克认为，社会秩序的形生不是来自个人和群体的理性设计，也不可能来自某种超自然的力量，而更可能是一种适应性的、自我演化的结果。例如，市场交易活动中的秩序，不是由单个主体的知识和有限理性就能发明创造的，相反，这种秩序是由诸多没有意识到其目的和作用的单个主体的行为共同产生的。这也就是斯密所说的"看不见的手"。虽然每个个体都是有意识的单个主体，但在其自身意识范围内的个体行为所造成的共同结果就是自然演进的结果。在这个过程中，哈耶克尤其强调"在本能和理性之间"的扩展秩序的重要性，正是这种由人类群体演进出的复杂结构，才使人类文明的发展成为可能。异度均衡所描述的正是这种人类本能和人类理性自负之间的经济活动现象。

当然，这里指出异度均衡是自然演进的过程，并不表示异度均衡可以轻轻松松地达到或实现，而是表明异度均衡本身就是一种综合性的动态，甚至可以表述为，异度均衡是不断突破的阈值或合理区间又不断向阈值或合理区间回归。这也说明异度均衡是一个不断适应周围环境（包括其中众多个体行为）并不断选择和进化的过程，它利用人类的本能与理性自负，以及在本能与理性自负之间的扩展秩序，不断推动着人类经济体向异度均衡回归。

（三）以风险计量为工具

异度均衡将不确定性引入经济基础理论研究范畴，也使后续利用风险计量工具成了题中应有之义。从具体的研究方法来看，异度均衡把风险原理提升为经济学可以运用的理论和分析工具，主要是把时间、空间、机会与公平四个因素中的收益变量和损耗变量都纳入经济学分析框架，并以风险波动的特有形式进行展示、计量及分析。

从风险原理出发，经济行为中需要防范四类现象：一是风险在时间维度上后移，二是风险在空间区域上转移，三是风险隐藏，四是机会成本和沉没成本被忽略。

对这四个问题的解决，首先离不开对风险的计量，只有在对风险进行准确计量的基础上，才有防范风险转移与隐藏的问题，机会成本的计量也才有了更加坚实的基础。通过不确定性原理将风险计量方法上升为经济学分析框架的基本方法，从而将不确定性全面深入地渗透到经济学分析的各个环节、各个领域，真正"拥抱不确定性"，并将敬畏未来进行到底。

需要注意的是，异度均衡以风险计量为工具并不意味着排斥传统的经济学研究方法与工具，之所以强调以风险计量为工具，主要是为了说明异度均衡首先是承认不确定性（风险）的，以不确定性为前提并试图对不确定性进行计量，然后在此基础上再进行经济学分析。这与传统的通过确定性假设和分析，企图指出相对确定结果的思路与方法有着重大区别。另外，近年来风险计量理论与方法也在不断改进和细化，也为异度均衡提供了内容更加丰富的工具箱。

（四）以悖论解悖为逻辑

几乎在任何事物的发展演进过程中都存在不同形式的悖论，经济生活也不例外。悖论解悖对于异度均衡的逻辑意义，其实来源于笔者对经济社会发展现象的长期观察、深入思考与抽象提炼，在一定程度上也是"否定之否定"的哲学规律在经济社会发展史上的具体实践。

所谓悖论解悖，是指经济社会发展是一个不断形成悖论又不断解除悖论的过程，即发展动力带来收益的同时也会带来相应的损耗，当损耗积累到一定程度时，就会成为发展停滞的原因。

悖论解悖即均衡—非均衡—均衡的过程。其中，形成悖论是指经济社会发展突破异度均衡的阈值或合理区间，解除悖论则是指经济社会发展又回归异度均衡的阈值或合理区间。需要注意的是，这里存在三个关键点：首先是要存在这样一个异度均衡；其次是异度均衡要有足够的"吸引力"，也就是要有足够的力量去推动回归异度均衡；最后是异度均衡的不稳定性。对于第一点，只要经济发展存在收益价值和成本损耗两个方面，就必然存在二者之间的合理比例关系，即存在异度均衡；对于第二点，其实与自然演进过程中的个体自利性密切相关，当经济发展的收益价值小于成本损耗时，发展受到阻力，形成发展悖论，必然会有受到损害的个体开始转变方向，当受到损害的个体积累到一定程度，必然会形成强大的追求收益的力量促使经济活动向异度均衡回归；对于第三点，可能与经济发展的惯性有关，真正的均衡状态是非常脆弱的，只是在理想状态不断激励经济体向那个方向前进，这也是悖论解悖这一逻辑能够不断发挥作用的根本原因。

观察经济发展的过程，离不开经济周期。一般来说，经济周期包括发展、繁荣、衰退、萧条四个阶段，而新一轮经济周期的开始就是复苏（发展），后续依然是繁荣、衰退和萧条，由此构成不断循环的经济周期。仔细观察经济周期的不同阶段，就会发现它是一个典型的悖论解悖的过程。异度均衡本身就是在观察经济周期演进过程中所发现的一种状态（虽然并不仅仅适用于经济周期），正是在不断形成悖论又不断解除悖论的过程中，才能找到符合异度均衡条件的阈值或合理区间。另外，悖论解悖也构成了拐点分析的逻辑基础，解悖的结果常常成为新阶段的拐点，从而使拐点分析成为异度均衡最经常使用的一种分析思路。

（五）以可持续发展为目标

可持续发展强调经济发展的延续性，即符合预期的未来发展，这也是敬畏未来所要达到的最主要目标。对可持续发展进行具体分析，可以发现它其实是一个综合性概念。按照通常的理解，可持续发展就是人类社会可以生生不息地向前发展，并且生活质量越来越高。当然，对可持续发展这个目标也可以做进一步细分：

按照时间与空间的不同维度，可持续发展包括不同区域之间的协调发展，先富地区要带动后富地区，然后走向共同富裕，不能差距过大，否则就是不可持续的；也包括代与代之间的协调发展，当代人的发展要照顾后代人的发展，尤其是对自然资源的开采利用和对环境的保护，必须考虑后代人发展的需要，不能杀鸡取卵，不能寅吃卯粮，不能竭泽而渔，否则也是不可持续的。这里需要强调的是，时间维度的可持续发展相对比较容易理解，但是空间维度的可持续发展也不能忽视，把风险损耗转移到平行空间区域，并不能减少当期社会经济发展带给未来的负面影响，所以在一定程度上甚至可以说空间维度的可持续发展是时间维度可持续发展的基础。这也是异度均衡的"异度"的含义所在。

按照具体的发展目标来看，可持续发展既包括效率，也包括公平，这也是经济学研究的基本问题。尤其需要注意，异度均衡还赋予可持续发展一个具体目标，那就是未来收益的可能性与损耗的可控性。也许很多人会说可持续发展已经包括未来，但异度均衡不仅仅是将未来当作一个顺带实现的目标，而是将未来当作一个具体的权利主体，当作一个具体的市场参与者，纳入整个分析框架，并在数学模型的基础上计量出确保未来可持续发展的数量边界，使得代际公平这样的原则，能够可操作、可执行、可实现。这是异度均衡有别于传统经济学理论的关键，也是异度均衡理论的核心所在。只有这样，才能构成异度均衡的目标。

（六）简单评述

异度均衡的思想与哈耶克的市场理论既一脉相承，又有所拓展。虽然哈耶克对自然演进过程进行了深入分析，并展示了很多具体的例子，但哈耶克并未试图对自然演进过程展开定量的刻画与分析，而是仅仅停留在逻辑分析的抽象层面。异度均衡在尊重自然演进过程的基础上，首先，明确将不确定性作为研究的起点，以重新梳理更加契合社会实际的研究语境；其次，用风险计量的方法对自然演进过程进行定量的刻画与分析，并试图找到符合异度均衡的阈值或合理区间；再次，从自然演进过程中提炼出悖论解悖的基本逻辑，用于观察经济社会发展过程；最后，对现有的可持续发展内涵进行重新解释和拓展，提出将可预期的未来单独作为可持续发展的一个目标。

此外，还要关注不确定性与确定性之间的关系问题。虽然德国物理学家海森伯1927年提出的不确定性原理，将拉普拉斯的科学理论（即一个完全确定性的宇宙模型）的梦想打碎了。但从实际效果来看，二者并不是完全对立的关系。我们不能否认确定性理论给世界带来的巨大变化，甚至我们经济社会的快速发展都离不开确定性理论的指导；不确定性理论似乎更加接近真理，但这并不妨碍确定性理论发挥其作用。也许没有绝对的真理吧，只有相生相克、共生共荣才是常态。悖论解悖是经济社会发展的内在逻辑，似乎也是理论发展的内在逻辑，悖论解悖的过程也就是不断发现和靠近真理的过程。

还需要说明的是，异度均衡理论以客观世界中的不确定性作为理论分析的起点，认为不确定性是风险和收益的源泉，并试图采用拐点的概念表达从不确定性出发，借用风险计量方法预判未来趋势的新观察角度，以此形成新的经济研究体系。其基本逻辑是，因为不确定性存在，所以风险是客观存在的，而且是可计量的，世界上所有的事物都存在正面与负面作用共存的发展规律，即悖论。找到正负两面的均衡点就是解悖，一旦经济事物的总收益和总损耗的平衡关系被打破，经济事物就会沿着某种趋势发展，并达成新的均衡。代表某种新趋势的转折处，存在着经济发展的拐点，可以依据这个拐点预测未来的某些发展趋势。

四、异度均衡理论的中国特色背景与探索

中共十八届五中全会首次提出"创新、协调、绿色、开放、共享"的发展理念，为未来经济社会发展指明了方向。异度均衡理论

除关注当前经济发展以外,进一步拓展到人类的未来,力图站在未来的角度审视当前的发展问题,为当前的经济活动提供科学完备的观察视角,并与中国共产党奉行的新发展理念紧密契合。

——创新发展与异度均衡。从基本内涵来看,创新是引领发展和推动经济持续增长的原动力,在新形势下,依靠创新是唯一出路,否则经济就会缺乏活力和动力。异度均衡理论认为,虽然创新是经济增长的重要动力,但科技创新应该是有边界的,经济活动中的科技创新和商业模式创新都存在损害其他领域和未来利益的可能。异度均衡理论希望建立这个边界以评价当代科技创新活动的合理性。

——协调发展与异度均衡。协调是发展的必然要求,需要强调发展的整体协调性和均衡性,否则就会影响发展的整体稳定。异度均衡理论认为社会的协调发展除了要促进经济发展的协调外,还要关注区域发展的协调、人与自然的协调、当前与未来的协调等,要充分将时空维度考虑进去,从更广泛的空间及更长远的未来去调节社会的协调发展。

——绿色发展与异度均衡。绿色发展是持续发展的必然选择,否则生态被破坏、环境受污染,人类未来很难有"美好生活"的"美好背景"。现有的发展理论忽略了未来与当前的联系,在可持续发展方面也缺乏可操作的路径。异度均衡理论将未来的收益和损耗纳入当期的经济资源配置分析框架,使绿色发展的理念建立在可实现、可观测的经济学理论基础上,解决了可持续发展理论的底层逻辑问题。

——开放发展与异度均衡。异度均衡理论认为,开放虽然是国家实现富强的重要途径,但国家的开放行为应该限定在一定的尺度内，过度的开放会带来不稳定因素，这样的风险应该控制在可承受的范围内。异度均衡将未来的波动风险考虑进来，从总收益和总损耗的角度来评估开放的合理程度。

——共享发展与异度均衡。共享是共同富裕的根本要求，是人民性的充分体现，否则发展就会缺少力量和根基。异度均衡理论认为，实现共享的一个重要途径是强调公平和平等。它从两个维度上定义平等：一是纵向时间轴上，过去、现在、未来的经济主体地位即各种权利的平等，当代人不能肆意侵占未来人的权利和利益；二是横向空间轴上，每个区域的各类人群的经济权益都是平等的，相互之间不能侵占。只有如此，才有实现共享发展的基本条件。

中国特色社会主义经济理论的新发展理念是中国发展观的深刻变革。它们各自有清晰明确的任务目标，统一于新时代经济建设事业。异度均衡理论从时空维度，将未来、机会、公平等因素融入新发展理念，丰富了其内涵和意义，为解决时代命题提供了新的理论工具。因此，可以认为异度均衡理论是对中国特色社会主义经济理论的有益探索，从敬畏自然到敬畏未来，不但丰富了其发展理念和基本内容，还为其落地实施提供了明确的途径。这一理论既是社会主义文明观念的更新，也是中国特色社会主义经济理论的新发展，更是中国经济学家对世界经济学基础理论研究的重大贡献。

异度均衡是一种客观经济现象，本书只是对这类现象的发现、描述和整理。异度均衡理论是当代中国特色社会主义经济理论的一部分，也应该是世界经济理论的新发展和新成果。在这个理论框架下，还有大量的问题需要继续深入研究和证明。

五、异度均衡数据模型及其意义

本书第五章会专门介绍异度均衡理论的建模过程和逻辑。但为了前几章对异度均衡理论的介绍能够建立在清晰的数学逻辑基础上，先将数学模型列出于下：

$$收益损耗比 = \frac{经济活动的收益}{经济活动的损耗} = \frac{显性收益+隐性收益}{显性损耗+隐性损耗}$$

$$\varepsilon = \frac{R}{C} = \frac{R_d + R_I}{C_d + C_I}$$

$$= \frac{R_d + R_o + DPR}{C_d + C_o + DPC}$$

当这个比值等于1时，说明经济活动的总收益和总损耗大体相抵，处于均衡状态；当这个比值大于1时，说明在未来的某个时期内，收益可以覆盖损耗，具有经济收益与公平的合理性；当这个比值小于1时，则情况相反，收益不能覆盖损耗，经济收益与公平不具有合理性。

第二章　异度均衡的理论来源

一、东方哲学的精华：适度

作为异度均衡理论的思想来源，东方哲学对异度均衡的影响主要体现为两个字：适度。

东方哲学以农耕文明为背景，对事物的本质有其独到的见解。比较鲜明和得到广泛认同的观念有很多，最具代表性的是阴阳二分法。源于周易的乾坤之论和老子学说中的"一生二，二生三，三生万物"。事态大概分为正负两面。抽象地看，经济生活也就是收益与风险两方面。当然，在现代科学技术的显微镜下，世界远非如此简单。但从观察世界的方法论来考察，一分为二的东方哲学也不失为高深莫测。

（一）人类生存发展的自然法则

每一种生物的生存、繁衍和发展都要学会与大自然和谐相处，人类也不例外。所有生物群体的生存繁衍都是以本能加理性学习支撑的。本能源于基因传承，理性源于后天学习。人类同其他生物群体一样，在漫长的发展历史中，通过这种本能与理性维持着与自然的动态平衡。我们可以把这种在大自然中亦取亦予的生存繁衍策略看作大自然的安排，这些策略不需要有形的力量来推动，因为这就是自然的平衡法则。大自然和人类本来就是生态平衡的关系，地球自有生命以来，特别是人类未出现以前或者人类未发明工具以前，动物们都会自觉或不自觉地遵循这个规律，并且证明在地球以这样的方式生存是正确的，万物众生的动态平衡关系决定了万物众生的存在和发展，一旦失去平衡它们就会灭亡。

然而随着人类从农耕文明跨入工业文明再到信息时代，人类掌握的技术和知识也不断丰富，便认为自己可以作出足够正确（理性）的判断，于是根据自认为的理性决策不断向自然索取，为了满足自己的欲望创造一个又一个辉煌。但这些所谓的理性决策其实只是有限理性，都有历史和自身认知的局限性，人类的许多剧烈活动在某种程度上也逐渐打破了人类社会与自然的平衡状态。对于很多这样的理性决策，其实自然界都对人类进行了报复。当代的剧烈活动或许在当前确实取得了预期的效果，但往往在未来会产生完全不同、出乎意料的影响，常常把最初的收益又对冲或消除了。面临日益严重的资源问题、人口问题、环境问题、贫富分化问题、国际安全问题，人类的进一步发展正陷入一种令人不安的局面：从来没有任何一种文明能够创造出当代人类所拥有的手段，不仅能摧毁一座城市，甚至可以摧毁整个地球。

反思历史，社会发展中出现的种种制约性问题，以及各种对人类社会的不利因素，都不能责怪自然。在科技力量的推动下，人类在各个领域，可谓成绩斐然，但疏忽了唯一能够不断起协调作用的哲学、伦理和信仰，其中最重要的一点就是当代人已经丢失了的整体感和平衡感。这是一种严重的倒退。

现代社会应该找回人与自然平衡发展的观念。实际上，前人早就确立了整体、和谐、平衡的发展观，正是这种发展观的缺失才导致当代发展的诸多问题。其实古代的东方哲学已经系统论述过"天人合一"整体和谐的发展观念。

（二）东方哲学蕴含的发展理念

1. 东方哲学的整体性

东方哲学论及的整体和谐发展，主要指人与自然、社会、内心世界间的共生与和乐。东方哲学从"道"这个最基本的概念来逐步论述整体发展观。东方哲学对"道"的理解，基本上包括人在内的自然万物所应当遵循的规律和法则，既有自然规律又有社会规律。宇宙有四大，"故道大，天大，地大，人亦大。域中有四大，而人居其一焉。"[①] 但世人只知"人"之大，而不知人之所以为大，乃是效法"天地之德"。"人法地，地法天，天法道，道法自然。"人以地为法则，地以天为法则，天以道为法则，而道的法则是自然而然，即遵循自然和社会规律。东方哲学把人作为宇宙万物的一部分，应当师法自然，实际上就是中国较早的"天人合一"的整体和谐发展观。这种发展观对人类描绘人、自然与社会共生与和乐的蓝图有着重大影响，同时这种发展观也是对人与自然对立的片面发展观的反驳。长期以来，人类以万物之主自居，掠夺性地开发和征服自然，同时也遭到大自然的报复。师法自然，建立人与自然的整体

---

① 也有版本将"人"写为"王"，为方便理解，本书选择前者。

和谐，已成为人类持续发展的迫切要求。为政者若能顺应自然和社会规律，万物将自然生化，百姓和乐相助，四海安居乐业，"天地相合，以降甘露"。

东方哲学始终强调整体和谐发展的主题。它从宇宙化生、万物一体的自然而然的和谐推及社会安邦、人的身心世界的和谐，并合乎逻辑地将发展归结为"无为"之发展。这种整体和谐的发展观，在不断地启迪着人类向前发展。

2. 东方哲学的二元性

东方哲学的一个重要体现是阴阳二元性，阴阳是简朴而博大的中国古代哲学思想，强调阴与阳的统一、对立和互化。正所谓"二气交感，化生万物"。

人类的生存发展也存在二元性，从阴阳的角度，把人看作阳，把自然环境比作阴，现在人类大量地开发自然资源一定程度上导致了"阳盛阴衰"。当阴阳失衡，灾难就会降临。东方哲学告诉我们，人类在发展的同时也要保持阴阳协调，只有这样才能维持整个社会持续而稳定的发展。异度均衡正是基于这样的哲学观，把经济事物的结果分为总收益与总损耗的二元结构。

3. 东方哲学的公平性

东方哲学主张社会财富大致公平的仁政，并把社会的不公平归根于政治的贪婪、妄为。"民之饥，以其上食税之多，是以饥；民之难治，以其上之有为，是以难治；民之轻死，以其上求生之厚，是以轻死。"它警示为政者不要过多盘剥百姓，若百姓被逼上绝境，则会以生死抗争，为政者将自取灭亡。

东方哲学主张在财富分配方面效法"天道"，做到"以有余奉天下""损有余而补不足"，而不是"损不足以奉有余"。它认为

"天道"非常公平且无任何偏私，它均匀地将自己的"甘露"洒向人间。"天地相合，以降甘露，民莫之令而自均。"如果出现贫富悬殊等不公平现象，天道将加以损益。"天之道，其犹张弓欤？高者抑之，下者举之；有余者损之，不足者补之。天之道，损有余而补不足。"然而"人之道"却往往违反了"天道"，出现"损不足以奉有余"的不合理现象。东方哲学劝世人应自觉效法"天道"，主张财富公平和共同发展，同时又猛烈抨击那些追求奢靡生活、大量积蓄私财而不顾他人的统治者和财富拥有者。

东方哲学认为人类的远见卓识在于认识和掌握自然和社会规律，按"道"而行，人类才能代代相传，不断发展。"知常容，容乃公，公乃全，全乃天，天乃道，道乃久，没身不殆。"东方哲学认为善行"道"之人，以其洞察宇宙和社会规律的智慧，为自身和后代发展创造条件，引导人类走向和谐持续的发展之路。

（三）异度均衡是东方哲学"适度"观念的现代延伸

异度均衡理论的内涵十分丰富，其核心观点包括：第一，从时间和空间的维度阐述事物的整体性，即过去、现在与未来才是事物的全部，事物的影响应放在整个社会范围内讨论；第二，事物都具有二元性，任何事物都存在收益和损耗，且收益和损耗都有显性和隐性之分，两者的共存是其经济属性成立的条件；第三，强调公平性，所谓公平就是人与人、人与自然、人与未来之间的和谐相处，从时空上界定了人、自然和未来公平相处的原则。由此可见，异度均衡理论的内涵在很大程度上暗含了东方哲学的理念。

东方哲学尤其是中国古典哲学，最值得汲取的精华可以浓缩为"适度"二字。整体性、二元性、公平性都是承认世界的多样性和差异性。如何在发展的目标下承认差距、获取动力，又兼顾左右前后、当下与未来、收益与损耗，关键就在于"适度"二字。异度均衡就是寻找发展中的"适度"区域，保持合适的兼顾各种经济主体权益和未来权益的新的经济均衡发展理论。

但东方哲学对其核心内涵的探讨只停留在理论层面，并没有提供如何实现其主张的明晰路径。而异度均衡理论以当下为时间轴的中心，进一步把以往和未来折叠起来，进行经济元素的均衡考量，既从以往预测未来，也从未来回望当下。依靠计量方法和数据能力的提升与发展，这种预测未来和回望当下的做法都已成为可能。新的技术和方法使异度均衡理论成为一种新的经济分析方法和工具。

从哲学的高度来审视异度均衡理论，它既是对东方哲学的继承，也是进一步的拓展创新，是以"适度"为价值评判标准的经济思想体系。适度，在经济学上就是指某种客观上最优的均衡状态。

二、均衡分析理论的思想线

均衡分析理论为异度均衡理论提供了基本框架与内核。

均衡是事物不确定性表现的相对确定性表达，经济运行达到某种均衡时，常常意味着某种对称性的达成，也意味着某种新趋势的出现。现有均衡理论的概念、内涵和层次并不能解释全部的经济现象，其内涵尚有待深入挖掘。有鉴于此，本书将从深入探悉均衡思想的内涵出发，从古典主义到新古典主义再到凯恩斯主义，追踪均衡思想的演化过程，旨在为均衡概念探究新的内涵，并为各类经济主体在配置资源、经济行为合理性分析方面奠定新的均衡方式的思想基础。

在经济学的庞大分析框架中，均衡理论尤为重要。它不仅是一种思想、思维方式和理论架构，而且是组织经济活动、配置经济资源、评价经济结构的行动指南。我们通过对均衡思想演化过程的梳理，发现均衡理论的可扩展空间，并提出了一种新的均衡思想——异度均衡。

（一）对称性、不确定性与均衡思想的演化

对称性是自然界高度进化的法则。人类社会中任何倡导公平正义的法律和规则无不强调对称性原则。然而，信息的不确定性导致人类社会中存在着大量非对称性现象，将风险转移给不同空间的不相干主体，将风险转移给未来都是典型例子。包括经济学在内的人类科学在某种程度上可以视为试图弥补非对称性或追求均衡的不懈努力。

均衡思想的内涵尚有待深入挖掘。现有均衡理论的概念、内涵和层次能够解释平行时间维度上的交易及利益博弈中的经济现象，但并不能解释全部的经济现象，尤其是时间维度往前延伸后对称时空的许多经济现象。

（二）均衡分析思想的历史脉络

1. 古典主义的均衡思想

亚当·斯密用"看不见的手"描述了经济活动的不确定性本质，这是第一次将均衡思想引入经济学分析，而这也成为古典经济学区别于旧的经济理论，进入"科学时代"的一个标志（Murray Milgate, 1996）。但亚当·斯密并没有真正提及过"均衡"一词，其均衡思想散见于他的名著《国富论》《道德情操论》和其他论文之中，这位现代经济学的开山鼻祖用详尽又略显干涩的语言表达了古典均衡概念的内涵，即"经济系统的引力中心"，指任何经济过程都有"自然趋近"的一种终极状态，经济系统在任何时间都被吸引朝向经济运行的"自然条件"。虽然"自然条件"或"长期正常条件"代表了古典主义最初的"均衡概念"，但真正让"均衡"一词广泛传播的是约翰·穆勒，他在《政治经济学原理》中对均衡进行了正式论述，开启了新古典主义均衡思想的篇章。

2. 新古典主义的均衡思想

新古典主义均衡思想的创新之处在于它将均衡深化为"一般均衡"和"局部均衡"，这两个概念实际上都包含马歇尔所言的"供求相等则市场出清"这一核心内容，两者的区别在于研究范围、研究方法上的差别。一般均衡最接近斯密所说的"自然条件"的内涵，而局部均衡则为幻灯片式的静态比较分析提供了空间。

新古典主义的均衡本质依旧是"静态的"，新古典经济学家在研究动态问题时只能简单地使用类似静态分析的方法，把一系列静态均衡串起来分析他们所谓的经济的动态（John F. Henry，1983）。萨缪尔森把静态向动态的转化称之为对应原理，即在比较静态学和动态学之间的形式上存在一种密切的相互依赖关系，但这种关系的存在并不能让两者画等号。从本质上看，新古典均衡模型之所以难以处理动态时间问题，是因为模型中变量之间的相互依赖性不能用处于历史时间中的因果关系来描述。这种本质上的缺陷使得均衡思想在新古典主义中难以获得全面升华，后来这一工作由凯恩斯主义延续下去。

3. 凯恩斯主义的均衡思想

受到凯恩斯主义的巨大影响，走出新古典主义的均衡定式，不难发现凯恩斯主义的均衡思想是博大精深、内涵丰富的。从某种意义上看，用"凯恩斯革命"来形容这种均衡理念的变化毫不为过。绝对均衡和相对均衡、静态均衡和动态均衡、主观均衡和客观均衡、短期均衡和长期均衡，这些均衡内涵的多维性扩大都可以追溯至凯恩斯的理论贡献。这种均衡思想的"凯恩斯革命"对经济学理论和宏观经济政策理念的深远影响是难以估量的。

凯恩斯的均衡思想包括两个层次：一是中间性均衡，以及"有限波动"的规律性；二是移动均衡，以及短期均衡和长期均衡的一致性。凯恩斯认为货币经济本身存在周期性波动，但是这种波动是有规律的。它既不会无限地繁荣，也不会无限地衰退。

凯恩斯的均衡思想打破了古典主义和新古典主义对均衡的"静态性""客观性""绝对性"描述。"有限波动"意味着均衡可以是相对的，"移动均衡"意味着均衡可以是动态的，而"长期均衡"和"短期均衡"对预期的强调意味着均衡可以是主观的。凯恩斯在某种程度上颠覆了新古典主义的均衡观，而将凯恩斯均衡和新古典重新融入古典均衡的努力来自非瓦尔拉斯均衡学派。

（三）均衡分析理论

均衡分析在经济学中占有重要地位。均衡分析的核心是假定存在一种均衡状态，而经济活动的运行总是不断趋近于这样一种均衡状态。也就是说，经济活动的运行千变万化，其运行状态往往是不均衡的，但在本质和长期趋势上，总是在不断趋近于均衡状态。物理学上将物体处于静止或匀速直线运动的状态称为均衡，也就是该物体不受到任何外在的作用力，或受到几个方向不同的外力全部相互抵消（即合力为零）时所处的状态。在经济学上，均衡状态是指经济活动中各种变量的作用恰好相互抵消,暂时处于一种平衡状态而没有进一步变动的倾向;也就是说,经济行为认为决策调整已不可能增加任何好处,从而不再有改变行为的倾向,或两种相反的力量势均力敌,使力量所作用的事物不再发生变化。均衡状态一旦形成,如果有另外的力量使它偏离原来的位置,则还会有其他力量使它恢复均衡,这是均衡状态的核心特征,也是经济不断向均衡状态趋近的根本动力。

经济学中最重要的均衡分析理论是一般均衡和纳什均衡。一般均衡是经济学的重要概念,在一定程度上甚至可以说是经济学研究的核心与基石,其最初来源于瓦尔拉斯(1874)的《纯粹经济学要义》,他提出在"完全竞争"的均衡条件下,出售一切生产要素的总收入和出售一切消费品的总收入必将相等,即通过引入拍卖者将整个市场出清。马歇尔(1890)在《经济学原理》中提出的价格均衡论其实是在一般均衡基础上的局部化,也是典型的局部均衡。他指出,当经济中各种对立、变动的力量处于一种力量相当、相对静止、不再变动的境界,就是均衡。现代经济学的发展则是从数学的角度完美证明了一般均衡的存在(阿罗和德布鲁,1954)并在此基础上向各相关领域拓展与应用。纳什均衡是博弈论的重要概念,博弈论的创始人之一冯·诺依曼(1928)认为,在一般情况下,二人零和博弈总是存在"最大最小均衡"。但是,由于零和博弈的特殊性,它在社会科学中的应用价值十分有限。随后,纳什在1950—1953年间一方面明确提出划分合作博弈与非合作博弈的标准,另一方面证明了非合作博弈中均衡解的存在。从此,纳什均衡成为管理学和经济学分析的重要概念。

（四）异度均衡是均衡分析理论的拓展应用

异度均衡是均衡分析理论的一种拓展应用，其基本框架与内核是均衡分析理论，也是寻找经济活动不同作用力之间的均衡，并围绕着这样一种均衡状态进行理论展开。异度均衡关注的是特定经济体的经济增长中，其社会总收益与社会总损耗之间的均衡关系。异度均衡对均衡分析理论的最大拓展是将均衡分析理论动态化，也就是说，均衡不再是完全不变的（静止或匀速直线运动），而是在运动过程中的均衡，超过均衡点时只是两种不同作用力的力量对比发生了变化，即经济活动运行的趋势发生变化。这一点在异度均衡的拐点分析中可以很明显地看出来①。

> 异度均衡是对一般均衡和纳什均衡的拓展。一般均衡的假设建立在相对确定条件下，不能全面解释不确定状态下的经济运行机制。纳什均衡以主体"唯利是图"为假定前提，丢失了特定人文环境下的公平需求与追求公平的人文动力，这显然也不能解释全部经济现象的本质。而异度均衡将不确定性引入分析框架，并将公平作为考量因素，有效克服了一般均衡和纳什均衡的不足。

进一步分析可以发现，一般均衡是可接触均衡，即通过交易行为不断议价，最终形成可达到一般均衡的市场价格；纳什均衡是不可接触均衡，即通过心理预估和选择，最终得到使每个参与方都达

---

① 详细讨论可参见谭庆华（2020）《异度均衡与一般均衡——不同与相融》。

到最优的行为策略组合。异度均衡是过程与结果的综合均衡，侧重于从时间与空间的综合维度关注公平与风险的综合结果，将更加贴近现实的不确定性与发展悖论引入分析框架，提出解悖的基本思路、基本框架与基本方法，解悖的过程就是达到异度均衡的过程。异度均衡涵盖了一般均衡、纳什均衡的经济含义，甚至可以说一般均衡、纳什均衡是异度均衡的基础作用机制，达成或寻找异度均衡的过程，其实也是达成一般均衡或纳什均衡的过程。所以异度均衡也可以被视为与一般均衡、纳什均衡相并列的第三类均衡。①

均衡是指某种符合合理假设条件的状态。现实中并不存在真正稳定的均衡。固化的均衡就是停滞，离均衡太远则是灾难。现实中如果状态离均衡（即计量后产生的某个曲线上的点或区域）太远，那就值得警惕。

（五）从"欺骗均衡"的角度理解异度均衡

《钓愚》这本书开篇讲到一个"欺骗均衡"的概念，很有意思。在经济学中，均衡的一个经典场景是超市收银台前的排队均衡。人们在结账付款时，会视收银台前队伍的长短进行选择，在均衡状态下，每个收银台前的队伍长度几乎相同。这个原理同样适用于欺骗行为。如果我们身上存在某种可以被人利用的弱点，从而能给欺骗者带来超额利润，就一定会有某个欺骗者想要利用这个弱点获得利润。当那些生意人四处打探，寻找最短的队伍即商机时，总会有隐藏着的欺骗者，一旦发现可被利用的弱点，他们就会迅速采

---

① 详见朱小黄等（2021）《The Third Equilibrium: The Economic Impact of Future》。

取欺骗行动，把超额利润装入自己的口袋。这样在经济体中就出现了欺骗均衡。在欺骗均衡中，所有欺骗人们的机会都不会被放过，从而使得超额利润不复存在。

事实上，我们身边的很多商业营销行为都证明了上述欺骗均衡现象的存在。例如，网红带货和明星代言等都是利用信息不对称和人们的心理弱点进行推销，从而获得超额利润。但随着参与这一活动的人越来越多，其中的利润就会逐渐减少。

如果当前的经济活动可以获得巨大收益，而为此付出的代价和损耗中有一部分或者大部分是隐形的，是未来才能呈现的，那就形成了当下行为者的超额收益。只要存在这种可能，就一定会有人转移风险，以未来的成本或其他地区的成本换取当前的超额收益。当所有人都这么选择时，这种超额收益会消失。但由于这是在时间轴上的变化，当市场实现自然均衡时，未来所付出的损耗已经无法从过去弥补，只能用前人与同样的办法去侵蚀更远的未来。

异度均衡理论所要表达的意思是：依靠市场形成自然均衡，会使类似于欺骗均衡中的超额收益成为时间轴上永远存在的价值差异，是一种丧失公平的恶性循环。而当代人们自觉遵守市场均衡的原则，对未来不确定性进行量化计算，提前将未来的损耗计入当期成本所形成的异度均衡，则能使时间轴上的市场均衡更真实地体现公平，更逼近于真实市场对欺骗因素的排除。在这个意义上，也可以把异度均衡称为主动市场均衡。

均衡是客观存在，跨时空的均衡也是客观存在，只是跨时空的均衡关系更加抽象和复杂。

三、不确定性原理及风险管理理论：如何测算未来

不确定性原理及风险管理理论为异度均衡提供了思考角度和分析工具，是异度均衡的最主要方法。

（一）不确定性原理

1. 确定性与不确定性的关系

关于确定性与不确定性之间的关系，有一段表述比较经典：在一个充满不确定性的世界中，我们需要寻求一定的确定性，这是人的本性，我们愿意为此付出代价。但是，这种确定性终究是短暂的，这是世界的本性。过分追逐不可能的确定性，会让我们陷入"成功剧场"的坑里，也难以抓住面向未来的机会。因此，不能用确定性的思路，来解决不确定性的问题……投资者会给确定性付一定的溢价，但如果企业追求没有能力支撑的、虚幻出来的确定性，反而会持续累积不确定性，最终会以戏剧性的方式爆发收场，就像烟花一样幻灭。[1]

到目前为止，所有关于不确定性的理论都将不确定性作为一种现象来研究，这显然不够。在笔者看来，不确定性是所有现象的背景，是世界的本质。

不确定性是人类生活的常态，确定性只是人类行为的短期单项结果。表面上看，这同数学上的中心极限定理或者大数定律相悖。中心极限定理是指当样本容量极大时，样本均值的抽样分布趋近于

---

[1] 详细讨论可参见王亚军（2021）《GE 跌落神坛的启示之：对确定性的执念是一种病》一文。

正态分布。大数定律是说在一个随机事件中，随着试验次数的增加，事件发生的频率会趋于一个稳定值。在数学的世界中，当个体数量级很大时，其整体就趋于一定的稳定性。但这种稳定性只是一种统计分布，是一个平均值或期望。稳定性是某种状态的均衡，也正是不确定性的产物。

那么世界上到底存不存在确定性？存在，但只存在于过往。在时间维度上，已经发生的事情，已经有结果的事情，都是确定性事件。确定性事件印证了之前预期的实现程度，确认了之前计量数据及建立的数学模型是否可靠。历史事件是客观的存在，是确定性事件。在一定程度上甚至可以认为，只要数据完整就能还原所有的真相。但除了过往，所有的未来都充满不确定性。市场经济基于未来的不确定性设计规则。计划经济把未来看作过往，强行让未来符合过往的经验，这属于时空上的错配。

因为数据的完整性不可能完全实现，所以历史的细节永无真相。而未来的不确定性也决定了未来不可准确测量。异度均衡理论尽量用数据连接过去和未来，使现在的人们对未来的预判尽量符合事物自身的运行逻辑。

2. 不确定性的根源

不确定性来源于客观世界的无序性。以下五个方面的叠加决定了客观世界的不确定性。

其一，人性的差异使人的行为差异很大，就像世上没有两片相同的树叶一样。这使得人类社会无法真实知道每一个人的行为，虽然可以计算出某种环境下行为发生的概率，但每个人的心理活动复杂多变，很多人都难有长期稳定的心理状态。

那么这种不确定性是否可以通过实验发现，或通过某种公式和变量计算呢？目前可以作为心理波动计算方法的科学大约只有博弈论。博弈论表明，某个人或组织，面对一定的环境条件，在一定的规则约束下，依靠自身掌握的信息，从各自行为策略进行选择并加以实施，进而取得各自相应结果或收益的过程，显然是一种心理活动支撑下的取舍行为，博弈的规则和方法影响了心理活动及结果。信息的对称性决定了博弈结果的均衡性和帕累托效率。所以，人类行为的不确定性在某些条件下是可以通过建模计量来预测的，经济学已经提供了不太完善但很有说服力的理论与方法。

行为心理的不确定性还有很多表现：如交通拥堵的解决方案，不是去挖掘道路的时空资源，而是堵住各种交叉路口，反而造成交通资源损耗发生更多事故；四川历史上曾发生过官员为防火灾禁止民间夜晚用火，但川民喜食夜宵，常有人偷偷用火，反而使灾情更多；明清为防海贼倭寇封海驱民，不许对外贸易，结果边患不歇。

其二，物理世界的不确定性通过量子力学的公式和变量得以证明和计算。量子力学中的不确定性原理是由海森伯于1927年提出的，这个理论是说，你不可能同时知道一个粒子的位置和它的速度，粒子位置的不确定性表明微观世界的粒子行为与宏观物质很不一样。此外，不确定性原理涉及很多深刻的哲学问题，用海森伯自己的话说，"在因果律的陈述中，即'若确切地知道现在，就能预见未来'，所得出的并不是结论，而是前提。我们不能知道现在的所有细节，是一种原则性的事情"。

现在看来，海森伯关于微观世界的结论也适用于宏观世界，也同样适用于人类社会。微观世界的规律决定了宏观世界的本质。事实上宏观世界存在无限多的元素，每一种元素的位置与速度也是动态变化和无法确知的,任何未来都隐含着无穷的不确定性。

所以,我们可以说世界的本质是不确定性。尽管我们在宏观世界和牛顿力学定律中没有明确感受到不确定性的作用,但毫无疑问人类生活在不确定的环境里。

其三,按照热力学第二定律所确定的熵增定律,在宏观世界里,熵是构成体系的大量微观离子集体表现出来的性质,包括分子平动、振动、转动、电子运动及核自旋运动所贡献的熵。在孤立系统中,体系总是自发地向混乱度增大的方向变化。熵值证明了客观世界的无序性。也就是说,物理世界的本质是以运动产生的熵值使世界走向无序和混乱,即不确定性。而人类社会的各种治理和个人自律都是努力减少熵值、建立有序世界的过程。如果说量子力学证明了微观世界的不确定性,那么熵增定律则证明了宏观世界的物理不确定性。

其四,人类对宇宙自然的认知总体上是未知远远大于已知。对人类而言,已知的越多,则未知的边界越大。有人说,科学就像平面上的一个圆,圆内是"已知",圆外是"未知"。我们的科学越发展,圆内的面积越大,直径也就越大,我们接触到的未知也就越多。所以,不确定性是人类难以逾越的鸿沟。

其五,传统知识运用的偏差带来的不确定性也是惊人的。这种偏差可以体现在概率论的计算公式中。任何事情发生的概率,其实质反映的都是与常识判断出现偏差的可能性。因为认知的偏差始终存在,对知识运用的偏差也始终存在,在逐渐累积的情况下甚至会出现意想不到的影响。

这五种原因造成的社会运行中的各种信息不对称现象,形成林林总总遍布各个角落的不确定性。

3. 如何适应不确定性？

就像确定性不是指所有事物的固化一样，不确定性也不是指所有事物保持不稳定的状态。一定条件下的稳定与总体环境下的不稳定构成世界的客观特点。人类社会一方面需要构建一定条件下的稳定生活，另一方面也要防范整体不稳定因素对稳定的冲击。

> 不确定性是绝对的，是经济社会的常态，确定性是相对的、有条件的、短期的。在特定条件下两者可以互相转换。

从不确定性出发，信息对称只是相对的，而信息不对称则是绝对的，尽管人类信息收集与信息分享的规则已经日趋完善，但无论在市场中还是在整个社会运行中，人类都将面对信息不对称的挑战。

在长期不确定性的世界里存在短期的确定性，这种短期的确定性和可预期只是长期不确定性的表现。即使是可计量的风险，也不是一成不变的。

人类需要适应并学会在不确定性中建立相对确定的预期和相对稳定的局部生活环境。人类的全部知识在社会治理意义上就是在对抗无处不在的不确定性。这是人类文明进步的重要内容，尽管我们已经学会了很多，但仍然有许多的问题要解决。

未来的不确定性让事物多有转折，即拐点，经济学家的任务是寻找各种事物发展规律的拐点，从而预测未来。所有的社会管理活动都可以归结为对不确定性的管理，经济研究和管理活动尤为明显。

在经济活动中，由于无形资产的作用是潜在、间接的，且人们无法预知科学技术的更新速度，这种不确定性就表现为无形资产所能提供的未来经济效益及其自身成本价值均难以准确计量。因此经济主体对于未来的经济状况尤其是收益与损耗的分布范围及状态也不能确知。

经济学无法准确找到经济发展的最高点、最低点或拐点，只能通过计量判定某种状态或某种趋势。对乐观的前景做好资源准备，对悲观的前景做好应对。

> 不确定性是一个经济学用语，但其所包含的意义远超经济学，同时也是一种生活态度、认识维度、思维方式。

对确定性的追求在经济学领域是一种思想误区。传统经济学和现代经济学的分野正在于对不确定性的理解和态度。

确定性是人类的向往，但就人类社会生活而言，不确定性才是本质，确定性是相对存在的。减少不确定性，尽量靠近确定性正是计算不确定性的意义所在，即构建相对确定的短期和局部预期。这似乎是个悖论：不确定性管理的意义在于寻找确定性，而真正找到确定性时，事物却失去了意义。例如，我们千方百计地加速向前，但当速度超过光速时却会往后穿越。

4. 不确定性的广泛存在

既然不确定性是客观存在的，那么我们就只能与其共存、与其共舞，从不确定性中寻找生存与发展的机遇，而不是一味追求确定性，与自然规律相悖。人类正是逐步学会和建立了适应不确定性的运行规则才创造出各种文明和进步，在不确定性中获取收益、减少损失。市场经济的科学之处就在于承认经济运行的不确定性，承认"看不见的手"，承认波动，承认损失，承认偏差，并为此建立了一整套规则和秩序，利用计量技术与数学模型，预测所有波动的规律和风险成本，减少无序的"熵增"，由此找到最经济的方法组织社会经济运行，或许这才是经济学的本质。

5. 不确定性的相对性

当我们指出世界的本质是不确定性时，事实上在不确定性的前提下存在着事物的相对确定性，如地球与太阳的关系是相对确定的。在设定好的条件下，事物会按计划进行，我们总是在不确定中争取相对确定的结果，这才是经济规划的意义。

不确定性就像物理学中的万有引力，人们的所有活动几乎都在对抗万有引力，所有的科学和试验，都希望使人类获得更多的自由空间和资源。在经济生活中，各种研究和实践活动也在对抗不确定性。例如：市场秩序的建立、契约精神的塑造、交易传统的形成、财务拨备、算法研究、定律发现……透过这些经济学原理的运用，寻找相对确定的结果，从而最大程度地获取收益，最大限度地减少损耗。

（二）风险管理理论的主要内容

在不确定性的处理上，人类采取了理性的姿态：对不可计量的不确定性事件（如地震一类的自然灾害），主要是进行事后管理，提高对后果的承受能力，如建筑的抗震设计及应急处置能力。在经济核算中把此类支出列为非预期损失，它是对损失均值和预期损失的偏离，所以一旦发生就应冲销资本。而对可计量的不确定性则利用数据和数学模型进行测算，并降低这些损失的管理成本。前者寄托于运气和人类的经验智慧积累，后者则可以通过定量分析得到控制。现代风险管理研究的本质就是对可计量的不确定性进行分类和计量管理。

在不确定性研究中，数学模型显示出变化的规律，而经济学的出发点则是确定变化带来的收益或损失的程度，又或者事先的投资预测是否能够承受损耗。这样的测算就是风险管理。

风险到底是什么呢？金融学和统计学认为，风险是波动。但有的经济学家（如张五常）认为波动不是风险，它只是对风险的度量。如果说风险是波动，则是用事物的度量代替事物本身。他们认为风险是隐藏的信息，即信息不对称。

巴菲特这样的投资者则认为亏钱才是风险。这种观点认为当不确定性事件真正发生时它才会转化为风险，当风险的积累影响到企业经营的根基或者出现结构性缺陷时，如偏离成功理念、战略重大调整、战略执行失控，风险也可能向确定性转化，成为必然发生的事件。

实际上，风险管理指向的是风险成本，即不确定性所掩盖的未来可能会出现的风险损失。收益与风险总是相伴而生。经营的目标不是消灭风险，而是衡量收益能否覆盖风险，从而进行取舍。各种社会监管就是要在当下的规则下，处理未来的不确定性，这是由风险管理的特性决定的。

> 风险管理本身就是应对未来不确定性的技术。风控和监管不是为了把监管者认为的"不好的"交易堵死，而是为了更好地利用不确定性促进市场交易，从而实现收益，这是市场的本质。只有承担风险的人才能更好地

感受风险。

风险管理是指在一个确定有风险的环境里如何把风险可能造成的不良影响降至最低的管理过程。风险管理对现代企业而言十分重要。这里的风险管理理论是一个相对广泛的概念，既包括对风险的基本认识（例如对不确定性的认识），也包括风险管理的方法与工具（例如资产组合理论、经济资本理论等），还包括风险管理的流程体系（例如全面风险管理体系、内部评级法等）。

对不确定性的认识其实是整个风险管理理论的起点，正是有了对不确定性的广泛充分认识，才有了风险管理的概念。风险管理理论的发展都是基于可测量的不确定性。所谓资产组合，其实就是在投资领域对不同金融产品的风险进行度量并寻求最大收益的过程，一般描述为风险既定情况下的收益最大化，或收益既定情况下的风险最小化。用收益水平的波动性（方差或标准差）来度量风险水平，风险管理理论中对风险的度量基本遵循这一思路。所谓经济资本理论，可以视为不确定性理论在银行风险管理领域的具体应用，即将经济资本定义为银行可能会承担的非预期损失，把资本管理概念通过波动概率的计量转化为风险管理资本承担额度，即风险资本，并提出了具体的度量工具与操作方法。目前这一理论方法在商业银行得到了广泛应用。

另外，风险管理流程体系也是风险管理理论的重要组成部分。所谓全面风险管理，是指企业围绕总体经营目标，通过在企业管理的各个环节和经营过程中执行风险管理的基本流程，培育良好的风险管理文化，建立健全全面风险管理体系，包括风险管理策略、风险管理措施、风险管理组织职能、风险管理信息系统和内部控制系统，从而为实现风险管理的总体目标提供合理保证的过程和方法。

（三）不确定性原理及风险管理理论为异度均衡理论提供了思考角度和分析工具

经济学的发展从思想背景上考察，就是从古典经济学的追求确定性向现代经济学的拥抱不确定性的转换。从微观上说，现代经济过程可以看成是一个心理与行为的博弈过程，是一种以不确定性为条件的社会活动。经济活动就是在不确定性中进行当前与未来、此地与异地、此时与他时之间的收益与损耗、有利与不利的取舍。在确定条件下的最优化理性决策很容易解释，但在不确定条件下的经济决策原理回答起来却不容易。[①] 也正是因为不确定性的广泛存在，以及对不确定性的全面接纳，才使得异度均衡理论将其作为理论产生的起点和基本背景。

> 由于世界的本质是不确定性的，经济学精确预测未来的走势是不可能的，但计量未来的收益与损耗是完全可行的。经济学的基本任务不是预测未来，而是在数据和逻辑前提下计量当下及未来的收益与成本，告诉人们今天的行为会带给我们什么样的未来，而不是断定未来具体会发生什么。

尊重自然、尊重未来，就必须承认不确定性的普遍存在。脱离

---

① 详细讨论参见朱小黄（2020）《异度均衡理论的形成路径》一文。

不确定性去研究问题，是难以完全契合实际的，也难以对现实世界进行有效的解释和指导。异度均衡理论首先将不确定性作为整个研究的起点，从不确定性的角度去思考问题、解决问题，并将其作为整个理论展开的基本背景，利用风险管理理论与计量方法开展研究，对现实世界进行更加贴切、更加准确的演绎和解释。拐点分析、收益损耗分析及完全成本理论，都充分利用了风险管理的工具与方法。例如，收益损耗分析中对隐性收益、隐性损耗的考虑，其实就是借鉴风险管理的工具与方法，将机会成本、风险成本、沉没成本等都进行可操作的度量后纳入整个分析框架，从而对经济活动进行准确全面的评价。另外，将不确定性引入研究范畴，也改变了传统经济学研究的思路和逻辑，试图对波动问题进行全面的把握、度量和分析。而异度均衡理论利用风险管理的工具与方法进行具体经济问题研究，则是题中应有之义。

四、可持续发展理论及其代际公平的实现

可持续发展理论为异度均衡理论提供了目标与方向，是异度均衡理论终极目标的最直观表述。

（一）可持续发展理论的主要内容

可持续发展的思想由来已久，在很多古典经济学理论中都可以找到。但可持续发展问题真正被重视和关注，是源于罗马俱乐部提出的"增长的极限"，既然增长有极限，就必然需要考虑可持续发展的问题。尤其是二十世纪六七十年代，经济增长所带来的资源枯竭与环境污染问题，导致可持续发展日益成为一个重要议题。

从理论演进视角看，可持续发展理论可以分为经济可持续发展理论与金融可持续发展理论两个阶段。经济可持续发展理论是一个相对广义的范畴，包括经济增长理论、发展经济学、环境经济学等，这些都属于经济可持续发展理论的组成部分。例如，传统的金融发展理论重点关注金融发展的度量（金融结构）和存在的问题（金融压抑、金融约束）以及具体措施（金融深化）。白钦先等（1998）在对传统金融理论进行反思的基础上，提出以金融资源论为基础的金融可持续发展理论，是针对金融危机所提出的一套原创性理论体系，强调"金融是一种资源，是一种稀缺资源，是一国最基本的战略资源"，也关注合理开采利用的问题，进而提出相应的战略措施。

从经济与金融的关系看，金融可持续发展理论是经济可持续发展理论的有机组成部分，从经济可持续发展理论到金融可持续发展理论是金融重要性日益突出的具体体现，是经济金融化和金融全球化趋势在理论研究上的具体实践。但从根本上说，可持续发展是经济可持续发展理论与金融可持续发展理论追求的终极目标，并在此目标下寻求实现可持续发展的路径与措施。但可持续发展理论的底层逻辑尚未完成，更多地停留在观念上，尚未寻找到路径。

（二）可持续发展理论为异度均衡理论明确了目标与方向

异度均衡理论是考虑不同时间、不同空间维度上的"均衡"问题，是将时间维度上的不确定性、空间维度上的机会成本以及综合维度上的公平问题等纳入"均衡"分析框架得到的（朱小黄，2020），其追求的终极目标是可持续发展，也就是将经济增长与社会发展的终极价值指向对未来权益的维护。异度均衡理论在可持续发展理论的基础上，更鲜明地提出了未来对当前经济行为的叩问，提出了在敬畏自然基础上敬畏未来的观念。从异度均衡与可持续发展理论之间的关系来看，异度均衡是对可持续发展理论的一种拓展，是可持续发展理论的具体化。可持续发展与异度均衡是对同一事物从不同角度的观察与描述，前者更偏重理念和宏观，后者更偏重逻辑和微观。类似于为宏观经济学寻找微观基础，异度均衡为可持续发展探寻了微观基础，进而提供了坚实的理论基础与科学的分析方法，也是可持续发展理论的进一步丰富和发展。

具体来说，可持续发展理论为异度均衡理论明确了目标与方向，而异度均衡理论则为可持续发展理论构建了底层逻辑，提供了研究工具，明确了分析维度，探索了判定标准，并指导了政策实践。[①] 以上五个方面全面总结了异度均衡与可持续发展理论之间的关系。随着异度均衡理论自身的不断发展完善，其与可持续发展理论之间的关联也将不断深入和拓展。

（三）可持续发展理论的直白表达：做个好祖先

我们都继承了来自过去的礼物，祖先为我们留下丰富的遗产：先人于一万年前，在美索不达米亚平原播下首颗种子，清出空地，建造水路，建立我们今日居住的城市，还探索科学，并创作流传至今的伟大艺术。我们鲜少思考祖先如何彻底影响了我们的生活，多数先人的名字都被遗忘在历史洪流中，但有少数得以流芳百世，其中一位就是医学家沙克。

1955 年，经过近十年的辛苦实验，沙克及其团队终于研制出

---

① 详细讨论可参见谭庆华（2020）《异度均衡：对可持续发展理论的拓展》。

人类历史上首支有效又安全的小儿麻痹疫苗，当时全世界每年有超过 50 万人因为小儿麻痹而瘫痪或死亡，因此这是一项非同小可的突破。该疫苗研制成功后，沙克被誉为奇迹缔造者，但他却不在乎名气和财富，不曾为该疫苗申请专利。沙克的愿望是为人类作出贡献，并为未来世代留下正面遗产，而他的愿望无疑实现了。

沙克晚年时喜欢用一个问题来表达自己的人生哲学："我们是好祖先吗？"在他看来，我们继承了来自过去人类的丰富遗产，也应将这些遗产留给子孙。他认为，如果要做个好祖先，对抗生态浩劫与核武器战争等全球危机，就必须摒弃短视近利的观点，采取长期思维，考量自己的行为在自身寿命外将会造成何种影响。我们不能再以秒、日、月为思考维度，而是必须拉长时间单位，以十年、百年、千年为思考维度，唯有如此，才算是尊重和尊敬未来世代。

做个好祖先，是可持续发展的最直白表达，也是异度均衡的文化出发点。

（四）异度均衡理论是对可持续发展理论的完善

经济学要解决两个基本问题：一是增长，二是公平。如何解决公平问题？异度均衡理论从未来角度为当前交易提出了解决办法。任何当期交易或投资，都应当建立在异度均衡的原理框架基础上，才是合理的。

经济快速增长的国家（如金砖国家）和城市全都经历过或正在经历以投资拉动为主要动力的经济发展阶段。那么什么样的投资规模和速度是合适的，应该以什么样的态度对待发展中的污染问题、民生保障问题、可持续发展问题，关于这些，至今仍然停留在事后进行总结和纠偏的模式上，缺乏事先的思想约束和预判依据。虽然也提出了一系列有益的思考和观念，如平衡发展、治理污染，福利保障等，但并没有从理论和方法上解决满足这些合理性要求的原则、标准和方法。这种情况使全球经济发展付出了沉重的代价，欧美发达国家和包括中国在内的金砖国家都有过这种沉痛经历。

代际公平作为可持续发展理论的重要内容，旨在解决时间维度上的公平。它包含以下几方面：其一，每一代人都有保存和选择自然和文化多样性的权利，当代人有义务为后代保存好自然资源和文化资源；其二，每一代人都享有健康和较好生活质量的权利，当代人应该保证地球资源的质量和数量；其三，当代人的决策应体现"无论哪一代人在资源分配中都不占支配地位"这一公平原则。当代人必须留给后代一个适宜居住的地球环境，也应当清偿过去（前代人）留下的"自然债"。

但是后代人并无对当代事务的任何权利。这种观念的践行只能依靠当代人类的文明规则。对于经济学来说，这一观念的提出并没有彻底解决问题，它仍然有明显的不完善之处。一是过分着眼于未来，忽略了未来与当前的实际联系。二是过度强调纵向时间，忽略了横向空间的公平问题。

异度均衡理论的计量模型设定了一个数量化的边界，使得代际公平这一可持续发展理论的重要观念，获得了可观测、可评价、可弥补、可操作的具体实现路径。

异度均衡理论将未来的收益和损耗纳入当期的经济资源配置分析框架，终于使代际公平的正确观念建立在可实现、可观测的经济学理论基础上，建立在可建模计量的实证方法基础上，解决了可持续发展理论的底层逻辑问题，这是一项巨大的理论完善和收获。

第三章　异度均衡的理论假设

一、过去、现在和未来构成事物的整体

异度均衡的理论假设之一是事物的整体包括过去、现在与未来。在时间维度上，任何一种经济现象都会深受过去既成事实的影响，也会深刻影响未来的事实状态。传统的经济学分析框架虽然也对波动周期有所描述，但没有把时间维度上的过去、现在和未来看作一个整体进行计量和评价。异度均衡理论强调了这种整体观，并以这种整体观为前提来观察和分析当前对未来的影响，站在未来的立场，约束当下的行为。异度均衡理论描述当前与未来的关系，突出强调敬畏未来，把未来的经济权益和价值纳入整个分析评价框架，并将未来的事实作为重要的评价内容和评价标准，用于衡量当前经济行为的得失。

对经济事件进行重新定义非常有必要。到目前为止，事件的字面含义是指当前或历史上发生的事情。在异度均衡的解释中，重大经济事件是指对未来发生重大影响的事件，如中国加入WTO。当我们评价历史事件和当前发生的事件时，需要彻底考量事件对未来的影响，并把这种影响看作事件构成的一部分。这是由过去、现在与未来的整体性决定的。

由于数据的积累和算法的演进，我们有条件把事件的过去、现在与未来看成事件的全部，以过去借鉴今天，以当前延续未来。那么问题来了：未来的社会和人类在当代事件中的权益表达如何实现呢？

> 未来的社会和人类只能借鉴当代人的理性、道德、文明程度来表达自己的权利。异度均衡理论把过去、现在和未来的统一性作为理论前提，是基于当代人类文明的高度能够达到兼顾未来水平的条件。这个条件不成立，异度均衡便不成立。

当我们把过去、现在和未来看成一个整体，出于对未知的敬畏之心，我们对未来亦是充满敬畏。我们以公平为价值观，倒不如说是敬畏自然。敬畏自然是社会公平的心理起源。人类常常以宗教信仰的方式表达对自然和未来的敬畏。如果没有宗教，至少我们应该在文化观念中留存对自然和未来的敬畏。这种敬畏决定了当代人的行为不能过分透支和侵犯自然与未来。

如何证明过去、现在和未来是一个整体呢？如果真有一条时间隧道，这个问题的答案会显而易见。但过去、现在和未来对一个事物来说是不可分割的吗？几十年前种下的树，几十年后长成了大树；几十年前开办的企业，几十年后或成了大企业，或已破产；从前的投资现在增值了或者失败冲销了；城市在扩大，这个过程很漫长……在这样的时间跨度里，事物的主体没变，事物发展的逻辑没变，那么这个事物便没有变。这就是事物整体性在时间维度上的逻辑。

虽然过去的表现不能保证未来的结果，但它能表达未来的趋势。当我们把事物的过去、现在和未来看成一个整体时，实际上我们认识世界的方法、视角和维度都得以延展，我们的认知发生了微妙的变化，就像在山谷两岸的悬崖绝壁之间搭起一座桥梁，使当代的人们可以通透地观望并到达未来。这对人类社会的生存发展而言是十分重要的认知能力上的突破。

二、隐性收益与隐性损耗的客观性

异度均衡的理论假设之二是承认隐性收益与隐性损耗的客观性。经济活动的收益和损耗具有显性和隐性两面。由于经济活动的不确定性，除了当前通过会计核算和统计数据能采集到的显性成本和显性收益之外，事实上还存在许多隐性收益和隐性成本没有得到计量和核算。从损耗（成本）的角度来看，评价当前的经济行为，还应该考量机会成本、沉没成本、风险成本等隐性损耗因素。只有这样，才能完整准确地考察当前经济行为对未来的影响。从收益角度来看，也会存在隐性收益。异度均衡理论的这一假设，其实是对前述第一个假设"整体观"的延续，只是这里侧重于从显性和隐性的角度对收益和成本进行全面考量和估算。不论是隐性收益还是隐性成本，其关注的重点仍然是对未来的影响。以成本为例，隐性成本既包括过去的成本（沉没成本），也包括当期忽视的成本（机会成本），更要考虑未来可能的成本（风险成本），这样才能对未来需要承担的成本及其影响进行全面准确的估算。

任何事物都存在显性收益和隐性收益、显性损耗和隐性损耗，两者的均衡是其经济属性成立的条件。由于事物的不确定性和波动性，显性的收益和损耗比较好计算，但隐性的收益和损耗容易被忽视。隐性的收益和损耗常常被当代经济活动参与者以各种形式有意或无意地掩饰起来，不容易被直观地发现，因此需要对数据进行结构化（或显性化）处理才能让隐性的部分显现出来。承认隐性收益和隐性损耗的客观性，是寻找异度均衡阈值和均衡点的基本前提。

  风险常常隐藏在收益之后，不易被发现。而许多收益也隐藏在无偿的付出之中。可惜大多数人都只有认知当下的能力，不肯为当下没有收益的未来而付出。无论是个人、企业还是国家，都需要发现隐藏在收益背后的风险成本，也需要发现隐藏在当下损耗背后的未来收益。须知，所有的收益，几乎都是付出在先，而值不值得付出，则需要经济学提供判断依据。其难点恰恰在于人性总是倾向于关注收益而吝惜付出。人们对未来不确定性的恐惧造成了未来价值的丢失。

三、人类理性的有限性与理性自负

  异度均衡理论的假设之三是承认人类理性的有限性，要克服当代人的理性自负。人的自我意识主要包括三个方面：自我认知、自我意志和自我情感体验。人评价自己，要靠自我认知；过高地评价自己，就表现为自负；过低地评价自己，就表现为自卑。自负往往以语言、行为等方式表现出来。自负实际上是无知的一种表现。俗话说："自知者明""人贵有自知之明"。

理性自负就是认为当代人的理性是有史以来的最高理性。

（一）有限理性与理性自负

　　人类总是对未来充满信心，殊不知这信心是建立在理性自负的基础上。事实上，不存在真正的理性，任何理性都有自负的成分。就像李义奇说的，"人的理性止步于自我"，也就是止步于自我所固有的自负。心理学已经证明每个人都带有认知上的偏见，受每个人经历和阅历的限制，所谓自负就是源于这种偏见。

　　当代人自诩的理性是不可靠的，这是一条定律。许多历史事实已证明，当代人的理性是有限的，需要防范和约束。理性假设是整个经济理论研究最主要的起点和基础。随着科学技术的发展和人类各种知识经验的积累，人类理性的总体水平达到了前所未有的高度，也因此产生了理性自负。但站在未来的立场上，当代人的理性，都是有限理性，无限扩张或滥用都是不可取的。而且个人层面的理性，在集体层面就不一定是理性的，当下的理性也可能会给未来带来损害。

　　当代人的理性具有侵害其他空间和透支未来的本能冲动，在今天看来是理性的决定和思考，在未来看来可能是荒谬的。因此，当代人所谓的"理性"其实是一种"理性自负"。从敬畏未来的角度，当代人的有限理性需要观念上的边界约束。

人类社会各个主体之间充满偏见，这些偏见是由各个主体所处的自然环境和人文历史条件不同所决定的。当我们滔滔不绝地评论各种事物、采取各种自认为正确无比的行为时，其实是在人类固有的偏见指导下进行的。当然，偏见也是人类自负的一种表现。

当代人理性的有限性源于人类自私与自负的本能。因为在人性中，维护当前利益总是必要的，也是正确的。人类文明在某种意义上就是一个克服自私自负本能缺陷的过程。这种缺陷在人类更多地占有资源和更强调满足当下需要上发挥得淋漓尽致。

在自负的思维方式下，人类认为只有当代人创造出超级的成就、积累无限的财富，后代人才能过着安稳的生活。但不可否认的是，当代人的理想抱负常常给未来留下困扰甚至灾难，比较典型的例子是切尔诺贝利核电站。自私和自负只是人性的天然成分，本构不成缺陷，但失去约束的自私和自负就是缺陷，任其泛滥就会对人类的未来构成伤害。

所以，必须承认人类理性边界的存在，即人类的理性不能被当前利益所吞噬，必须对未来负有责任、对世界寄予希望、对后代予以关照。

资本、权力与当代人的理想冲动都应该被关在不同的笼子里，将资本关在市场秩序的笼子里，将权力关在法律的笼子里，而理想冲动要关在由异度均衡边界构成的笼子里。

在上述认知的前提下，异度均衡理论严格地对当代人的理性自负设计了约束的边界，如果超越或脱离异度均衡计量的合理范围，当代经济行为的所谓理性就需要纠正和防范。

理性自负表现为各种宏大的理想和抱负，需要当代人达成共识，这种共识可以通过文明程度高的民主和自由模式实现，但更容易、更直接、更有效的是通过道德认同来实现。这就需要设置各种道德制高点来吸引认同。从人性自负到理性自负，都依赖于社会的道德化基础。任何社会都有自己的价值观与道德建设，但一个道德化的社会是危险的，它常常是既虚伪又作恶的社会。从经济学角度来看，道德化的社会为了维护道德制高点和道德尊严，往往不惜代价、不计成本，所以是最不经济的社会。关于道德观能否约束人性的讨论已经很充分，本书不再深入讨论，但也要指出，当人们把相信理性定义为相信道德时，其方向已错位。

异度均衡理论或许更能使人们认识到理性自负的危害，更自觉地防范理想冲动，遵从均衡边界。

（二）人类的理性自负与理想冲动

人类的理性自负常常引致为了理想不顾一切的冲动。当代人虽然也懂得未来不可知的道理，但总是对已知的东西充满信心而企图以现代的能力去破解未来的一切。在经济学研究中，理性人假设是传统经济学许多定律的前提，它假定人类行为会符合某些通识。它在定义当代人自身时，认为人的行为大体上都是自利和逐利的，但对人类的理性不能期望太高。对于未来人而言，当代人的自利理性正是对未来人的不利非理性或有限理性。异度均衡把当代人的有限理性作为理论假设，并提示我们要防范当代人因为理性自负而产生的实现某些宏大理想的冲动。

如何理解人的理性自负呢？存在主义代表人物、美国哲学家威廉·巴雷特在《非理性的人》中曾说：人在一个感到无家可归的世界里，需要寻求安全。但是，理性无法提供这种安全，要是它能够的话，信仰就既非必要也不会如此困难了。在存在主义者看来，高度理性主义是乌托邦的来源，常常转化为对权力的追求，反而变得不理性。所以从经济学的角度看，理想主义就是计划经济即权力经济的思想背景。当代人的理想主义是无法改变的客观存在。

未来不可辜负。人性自负背后的理性自负及由此产生的理想冲动，在经济学上需要异度均衡这样的理论与方法加以制约。

（三）经济学中理性假设的演进

经济学的理性假设在不同时期有不同的含义。传统经济学的许多定律和模型都以理性人假设为前提，如交易成本理论和一般均衡理论。纳什均衡理论虽然也是以利己为前提，但实际上提出了利他的行为模式。当代行为经济学则提出了非理性假设，而异度均衡的理性自负假设，则是针对当代人在各种理性观念指导下自以为已经很均衡地处理利己与利他、当前与未来关系的理性自负。

四、未来是一个权利主体

"未来是一个权利主体"这一理论假设，是要增强敬畏未来的具象性，承认未来这个抽象的词语后面有实际的、法律的、可获得、可承受的现实主体。未来不是一个抽象的描述，而是充满许多人群、许多动物、许多植物、许多客观存在的现实世界，是一个活生生的需要生存、需要发展、需要守卫的人类社会集合体。没有这个假设，今天对于昨天、未来对于今天都将失去意义。

（一）关于权利主体

权利一般是指法律赋予自然人或法人实现其利益的一种力量，与义务相对应，是法学的基本概念之一，是人权概念的核心词，也是法律规范的关键词。权利是法律赋予权利主体作为或不作为的许可、认定及保障。从权利的定义可以看出，权利主体就是人或法人。

综合来看，未来人群也是一类利益主体，当然可以作为权利主体。未来虽然不是一个具象的主体，但未来是指今后某些时期的人们和他们的生存环境，也是有法律意义上的权利存在的。从自然法的立场来看，需要由当代人自觉保护未来的权利和利益，不能被当代人的任性所剥夺。敬畏未来、保护未来是异度均衡理论的基本出发点，这正是来源于自然法的观念。

异度均衡理论强调未来的权利，与把过去、现在和未来看成一个整体的思想是一脉相承的，而且是在更高层面上看待这个问题。把过去、现在和未来看成一个整体，是为了全面核算收益和损耗；强调未来的权利，是赋予人类的未来以法律保障。

此外，强调未来的权利，就是强调对当代人的行为应该有所约束，要兼顾未来。当代人在经济社会发展过程中会把风险或成本留给未来，但与此同时，应该对当代人的行为有所约束并设定边界（例如当代人对土地和矿产资源开发利用的边界），也要把收益或资源留给未来。这既是未来作为权利主体的必然要求，也是保障人类社会可持续发展的内在要求。

（二）未来权利的保障要靠规则制度

前面我们所说的并不代表道德约束机制就不重要。在法律不完善的情况下，道德的力量有时可以最大程度地维护个人权利和社会正义。当然，这一切都必须以遵守规则和制度为前提。更多时候，道德只是一种自律工具，是个人对自我的约束，如果用来他律，往往会超出道德的范围。道德不能侵犯人的权利，道德对权利的侵犯本身就是一种不道德。道德不是义务，而是一种良知，任何人都没有权利要求别人牺牲自我成全他人。因此当代人不能以任何道德借口去侵犯未来的利益，把风险转移给未来。

未来是一个群体和各类事物的集合，这同法律上的权利主体的确存在差异。但未来作为一个集合体，他们有共同的利益、共同的责任和共同承担的风险。虽然无法在真实的法律关系中赋予未来人格化的法律地位，但现代文明对于未来的敬畏之心，应该促使我们尊重未来群体的整体权益，从法律上约束当代人对未来的侵害，因此不仅要立法保护自然，也应该立法保护未来。

胡适先生曾说，一个肮脏的社会，如果人人讲规则，而不是谈道德，最终会变成一个有人味的正常社会，道德也会自然回归。一个干净的社会，如果人人都不讲规则却大谈道德、谈高尚，社会就会堕落。人首先应该遵守规则制度，再来谈道德。违背了规则制度的道德没有任何意义，只谈道德不讲规则的社会很虚伪。我们不能奢望仅靠道德约束就能建设好一个社会，留下一个美好的未来。对于未来而言，当我们把它看成一个具体的主体时，规则的力量就会真正地保护好未来。

异度均衡理论以赋予未来人群具体权益为前提，把理性和道德的约束提炼成经济分析的经济学原理，使得当代人的经济认知能够承担起对未来的具体责任。

（三）未来权利的具体内容

前面我们已经对未来权利的主体及其重要性进行了讨论，但仍然不够，还有必要明确未来权利的具体内容，这是将未来权利落到实处的根本和前提。未来权利到底应该如何界定？首先面临的问题是到底多长时间以后算未来。如果将未来视为所有还未到来的时间，即从 $T+1$ 到 $T+\infty$（其中 T 表示当下），那么对于这样一个无穷尽的未来，很难提出可操作的具体内容。

在经济史的演变中，我们尝试在发展周期的规律中发现和确定一个可以称之为未来的时间长度，这个长度可以初步确定为 100 年。为什么是 100 年？笔者在对全球经济发展历史的观察中发现，100 年是一个大的经济周期，尤其是从工业革命后的人类发展历史来看，世界经济高峰发生过三次转移，第一次是 18 世纪 60 年代工业革命之后到 19 世纪 60 年代，世界经济高峰在欧洲；第二次是 19 世纪 60 年代到 20 世纪 60 年代，随着两次世界大战的结束，世界经济高峰在美国；第三次是 20 世纪 60 年代到 21 世纪 60 年代，世界经济高峰逐渐聚集于以中国和印度为代表的亚洲[①]。因此，可将未来 100 年确定为一个完整的社会经济发展周期，要确保这个发展周期内的自然环境正常、经济资源充足，100 年是保证未来权利的基本时间长度。

---

① 详细讨论可参见朱小黄（2014）《价值银行》第 176-180 页。

在确定未来时间期限的基础上，保证未来权利就是要确保在这个期限内能够相对均衡地分配各类资源。据此应给出一些具体的指标和边界，包括土地、人口、能源、水资源、核电、污染面积、经济发展速度等，原则上当年的资源消耗不能超过1%（当然，对于非资源的指标设定边界还需要具体分析，例如经济增长速度）。未来权利的具体内容可初步列示如下：

——最大的碳排放量，要为未来100年发展预留空间；

——土地重金属污染的极限、水污染面积的极限，要为未来100年发展预留空间；

——人口增长率，要为未来100年发展预留空间；

——当年的物质资源开发不能超过已探明物质资源储量的1%；

——当年能源消耗不能超过已知能源储量的1%；

其他如知识传承、经济发展速度、社会总损耗、森林面积的保留等都应该以100年的用度为衡量尺度。

第四章　异度均衡理论的基本范畴

一、未来的现实性

　　敬畏未来是异度均衡理论的核心理念，未来的现实性作为一个基本理论范畴，就是强调将未来作为具体的权利主体纳入经济学分析框架，才能在原理上确保未来的权利从异度均衡的角度能够得到保障和维护。

　　前面我们在理论假设中已对"未来是一个权利主体"进行了阐述，这里就不再赘述。须知，当代人所运用的资源都是过去人们全部经济活动的剩余，而当代人所有经济活动的资源剩余构成了未来人们的资源。所以未来的权利和状况实际上已经存在于过去和现在的人类经济活动中，只是我们往往视而不见。异度均衡理论的价值就是把未来的权利和状况纳入当代经济分析的框架。正是在这样的认知基础上，异度均衡理论把当代经济活动在时间维度上的波动结果通过计量纳入目前经济行为取舍的条件假设。可以说，丢失了未来的现实性就是失去了未来。

二、经济公平

桑德尔（Sandel，2013）在其著作中（《金钱不能买什么》《公正》）从哲学角度解释了市场经济交易存在的伦理困惑。风险的处理也带来经济伦理问题，即如何保持经济行为的公平。例如，统治者是愿意通过加大人们的收入差距以增加发展活力，还是更愿意以平均主义政策换取社会稳定？银行家该不该贷款给最需要资金但信用记录缺失、风险较大的人？企业家是否可以通过过度激励在短期内提升绩效以获得高薪酬而不受惩罚？如何防止任期内的管理人员将风险后移，把负担甩给继任者？

维护未来的利益是当代人重要的公平观念。异度均衡理论认为，经济行为评价体系把维护未来的利益作为评价当代行为的重要尺度，要考虑隐性收益与隐性损耗，确定未来收益、未来损耗的改变。

（一）经济公平与对不公平行为的约束

公平是人类文明的终极目标。但公平不是靠道德号召就能实现的，也不是仅仅依靠一套理念或完善的法律制度就能实现的。公平的实现需要方法和工具，即评价公平的标准。

经济公平一般应从两个层面上理解和把握。首先，在财富创造过程中，经济公平指的是机会均等和规则公正。公平和效率不是矛盾的，公平决定效率，效率是公平的必然结果。公平的规则和合理的制度可以使人们形成有效的预期，增加或减少各种投入，降低生产成本，带来规模效益。所以经济公平首先指的是创造财富过程的规则公平。

其次，在财富分配过程中，公平指的是收入分配公正。这是对收入分配的尺度标准而言的，即等量劳动获得等量报酬，等量资本获得等量利润，否则社会资源就不可能得到充分有效的配置。当然，以行政权力为背景的二次分配更能直接体现经济公平。

经济公平的核心内容应包括以下方面：

第一，产权是否明晰界定，每个人的财产占有关系是否平等；

第二，资源配置机制是否有效，激励机制、约束机制、信息机制和决策机制是否均衡、公正、有效；

第三，由伦理、道德、文化模式形成的习惯是否有助于提高效率。

公平理念集中体现在各个国家的市场规则中，反垄断法和反不正当竞争法的主要立法目的就是创造一个公平的竞争环境。

中国人崇尚道法自然，公平是基于自然法的文明规则。公平理念涵盖人与自然、人与社会、人与人之间的关系，实现公平的程度所体现的是社会文明程度，而经济公平是所有公平的基础。

但是，公平不仅是如何实现的问题，更重要的是如何防范不公平的行为。即使是在完善的实现价值创造和价值分配的公平规则下，制造不公平的行为仍然有着巨大的空间。

异度均衡理论的价值目标是经济公平，理论目标是在经济领域的公正与效率之间达成某种平衡的合理域值，技术目标是通过均衡理论和计量工具把经济行为约束在相对公平的范围内，通过均衡评价防范不公平的经济后果。

人类对非公平行为的约束能否达到议会对政府预算约束的程度？异度均衡理论至少提供了一种方法论和实用工具。

（二）异度均衡在三个方面的公平价值

异度均衡理论涵盖人与自然、人与社会、人与人三个层面解决公平问题的理念、方法和工具。

在人与自然的关系上，异度均衡把对自然环境的损害纳入现实成本和对未来的隐性损耗。在均衡区间内，自然资源的损耗是现实收益可以承受的，破坏了均衡状态，就需要调整相关的经济行为。

在人与社会的关系上，异度均衡理论重新定义了经济事物的存在逻辑，把经济活动的过去、现在、未来看成一个整体，所谓经济公平就是指过去、现在和未来之间在资源配置、收益获取、成本分摊各方面达到某种符合公平准则的状态。而以往的经济学框架没有正面提出这样的命题。

在人与人的关系上，异度均衡理论强调时间维度上不同阶段、不同空间的经济伦理特征。例如，任期公平的异度均衡评价和代际公平的异度均衡约束，都是代际经济公平关系的处理方式。

（三）异度均衡理论提出的主要公平问题

世界上有各种公平问题，经济公平最为复杂，也是经济学研究的重点。从异度均衡理论的逻辑出发，当我们把经济活动的过去、现在和未来放在时间维度下观察时，公平或者不公平现象就显现出来。

任期公平：有人会在任期内任性而为，盲目追求扩大规模，追求耀眼的政绩，追求任期内的收益，导致风险敞口很大，把风险损失留给未来和继任者。

代际公平：当代人透支未来人的资源，容易让未来的人们陷入困境。

交易公平：不顾机会成本和风险成本，表面合理但实际上隐藏了成本支出，将其留给未来的交易，以获得当期的各种奖励和荣誉。

垄断：利用行政资源或信息资源的聚集形成垄断，在价格和交易条件上引致不公平的市场秩序，以获得超额收益。垄断的目的是获取未承担损耗成本的收益，不符合异度均衡原则。

不公平竞争：利用行政资源和信息资源，取得成本和定价优势，表面上是公平交易，实际上并不公平。

区域资源配置：利用非市场能力在资源配置上取得优势，造成起点的不公平，没有实现公平的风险承担。

社会保障：在二次分配中更加注重公平，通过财政和税收更加照顾困难群体。当一个社会的财富集中在少数人手里，那么它注定是不公平的，分好社会财富这块"蛋糕"需要政府的良知，但仅仅依靠良知是不够的。建立健全的社会保障制度和各种救助机制，才是社会公平的基础。各种社会保障制度和服务设施的建设，在异度均衡理论中正是关照未来的基础，当代人的社会保障体系越优越，未来人们的生活就越稳定。

普惠服务：例如普惠金融、普惠医疗、普惠政务等，是对不公平现象的对冲。

我们相信，异度均衡理论及其方法，可以为解决和约束这些不公平现象提供有效途径。

（四）异度均衡的三大公平功能

公平作为一种理念，是人类早就达成共识的价值取向。但公平的实现需要具体的方法和措施，如法律制度、道德规范、行为习惯，等等。在经济学的理论框架中，公平已经有广泛多样的解决方案，而异度均衡是其中一种有趣且可实现的方案。

在公平问题上，异度均衡有三大功能：

——理念。异度均衡延伸了经济学基础理论中的均衡观念。如果说一般均衡是对交易原理的解释，纳什均衡是对博弈论最优选择的解释，那么异度均衡则是着眼于公平的经济学解释。异度均衡理论反对只顾眼前的短期行为，奉行顾及未来的长期主义。随着这一均衡原理的运用，该经济理念对人类经济行为的公平立场必然产生深刻的约束性影响。

——评价。对行为的评价是公平程度的重要指示坐标。异度均衡计量出的经济公平程度完全可以成为公平程度评价的标准，从而深远地影响人们的行为模式。

——配置与规划。如何配置经济资源和规划经济发展，包含社会公平显性和隐性的经济基础。运用异度均衡理论和模型，把过去、现在和未来统筹在总收益和总损耗的均衡基础上，配置与规划将更加理性和公平，更有利于可持续发展。

（五）社会公平的实现

社会公平是社会学家、经济学家关注的重要社会现象。目前学术界并没有对社会公平的概念达成一致，但社会公平基本是指对社会利益和资源的配置以及对这种配置是否合理的主观价值评价。它反映的是整个社会资源在个人之间、群体之间、个人与群体之间的分配是否均衡合理的问题。

孔子曰："不患寡而患不均，不患贫而患不安。盖均无贫，和无寡，安无倾。"公平是相对的，绝对公平是不存在的，在寡与均的关系中，寡是不公平的根源。平均主义会使整个社会丧失前进的动力，但公平的失衡也将成为社会进步的阻力。人类历史就是财富不断累积的过程，社会问题多根源于财富与社会的不公平。由于资源禀赋、制度环境等因素的影响，各个国家的财富存在很大差距。

在发展中国家、欠发达国家等转型社会中，居民相对比较贫穷，贫穷的居民更加渴望公平，然而真正的公平往往在社会财富达到一定规模之后才能实现。在资源相对匮乏的环境下，人们对生存资源的争夺往往会使社会行为突破公平的藩篱。另外，在转型国家中，利益格局的调整和变动更加激烈，在制度不完善的背景下，极易产生"贫者愈贫，富者愈富"的马太效应，社会财富分配将逐渐失衡。从现实情况看，贫富差距构成了社会公平结构的重要方面，贫富差距的扩大将逐渐导致社会公平的失衡。

异度均衡理论是以公平为出发点的经济理论，它提供了一个合理承担和分配社会经济运行中的损耗，以实现区域之间、当前与未来之间以及企业之间的公平路径。

三、风险转移与风险承担

（一）异度均衡是风险原理的经济学运用

把风险原理提升为经济学可运用的理论和分析工具，主要是通过把时间、空间、公平与机会四个因素中的收益变量和损耗变量都纳入经济学分析框架来实现的。

从风险原理出发，经济行为需要防范四个问题：

一是在时间维度上后移风险，即把风险成本留给未来。在时间维度上，未来可能发生的损耗应当成为当期经济分析的重要变量。

二是在空间区域上转移风险。甲地的发展如果是以乙地的损耗为代价，则是一种风险的异地平移，会产生不公平的发展结果。所以甲地周边地区的机会损耗和风险增长也应该成为异度均衡的重要变量。

三是风险隐藏和转移的做法导致了当前经济的不公平。经济主体用各种不道德的方法隐瞒了未来的可能损耗，也是一种严重的信息不对称，这会使得当前的发展或交易显示的成效与收益侵占未来的成效与收益。比如，严重污染、过度开发、超速发展都会导致对代际公平的侵害。所以各种非道义手法出现的概率及造成的损失率也是重要的异度均衡变量。

四是机会成本和沉没成本被忽略。完整的投资成本应当包括财务成本、机会成本、沉没成本和风险成本，但长期以来，机会成本没有在计算中得到体现。在现代管理中，机会成本是重要的比较参照，却没有真实地被计入当期成本。因此，机会投资所带来的收益和损失应当是异度均衡的重要变量。沉没成本则被掩盖在财务成本（冲销）中成为隐性成本。

（二）异度均衡是经济活动风险承担的分配依据

所有的经济活动从不确定性出发都可以看成是风险释放和承担的过程。

经济结构调整就是释放风险的过程。风险不能被消灭，必须被不同的经济单元承担。市场上的所有参与者都应当按契约规则承担相应的风险成本,从而获得新的生机。

任何不承担风险的决策都是规避责任的防御性决策,都是排斥了最优方案的次优甚至更差的决策。而这正是造成过度投资、短期政绩等任期不公平现象的原因。为有效安排经济活动参与者各自的风险承担,异度均衡要充分考虑未来因波动而产生的收益、风险、机会成本、沉没成本等,只有风险承担在时间和空间上都得到有效落实,决策行为才能受到合理约束,经济行为才能得到该有的激励,才有可能实现交易公平。

(三)从风险的角度理解异度均衡

一般均衡作为经济学的基础概念,刻画了供给与需求的均衡状态。在均衡点,市场的资源配置效率最高,是经济社会运行的最优点。异度均衡从风险原理出发,提出了考察均衡关系的新思路,通过分析经济活动中的总收益与总损耗,刻画经济活动的发展阶段变化,具有理论和实践价值。

异度均衡试图在不确定性中寻求相对确定的预期,运用风险管理思想,更努力深刻地触及经济现象的本质,真实地反映事物的发展规律,直观地呈现经济活动可能产生的结果。

1. 经济内在结构决定异度均衡的风险状态

金融投资领域的组合管理理论认为,组合结构不同,风险就不同,通过有效的组合可降低非系统性风险。组合投资的有效性主要取决于内部各资产的权重、期望回报,以及资产之间的相关性等,组合投资的内在结构决定了其风险特征,而风险特征是其内在结构的一种外在体现。

内在结构决定外在特征是自然界的基本规律,这一规律在生活中的例子很多。单孔长跨的形式结合两端拱形桥洞结构提升了赵州桥应对流水冲击的能力,也减轻了桥身的重量。传统多孔桥梁结构虽然每孔的跨度小,便于修建,但难以承受水流长期的冲击、侵蚀,也不利于航行和泄洪。应县木塔作为我国最古老和最高的木结构楼阁式建筑,历经千年沧桑,遭遇多次地震和人为破坏而巍然屹立,是由其独特的"层叠式半刚性连接多层超静定结构"所决定的。

异度均衡指出经济活动的风险特征也是由其内在结构决定的。以任期公平为例,当考虑未来相同年限下的隐性损耗时,X 市近年的社会收益损耗与早年相比,有明显的差异,这是近年来国家经济结构调整的结果。各生产要素之间的关系,包括产业结构、分配结构、交换结构、消费结构、技术结构、劳动力结构等已经发生变化。近年的经济结构更适合经济的可持续发展,从而呈现收益损耗比升高的趋势。异度均衡理论通过呈现经济活动风险状态的变化,可以帮助我们理解经济内在结构的发展变化,从而探寻经济活动发展的本质。

2. 异度均衡点是风险状态变化的临界点

商业银行信贷资产组合的风险状态会随着经济与金融环境的变化而改变,当所在环境的变化达到临界点时,银行资产的风险状态就会发生质变。2011 年温州民间借贷危机的爆发就是一个典型案例,市场上大规模的资金链断裂使得资产质量在全国城市中一度领先的温州银行业的风险状态迅速变化,不良贷款率从 2011 年的 0.37%迅速攀升至 2012 年的 3.75%。民间借贷风险的不断累积,导致了银行信贷资产风险状态的质变,最终在临界点爆发。

与水的相变类似，异度均衡点是经济活动风险状态变化的临界点，描述的是事物发展的过程，刻画事物发展的新趋势，是经济活动状态新变化的开端。当总收益与总损耗持平时，即达到异度均衡点，当超过均衡点时，经济事物的总收益与总损耗的主导作用将会发生易位。在异度均衡理论的应用案例中，社会的总收益为一定时期内经济活动创造的财富以及对未来经济增长的贡献，而总损耗是为开展此项经济活动所耗费的各种资源以及所引发的当下和未来一段时间内对社会造成的额外负担和损失。当总收益高于总损耗时，经济活动的正面作用占主导，事物处于良性发展阶段。找出异度均衡点，可以帮助我们解释过去的经济现象，预判未来的发展趋势，及时调整经济结构，促进经济的健康发展。

3. 异度均衡反映了风险在多维时空的动态特征

　　风险状态由经济事物的内在结构决定，随着时间推进或空间改变，风险状态会因事物的发展而改变，即风险状态在多维时空下是动态变化的。曾经高质量的信贷资产在今天可能演变为高风险资产，今天的高风险资产也可能发展成未来的优质资产；落后产业当中的龙头企业或许是一家高质量客户，一家高科技企业也可能是一个高风险客户。

　　异度均衡理论旨在站在未来看当下，防范风险在时间维度上的后移，同时充分考虑横向空间的风险转移及机会成本，揭示风险状态在多维时空下的动态变化。对城市发展阶段的讨论是异度均衡理论的一个有效应用。在城市发展的初期，人才、资本、医疗、教育、基础设施等资源的集聚效应降低了交易、就业、社会保障等成本，提高了社会运行效率，此时的发展处于异度均衡状态。而在更长的时间尺度下，随着人口的过度聚集，市政基础设施、公共服务能力的利用达到极限，负面效应开始显现，发展脱离了异度均衡状态。但轨道交通以及高速公路的建设，结合布局的调整优化，城市发展的空间边界可以被拓展，中心城区过度集聚的人口被拓展的区域承接，在更大的空间尺度下，城市发展可以重新回到异度均衡状态。

异度均衡试图构建多维时空下的风险分析框架，揭示风险的多维动态特征，帮助我们跳出局部和当下，站在未来的角度全面审视各项经济活动，实现对损耗的穿透式全面预测。

4. 异度均衡概念还需进一步丰富和发展

现实世界是无限复杂的，异度均衡理论将时间、空间、机会和公平等因素纳入分析框架，旨在避免以单一的视角审视全局，更真实全面地刻画经济活动，但针对特定的经济活动，在具体分析过程中，只能选取部分重点角度加以考察，考察角度的不同会导致均衡点的不同。针对特定的经济活动，如何选取具体的角度加以考察值得进一步深思。

同一时空中总是同步存在着众多经济政策与经济活动，导致我们难以对某一经济活动的收益与损耗进行准确的界定、识别和量化。对隐性收益与损耗，特别是对未来隐性收益与损耗的计量更为困难，如何有效准确地计量需要我们不断探索。

将经济资本理念融入异度均衡理论，考虑了当前决策需要付出的超预期成本，但未来隐性收益的不确定性也不应被忽视，全面衡量收益与损耗的均衡需要同时考察非预期收益与非预期损耗，而在数学模型中同时考虑未来隐性收益和损耗的波动较为困难，有待进一步研究。

（四）异度均衡关系是一种客观存在

在市场环境下，所有的项目投资甚至一笔简单的交易都存在一个过程，在这个过程中总是先付出成本，后创造收益。当成本与收益相等时，就是这笔投资或者交易达到均衡点的时候，这个均衡点是客观存在的。收益增长，成本得到控制，最终会实现盈利。如何核算和衡量一个地区、一个行业、一个国家整体发展的经济合理性，也应该有核算和评估的方法与工具。在社会层面上找到总收益与总损耗（完全成本）之间的均衡阈值，从而界定其对未来的影响，这就是异度均衡理论的出发点。这个均衡关系是经济发展过程中的客观存在，我们的任务是找到它的具体数值。

四、完全成本理论：总损耗的计算

目前的社会成本观念需要更新，以实现财务成本、机会成本、沉没成本与风险成本的统一，才能构成完整的成本概念。对于一家企业来说，按财务年度把财务成本核算清楚，就有了对盈亏的基本判断。对银行等金融机构来说，为了真实反映由不确定性带来的损失，还要计算风险成本，经风险调整后的利润才是真正的财务成果。对于投资项目来说，除了财务成本、风险成本，还要考量机会成本。机会成本的核算目前没有规范和会计标准，但从原理出发，应该就是同类投资的市场平均收益与投资项目实际投资收益的差额。

成本是进行经济分析判断的基础，没有对成本的准确全面计量，就无法判断某项活动的经济价值。但在成本的计量过程中，由于从不同的角度或不同的理论基础出发，会有不同的成本概念，例如财务成本、机会成本、沉没成本、风险成本、人力成本、资金成本、固定成本、可变成本、心理成本等。按照异度均衡的基本逻辑，只有充分考虑时间与空间维度的成本才是全面的成本，即"完全成本"。

完全成本可以初步定义为，在行为主体自身付出各种成本的基础上，进一步考虑时间维度与空间维度上的各种成本之后形成的总成本。

只有在对成本进行全面准确计量（完全成本）的基础上，异度均衡才具有坚实的理论基础和可分析的数理基础。所以，在一定程度上，完全成本的新财务观，是异度均衡理论的概念基础和分析基础。本书在这里想初步构建完全成本理论的基本框架，并初步探讨对其如何计量，为后续纳入异度均衡理论的整体框架奠定基础。

（一）异度均衡的完全成本观

异度均衡的均衡点主要是充分考虑时间和空间维度上的不确定性与波动，以及风险成本、机会成本、公平尺度等因素后总收益和总损耗均衡的点。所以，要估算异度均衡的均衡点，必须要对总损耗（总成本）进行准确全面的估算。这里需要说明一下，为什么不对总收益的全面估算进行讨论，主要有两个原因：一是收益与成本本来就是一个事物的两个方面，只要将其中一个方面估算清楚，另一个方面的估算逻辑也基本完全一致；二是一般情况下对收益的估算都是充分、全面、准确的，而对成本的估算不足，甚至出现缺漏，多估算收益或少估算成本都可以让拟开展的项目或经济事件从评价的角度看起来更具有经济有效性。

异度均衡要充分考虑时间和空间维度上的所有成本。为了定位时间和空间，首先必须有某个具体经济事件，从时间序列上看，在它之前的就是过去，在它之后的就是未来，与它并行的就是空间中的其他事件，与此对应的成本分别有当前成本、过去成本、未来成本、其他成本。更进一步，当前成本就是财务成本，过去成本就是沉没成本，未来成本就是风险成本，其他成本就是机会成本。

建立并计算完全成本的观念和方法，其本质就是当代人交一本清楚的损耗帐给未来，而不是含糊其词。

（二）时间维度与空间维度上的主要成本

1. 经济主体的自身成本：财务成本

首先要明确自身成本是什么。自身成本就是行为主体在经济活动中所有的付出（注意这里暂不考虑心理成本），包括人、财、物等。这里需要注意的一个问题是，按照企业边界理论，很多理论存在内化或外化的可能，所以在对自身成本进行界定时需要很谨慎。以环境成本为例，当一个企业没有购置任何环保装置时，那该企业的环境成本其实是分摊到周边所有行为主体上。如果这个企业购置了环保装置或者按规定缴纳了环保费用，这时的环境成本就被内部化，成为企业的自身成本。本书在这里不做展开，在后续有关机会成本的论述中再进一步讨论。

其次要明确财务成本是什么。所谓财务成本并不仅仅是因为财务因素所发生的成本（如贷款利息），而是自身成本的财务表达。在现有经济条件下，所有的价值或成本都用货币来度量，这也是它被称为财务成本的主要原因。其实在现有财务报表的利润表中，可以清楚地看到三类成本，即管理成本、财务成本、经营成本，刚好也与我们所说的人、财、物相对应。应该说这三类成本相对完整地描述了现有的自身成本。

2. 时间维度上的成本（向前：风险成本）

对银行等金融机构来说，为了真实反映未来不确定性带来的损失，还要计算风险成本，经风险调整后的利润才是真正的财务成果。

其实，不仅仅是金融机构需要计量风险成本，所有的行为主体都需要计量风险成本。只要承认不确定性的存在，风险成本就会存在。为了完整计量成本，应该考虑风险成本。

目前来看，银行等金融机构的风险成本计量及管理流程相对比较成熟和完善，而一般企业的风险成本计量还处于相对初级的阶段，主要是根据账龄、存货价格变动进行简单估算。

可以设想以银行的风险成本计量方法为基础，构建一般企业完全成本核算的统一概念、计量方法及管理流程。

3. 时间维度上的成本（向后：沉没成本）

沉没成本是需要认真计量的，但一般不会对当期经济决策造成影响，更多时候是一种心理上的负担或障碍。

所谓沉没成本，是指以往发生的，但与当前决策无关的费用。从决策的角度看，以往发生的费用只是造成当前状态的某个因素，当前决策所要考虑的是未来可能发生的费用及收益，而不考虑以往发生的费用。

人们在决定是否去做一件事情的时候，不仅是看这件事对自己有没有好处，而且也要看过去是不是已经在这件事情上有过投入。我们把这些已经发生且不可收回的支出，如时间、金钱、精力等称为"沉没成本"。在经济学和商业决策制定过程中会用到沉没成本的概念，它常用来和可变成本做比较，可变成本可以被改变，而沉没成本不能被改变。异度均衡理论在计量当前和未来损耗时把沉没成本纳入模型，以达到某种理性程度上的均衡。

4. 空间维度上的成本（平行：机会成本）

机会成本是一个由来已久的相对成熟的概念。对于投资项目来说，除了要考量财务成本、风险成本，还要考量机会成本。机会成本的核算目前没有规范和会计标准。但从原理出发，它是同类投资的市场平均收益与投资项目实际投资收益的差额。

机会成本的概念还要在现有机会成本定义的基础上做进一步拓展。传统概念中的机会成本更多的是指资本投资到其他地方所能获得的收益，但在这里机会成本不仅限于此，它还包括对其他区域、其他主体的利益影响，包括前面提到的环境成本以及大城市对周边区域的虹吸效应。这些其实都应该纳入更广义的机会成本范畴。异度均衡计量模型中包括此类影响的变量元素。

（三）完全成本的基本框架

可以看出完全成本是一个四维时空的概念，是在可理解认识的立体时空中的成本。经济事件包括过去、现在和未来，只有全面考虑过去（沉没成本）、现在（财务成本）和未来（风险成本），才能全面准确地核算该经济事件的总损耗（或总成本）。其中的每一项成本（包括沉没成本）都会对经济事件的效益评估产生影响，当然在空间上还应该包括机会成本。

1. 完全成本的计量

财务成本是对当期自身相关成本的计量，风险成本是对未来相关成本的计量（时间维度上），机会成本是对当期其他相关成本的计量（空间维度上），沉没成本是对过去相关成本的计量。这样一来，完全成本就包括过去、现在和未来，现在又包括自身和其他。当然，这只是从理论层面构想一个完全成本的基本框架，后续还有每类成本的计量或估算问题。

从社会完整计量的要求出发，我们需要建立完全成本的新财务观念。改变旧的财务管理与核算传统，在社会层面上建立"财务成本+风险成本+机会成本+沉没成本"的完全成本观念。这也使异度均衡理论对总损耗的计量更准确。另外，不作为也会增加机会成本，这是异度均衡理论的创新。不作为的数据收集较难，计量模型只能根据区域比较，按照差异数据计算。例如，在教育方面可以根据各国教育投资占GDP的比例差异来计量。

当我们把一个经济体视为一个企业，异度均衡则要求这个经济体能够有真实可行的核算，不是局限于财政收支平衡，而是有具体的会计科目进行全面账薄登记并进行会计核算，列出真实的资金平衡表和损益表，为异度均衡计量全部损耗提供真实的财务会计数据。异度均衡理论将提供新的财务观念和方法。

当然，不可能立即要求经济体按照完全成本的理论进行记账核算，但可以通过各种统计数据和经济学方法，建立虚拟的财务会计制度和记账核算方法。

2. 从时间序列上看完全成本

在这里需要关注两个问题：并不是时间在前的事件就一定是时

间在后的事件的原因。当然，如果将心理因素考虑进来，那么这个命题就是成立的。如果站在一个具体的时点上看这三个连续成本，那么这三个成本的概念或描述甚至核算都是基于当前时点的，界定沉没成本和风险成本的关键就在于观察者所在的时点。如果观察者所在的时点是未来，也就没有风险成本的概念，风险成本在那时已经转化为当期成本；如果观察者所在的时点是过去，那就没有沉没成本的概念，沉没成本在那时已成为当期成本。

3. 从经济主体与经济事件看完全成本

我们对成本其实有两个完全不同的观察视角，即经济事件的成本和经济主体的成本。从经济事件的角度看，有过去、现在和未来，才是一个完整的经济事件；从经济主体的角度来看，也有过去、现在和未来，但过去、现在和未来都只是经济主体的观察时点。所以，从经济事件的角度看，沉没成本是始终存在的，但很容易被忽视。从经济主体的角度看，沉没成本其实就是成本支出的一种，已经在各期的成本支出中进行了核算。

一般来说，当前的财务成本是主体视角，即目前的会计核算都是有会计核算主体的，不论是企业、个人还是国家，都是基于会计核算主体的角度核算成本。而沉没成本更多的是基于事件视角，即针对某个具体经济事件。风险成本也是基于事件视角，在这里需要注意的是，风险成本已经被部分规范地纳入当前的财务成本，因此在一定程度上也具有主体视角，但是否已经完全纳入还需要针对具体事件进行具体分析。机会成本其实是一种综合视角，既有主体视角，也有成本视角。首先要对机会成本的概念进行拓展，其次再来分析机会成本的视角问题。

这里需要注意，机会成本是未实现的成本，或者说未能真正付出的成本，它只是一种假设成本，其关键在于比较有可能实现的预期收益与现实收益之间的差额。这个差额加上现实的收益就是机会成本，在核算上并不困难。

沉没成本是已经真正付出的成本，是一种实实在在的成本，其关键在于与后续经济事件之间的关系，而这个关系的界定又存在视角的差异。对一个经济主体而言，沉没成本必然与后续经济事件有关系。但如果对一个经济事件而言，尤其是对一个具体的经济事件而言，就会存在前期已经付出的成本是否与之直接相关的问题。如果是直接相关，就应该计入该经济事件或具体项目的沉没成本。

风险成本介于机会成本与沉没成本之间，它既是未来（不确定性）的成本，也是现在的成本。风险成本是为了应对未来的不确定性而在现在付出的成本。所以，从付出情况看，风险成本是在当期付出的实实在在的成本，这一点与沉没成本类似。从实现情况看，风险成本是为了应对未来的不确定性，但这种不确定性并没有在当下发生，所以这种成本还未真正付出，也未真正使用（对银行来说，不良贷款核销时才是风险成本真正付出的时候），更多的是一种提前准备。

从这种情况看，又涉及整体与个体之间的关系。风险成本从个体的角度来看，其实是没有发生、没有真正付出的成本；但从整体的角度来看，其实又是必然发生、肯定要付出的成本。

需要注意的是，沉没成本也涉及整体与个体之间的关系问题。从整体来看，沉没成本是已经付出的整体成本的一部分；但从个体来看，尤其是对一个具体的项目而言，沉没成本是否属于该项目整体成本的一部分，还需要考虑沉没成本与个体之间的直接相关性。与风险成本类似，可以找到与具体项目之间直接相关性的，是沉没成本中逐笔计提的成本；找不到与具体项目之间直接相关性的，是沉没成本中组合计提的成本。

机会成本也并不是没有发生，只能说对具体的某个经济主体来说没有发生，但从整个社会来说，肯定有其他的经济主体已经付出与机会成本对等的成本。

（四）对沉没成本核算的初步探讨

1. 为什么要研究沉没成本？

沉没成本的概念由来已久，并没有得到应有的关注，更谈不上纳入核算体系进行专门考量。但异度均衡理论将过去、现在和未来看成一个整体，不得不对沉没成本进行专门的讨论并试图将其纳入核算体系。在异度均衡理论看来，沉没成本像河水中的泥沙一样，一边流向未来，一边沉入河底，这样的经济现象深刻地影响了未来（过去影响了现在，现在影响了未来）；当沉没成本过大过多，就如同沉入河底的泥沙越来越多、越来越厚，会逐渐对河水的流速产生影响，甚至出现维护成本极高的"地上河"现象，即突破了异度均衡设定的均衡区间，也必然会出现拐点。这也是异度均衡理论需专门讨论沉没成本的原因，而这种影响是到目前为止的会计核算和经济分析所忽略的。

具体来说，沉没成本是以往发生的但与当前决策无关的费用。如果仅仅对当前的某个项目开展经济分析，确实也无需关注沉没成本，其概念中明确指出"与当前决策无关"。从决策的角度看，以往发生的费用只是造成当前状态的某个因素，是当前决策的前提，对当前项目的分析及决策所要考虑的是未来可能发生的费用及带来的收益，而无需考虑以往发生的费用。异度均衡把过去、现在和未来视为一个整体，在这种情况下，过去已发生的费用（沉没成本）就需要正式纳入考虑范围。过去的状态也会对现在和未来产生影响。

过去已发生的费用都是现在进行决策的前提，是决策的起始点或初始状态，必然会对现在的决策和未来的运行产生重要影响，但现有的决策理论和核算体系都未将过去的因素纳入考虑。这种处理方式的确简化了现有的决策理论框架与核算体系，能直接对某个项目的现在和未来状况进行分析并做出决策，而且这种处理方式在一定程度上回避了对心理因素的处理。

异度均衡理论研究沉没成本的重点是为了说明沉没成本对现在与未来的影响，并且提出可能的核算模式及计入总损耗的方法。

2. 沉没成本对现在和未来有什么影响？

沉没成本对现在和未来的影响是显而易见的，例如在有关任期公平的讨论中，领导者因为政绩或个人偏好等，在整个社会经济投资中可能产生巨大的沉没成本（多次失败的项目投资或大量的形象工程），都会深刻地影响现在与未来的收益或负担，甚至形成刚性约束。

前面已经提到，沉没成本是现在决策的前提和基础，必然会对现在的决策产生影响。例如，某个项目已经投入了很多资源和成本，但都没有成功，现在应继续投入，还是应选择新的项目进行投资？如果按照现有的决策理论与核算体系，根本不用考虑前期投入的资源和成本，只需对已投入的项目与拟新投入的项目的现在和未来进行分析。但在很多情况下，决策者（如果是同一个决策者时更可能发生）会考虑到已经投入了很多的资源和成本，在两个项目评估基本相当的情况下都会倾向于继续投入原项目。因为这个时候放弃总是很可惜，一般在心理上难以接受。而且前面已经投入的资源和成本也积累了经验和教训，这也是决策评价中的加分项。

另外，除了心理因素之外，沉没成本作为现在决策的前提和基础，也必然会对现在和未来产生影响。可以从两个角度来考虑这个问题：一是从时间序列的角度，异度均衡将过去、现在和未来视为一个整体，其实就是强调要从时间序列的角度完整全面地看待分析问题，不能仅仅局限于现在和未来进行分析判断。过去发生的是历史，是客观事实，必须承认；现在和未来发生的是趋势，是预测，必须认真分析判断。只有兼顾历史与未来，兼顾现状与趋势，才能真正做出全面的分析判断。这其实也是异度均衡理论的一个核心。二是从决策者自身的角度，不应局限于某个项目的得失利弊，而应该从更加宏观的视角考虑问题，将已有项目的失败投资（沉没成本）纳入考虑范围。当然从本质上来说，上述两个角度殊途同归。在这里提到决策者自身视角，其实是为后续讨论沉没成本的核算问题奠定基础。

从上述分析可以看出，沉没成本对现在与未来的影响主要包括以下几点：一是从心理上影响现在及未来的决策，人们更倾向于继续前期已投资的项目，希望"回本"甚至"翻番"；二是已经投入的资源与成本，必然会对现在的决策形成既定的资源约束与财务约束，减弱当前的财务能力，只能在现有的资源成本基础上进行投资决策；三是经验知识的积累是一个决策主体不断发展成熟的必由之路，也必然会对现在的决策产生重要影响，至少会吸取以前的经验教训让现在的决策更加科学合理，这在一定程度上可以视为沉没成本的知识积累效应，当然这种积累效应的大小也会受到决策者更替的影响。沉没成本在心理上更多的是负向干扰，在知识积累上更多的是正向学习。实际上，缺乏沉没成本的社会运行、企业运行以及投资活动，都可能会令人怀疑其收益性。

3. 沉没成本是否纳入会计核算？

前面已经对沉没成本的影响进行深入分析，但将沉没成本完全纳入现有的决策分析框架进而找到异度均衡的合理区间，就必须将沉没成本纳入现有的核算体系，使其正式进入现有的决策分析框架。通过对现有核算体系的初步考察，沉没成本已被纳入决策主体的会计报表，但未能引起足够的重视，甚至对决策不会产生什么影响，尤其对具体项目进行决策时，沉没成本根本不会进入决策分析框架，它更像是一种固定成本，等待获得收益后逐步摊销。

对于决策主体（不论是企业还是个人甚至国家）而言，会计核算应按照全面性原则考虑当期的所有支出和成本。对沉没成本这种已发生的费用，即使在当期的支出或成本中没有反映，也肯定会反映在前面某期的支出或成本中，并对当期的资产负债表产生影响。当然，如果沉没成本这种已发生的费用恰恰也发生在当期，因为沉没成本与正在运营的项目不直接相关，所以不会被计入主营业务成本。对普通企业而言，沉没成本由于与经营不直接相关，一般都计入三类费用（营业费用、管理费用和财务费用）或营业外支出。

但沉没成本显然没有被纳入决策分析（项目评估或经济可行性分析）框架。在对一个投资项目进行评估决策时，估算重点在于项目未来可产生的现金流与需要付出的现金流（包括各种成本支出），并根据最后得到的净现金流的现值来评价项目的经济效益及经济可行性。在这种估算中一般都不可能考虑沉没成本，因为沉没成本与待评估的项目不直接相关。

所以，对决策主体而言，沉没成本已纳入现有的会计核算体系。该经济主体的所有支出，在编制财务三大报表时都计入了成本（如果没有记账，会计报表就不平），只是因为沉没成本与正在运营或拟投资的项目不直接相关，所以沉没成本未被正式纳入项目评估的经济效益估算。

4. 沉没成本应如何纳入核算？

按照异度均衡理论，将沉没成本纳入核算体系是将过去、现在和未来当作一个整体来考虑。为了充分考虑"过去"因素及其对现在和未来的影响，应该将可计量（可统计、可核算、可计算）的沉没成本在现有核算体系中展现出来。对于不可计量的沉没成本，只有等计量技术充分发展成熟以后再逐步纳入进来。

在利润表中单设"沉没成本"科目。沉没成本作为支出类项目，主要影响的是利润表，按照决策主体会计核算的全面性原则，沉没成本应该包含在现有的支出类科目中，主要是三类费用或营业外支出。为了突出对沉没成本的关注，可考虑在利润表内单设"沉没成本"科目，用于核算过去（一般是一个年度内）已发生的用于生产经营但又未成功或未产生实际效益的成本支出。对银行来说，当年用来核销不良贷款的支出就是过去一年的沉没成本，因为不良贷款是过去已经发生的，是本来用于生产经营目的但又投资失败未产生预期收益的资产项目。对企业来说，过去一年投资失败的项目所耗费的资源与成本就是企业的沉没成本。

需要注意的是，这里的沉没成本是可以计量的。在具体的科目设置上，可与主营业务收入、主营业务利润、营业收入等并列。另外，因为会计核算都是按年度进行，所以上述沉没成本都是在过去一个年度内发生的。而根据异度均衡理论的全面立体视角，应该以更长的时间跨度进行核算，才能完整地核算出"过去"，进而分析对现在和未来的影响。当然，按照会计核算年度延续下来，也可以视为"完整的过去"。

在项目经济分析中增加"沉没成本"因素。为了更加准确地估算一个项目的经济效益，应该将与之相关的"沉没成本"也纳入项目评估。一般来说，沉没成本因为作为前期试水投资，肯定与拟投资的具体项目相关。但具体应该如何纳入，则需要具体问题具体分析。

从沉没成本与拟投资项目的相关性来看：如果已发生的沉没成本与拟投资项目相关（包括具有延续性或衔接关系），可考虑将沉没成本纳入拟投资项目的经济效益评估，也就是在计算需支出的现金流时应将前期的沉没成本作为支出的现金流进行考虑，这样才能更加准确全面地评估拟投资项目的经济效益及经济可行性；如果已发生的沉没成本与拟投资项目不直接相关，此时可考虑将沉没成本作为经济主体管理费用的组成部分或某种长期待摊费用，这也是现在常见的做法。

其实不论以何种方式将沉没成本计入拟投资项目，其结果都必然是增加成本估算，在收益估算没有变化的情况下就会导致项目的净现值减少，或导致项目出现盈利的时间点延后。这种关键指标的变化可能导致投资决策的变化，或投资决策底线标准的变化。

5. 在具体核算中还应关注哪些问题？

当然，上面的讨论还是非常初步，在具体核算过程中沉没成本应该如何分摊、如何递延都需要结合具体应用场景做进一步的分析。按照异度均衡理论，从整体上看，应将沉没成本纳入拟投资项目的经济效益评估及其经济可行性分析，以更加准确全面地评估项目投资的成本或损耗，即在计量当前和未来损耗（包括显性损耗和隐性损耗）时就把沉没成本纳入进来，利用收集的数据去寻求某种理性程度的均衡区间。在具体核算中，还应关注沉没成本发生时间与拟投资项目发生时间的先后关系。如果沉没成本发生的时间与拟投资项目发生的时间都在一个会计核算期内，可考虑将沉没成本纳入拟投资项目的经济效益评估，这样可以更加准确全面地评估拟投资项目的经济效益及经济可行性。如果沉没成本发生的时间与拟投资项目不在同一个会计核算期内，则可考虑将沉没成本作为经济主体的固定成本进行核算，也可以作为管理费用的组成部分或某种长期待摊费用进行核算。

五、收益损耗与拐点分析

（一）收益损耗理论

异度均衡理论在寻找异度均衡阈值的过程中，主要考量的是经济活动的总收益和总损耗之间的关系，即收益损耗理论。该理论借鉴银行经济资本模型中预期损失和非预期损失的概念，将收益及损耗分为显性部分和隐性部分。由于经济活动的影响是长期的，因此可以将隐性收益分为当期隐性收益和未来隐性收益，同样可以将隐性损耗分为当期隐性损耗和未来隐性损耗。

（二）拐点分析

拐点分析方法与收益损耗理论密切相关，是基于收益损耗理论的一种具体分析思路。在经济学中，一般均衡表明的是一种市场出清的状态，即实现"帕累托最优"，任何经济活动的目的都是向这个状态靠近。

异度均衡理论并不"静态"地指向某个固定目标，它重在描述社会经济体系动态演进过程中的一种状态。当达到这个状态时，支持社会经济体系向前演进的因素与制约社会经济体系向前演进的因素达到暂时的均衡，即社会经济活动的总收益等于总损耗。

此时，社会经济体系向前演进的趋势并不改变，但达到这一状态后，社会经济活动的总收益与总损耗的对比关系会发生逆转。经过"拐点"之后，社会经济体系会沿着现有趋势继续向前，不会停留，只是所体现的社会经济效益和社会福利水平会呈现反向变化的趋势。

拐点是经济学中经常被提及的概念，其中最著名的是"刘易斯拐点"，该拐点是指在工业化进程中，随着农村富余劳动力向非农产业的逐步转移，农村富余劳动力逐渐减少，最终达到瓶颈状态。这个拐点是劳动力从过剩向短缺的转折点。拐点与经济学中均衡的概念紧密相关，而且拐点往往出现在经济学中的均衡点上。从事物变化阶段的数轴来看，可以将拐点视为抛物线中的一个时点，基于对历史数据的观察建立相关实证模型，并找到该"拐点"，这个过程既对历史进行了分析，也对未来的变化趋势进行预判。因此，拐点研究的本质是对事物不确定性的特殊形式的研究，这既是一个深刻的经济学问题，也是一个社会学问题，同时也是对未来风险与成本的预测。与"刘易斯拐点"不同，这里的拐点不一定是新古典意义上的均衡点，而是更关注某一个点或阈值的边界性，即收益与风险的关系发生质变的可能性。当我们说某一个点是异度均衡拐点时，是指一个复杂判断下的状态表达，预示着向正面或负面发展的趋势。

均衡是动态中的一个时间点或区间，我们通过它观察和标识经济，就像路牌上的方向标志。那均衡与经济周期是什么关系呢？有学者认为，在动态经济中，只有周期，没有均衡。事实上，如果事物处于稳定的均衡状态，就意味着它将失去意义或者死亡。异度均衡是研究不确定状态即动态波动状态下的均衡关系，无法避开这个问题。从数学曲线上看，波动曲线的确呈现周期和拐点两个特征。拐点必然是均衡被打破之后的变化点，体现周期的变化趋势，可以预测或警示未来。异度均衡在经济活动中客观存在，是经济周期的结果。经济总是在创造收益和付出损耗中度过经济周期，结果一定是在收益和损耗的平衡中实现经济周期的变化，可能是收益大于损耗，也可能反之。

异度均衡理论认为拐点不是终点，而是某种客观存在的均衡被打破之后，经济发展新趋势的起点，是新的均衡关系形成之前的某种趋势性的非均衡点。寻找事物拐点的过程总是在计量收益与风险之间的关系，以确定一个最佳状态的拐点。超过拐点，风险成本会越来越大于风险收益，从而引起质变。

在经济拐点的研究中，我们希望用这一概念来表达从不确定性出发，借用风险计量的方法预判未来趋势的新的经济观察角度，形成新的经济研究体系。这也许是经济学研究的一种新思维和新方法。

拐点理论认为事物进展都有收益的一面，也有损耗的一面，拐点要研究事物中正面因素与负面因素的关系。短期的收益可能是长期的风险，这是一个定律，也是一个陷阱。统计分析容易落入这个陷阱，而拐点分析要考量未来的风险损耗，要规避这个陷阱。因此，当我们站在未来向当前提问时，绕不开风险成本这个陷阱。当我们站在宏观经济的角度，发现未来不确定性及波动带来的风险，不仅形成了风险管理中的风险成本，亦带来了公平和效率的经济学问题和伦理问题。异度均衡中的均衡不局限于传统风险管理意义上的收益和风险的对称性，还包括空间维度上的机会成本及综合考虑时间和空间维度上的公平尺度。

六、边界

通过观察不难发现，有大量的经济现象可以通过计算找到其发展阶段变化的拐点，从而指导市场发展和市场策略的方向，如系统性风险是如何发生量变和质变，并从分散走向集聚？整个经济体或某个经济部门在债务上的扩张对其发展有利的边界在哪里？贫富差距的安全阈值是多少？

追求今天利益之时，如何划定界限，使我们的航向不被当下的利益牵引而不慎驶向冰山，不仅是战略管理问题，也是即期管理问题。

> 异度均衡理论的边界是当代人发展冲动、权力冲动、财富冲动等所谓"理性行为"的理论界限和虚拟悬崖。守不住这样的均衡，未来的人类社会就可能会跌入衰退、混乱、贫困，甚至战争的悬崖。人类已经知道把权力、资本关进笼子里，但从来没有把发展速度和范围关进笼子里。

许多基本问题，如人口不是越多越好、城市不是越大越好、国家领土（经济）不是越广阔越好等，都值得考量。

人性是一辆容易失控的列车，高速前进，席卷而去，收割路途上的一切。每一个得到权力的人都想要大展宏图，每一个得到财富的人都想要扩大商业版图，每一个掌握石油、煤矿、金矿产权的人都企图在最短时间内挖出最多的矿石……异度均衡理论认为这种欲望正是社会前行的动力，但欲望是有边界的，这个边界是可以计量的。

边界就是在异度均衡模型下得到的收益（包括隐形收益）与损耗（包括隐形损耗）的均衡。没有这种均衡关系的约束，反而会使人们放任或扩大风险，肆意追求当期收益。如果不能做到收益与损耗的均衡，必然会导致灾难。这类行为的叠加，无疑会酿成大的经济危机。

《淮南子》中有云："日月欲明，浮云盖之；河水欲清，沙石涔之；人性欲平，嗜欲害之。"从异度均衡的原理出发，边界理念包括许多方面，正如第三章中所列出的。在实际操作中，边界理念将表现为一条动态边界曲线，即未来波动中通过不断计量确定的由异度均衡阈值构成的一条波动曲线。这条曲线实际上就是各种经济行为的边界。

七、悖论与解悖：当前与未来之间的均衡兼顾

悖论解悖理论为异度均衡提供了基本逻辑，是异度均衡的重要思路。

（一）悖论解悖的基本逻辑

悖论解悖理论主要是一种逻辑思路，来源于对事物运行变化状态的深入观察。任何事物在运行过程中都会受到多方面因素的影响，当有利因素大于不利因素时，事物就会向好的方向发展，反之亦然。这一原理的本质是矛盾及其运动变化。

任何状态下的经济增长都会带来繁荣和相应的经济泡沫、货币超发、成本高企、规模超限等负面的衍生物。当这些负面的衍生物超过社会承受能力，打破与收益之间的均衡，就会损害现有的发展成果。因此社会发展需要找到相悖因素之间的平衡点，即期待的正面作用和可承受的负面作用之间大体均衡的区域。这与经济学的均衡理论相通，寻求均衡也是一个解悖过程。在悖论状态中寻找均衡点，就是找到某个能够有效维持正负面作用均衡的点或阈值。

异度均衡描述的就是社会经济体系不断形成悖论又不断解悖的状态。当达到这个状态时，支持社会经济体系向前演进的因素与制约社会经济体系向前演进的因素会达到暂时的均衡，即总收益等于总损耗，此时社会经济体系向前演进的趋势不会改变，但经过这一状态之后，社会经济活动的总收益与总损耗的对比关系会发生逆转。经过拐点之后，社会经济体系会沿着现有趋势继续向前，不会停留，只是所体现的社会经济效益和社会福利水平会出现反向变化的趋势。

（二）贫富差距研究中的悖论解悖

在贫富差距的研究过程中我们可以发现，没有差异就没有发展动力，但差异越大社会破坏力也越大，甚至终将毁灭发展成果。如何找到维持这个悖论的微妙平衡，减少这个悖论带来的发展不确定性是对人类智慧的重大考验。

在贫富差距形成的动力与破坏力的悖论中，被掩饰的元素是贫富双方的共同愿望，只要双方在财富的分享中都处于受益地位，这个悖论就只是一个形式逻辑趋势而不是实际发生的冲突。美国哲学家罗尔斯在《正义论》中提出了两个正义原则。第一个正义原则：每个人对与所有人所拥有的最广泛平等的基本自由体系相容的类似自由体系都应有一种平等的权利。第二个正义原则：社会的和经济的不平等应当使它们在与正义的储存原则一致的情况下，适合于最少受惠者的最大利益，并且依附于在机会公平平等的条件下职务和地位向所有人开放（机会的公平平等原则）。其中第二个正义原则可看作是合理的不平等的分配原则，体现的是在不平等的社会状况下寻求最大平等的道德理想。在罗尔斯看来，一个社会应当努力避免那些境况较好者对较差者福利的边际贡献为负，境况较好者与较差者的福利差距越大，较差者的状况就越差，这种状况不是一种正义。因此，发展与差异悖论趋势的稳定需要社会治理结构抑制过分的富裕和过度的贫穷，使贫富差距处于合理范围，在社会发展动力上保持足够的力量，将社会破坏力限制在社会承受能力范围内，也就是异度均衡所设计的合理差异的边界之内。

（三）从多样性和差异性来看悖论解悖

事物的不确定性建立在事物的多样性和差异性基础上。在生物学中，多样性保证了生态平衡，而差异性推动了进化。多样性是动态变化的原因，也是结果。没有多样性就构不成生态，没有变化（不确定性）就没有平衡。只有多样性才能促进整个生态的变化与成长。多样性带来差异，差异蕴蓄内在的动力。在生物学中，差异是基因变异的原因。变异会带来生物基因在遗传上的某些偏差，如某些遗传病。但变异也会使生物保持进化，不断适应变化的自然生态环境。

在社会经济发展过程中，各样化的经济成分构成动态变化的经济生态，在财产所有制、产权归属、经营方式和分配模式上趋于单一，会破坏经济活动的不确定性和多样性。差异是社会发展的动力，有利于扩大或缩小人与人、企业与企业之间的差距，是构成各种创造的动因。差距越大，创造财富与破坏财富的动因就会越大。但是如果差距太大，穷人对社会现状的破坏动因就会很大。

异度均衡理论把过去、现在与未来看成一个整体并将其作为理论假设的前提，其本质就是承认事物的多样性和差异性及由此产生的不确定性。

八、异度均衡为何不是零和博弈？

（一）零和博弈

零和博弈又称零和游戏，是博弈论的一个概念，属于非合作博弈。它是指参与博弈的各方，在严格竞争条件下，一方的收益必然意味着另一方的损失，博弈各方的收益和损失相加总和永远为零，故双方不存在合作的可能。也可以说，在零和博弈中，一方的幸福是建立在另一方的痛苦之上的。

早在两千多年前，零和博弈就被广泛用于有赢家必有输家的竞争与对抗中。"零和游戏规则"越来越受到重视，因为人类社会中有许多与零和游戏类似的局面。与"零和"对应，"双赢"的基本理论是既"利己"又不"损人"，能够通过谈判、合作达到皆大欢喜的结果。另外，虽然博弈是动态的，但零和博弈的时点是静态的。

（二）异度均衡是不是当前与未来、此地与他地之间的零和博弈？

如果此时的收益与此时的损耗达到均衡，那么在时间轴上的当前与未来之间的收益与损耗是零和关系吗？异度均衡在表面上的确是一种零和结果，但在不确定性波动的条件下，当我们把经济体的整体活动看作一个封闭系统时，它是处于混沌状态的，某一时间段的均衡关系中包含很多混沌因子。在计量上处于均衡的状态时，不确定性决定了实际收益或损耗会有巨大差异，混沌因子的正负面结构决定了经济体运行的结果，这个差异决定了均衡是否为零和博弈。

在不确定性状态下，也就是混沌经济状态下，未来的实际经济运行中如果含有大量的激活动能的混沌因子，就会带来更多的收益或抑制不合理损耗，如良好的治理结构、有效的风险管理、高素质人才等（各种变量）。从熵的角度也可以得出类似的结论。

（三）不确定性条件下的均衡本质

在不确定性条件下，建模计量可以得到一个均衡的结果。但正如许多经济学家所指出的，客观上并不存在真实的均衡，因为均衡意味着停滞，所以未来的收益与损耗之间一定存在差异。那么这个差异是如何产生的呢？这是现代不确定性理论没有回答的问题。

混沌经济学正是一门研究非线性的、非理性的、不确定的经济状况和模型的学问。其中"奇异吸引子"是一个非常重要的概念，即"隐藏在无序数据流中的良好结构"。笔者认为，正是这种"奇异吸引子"的不确定性变化决定了未来打破均衡状态后收益与损耗之间的差异，决定了均衡的非零和博弈的本质。

混沌状态是一个封闭体系，我们可以把经济过程看作一个封闭体系，把收益性因子和损耗性因子看作是混沌结构下的"奇异吸引子"，于是，非零和博弈的原因便清楚了。

不确定性过程最后会得到一个确定性的结果，这个结果是由收益性因子和损耗性因子的结构所决定的。当收益性因素（因子）大于损耗性因素（因子）时，经济运行的结果是收益大于损耗，反之亦然。

任何管理者、执法者、政策制定者，虽然都在某种制度和权力框架内行使职权，但还是无法避免受到个人欲望和现实利益的影响。从人性和利益的角度出发，就能够洞察一切看起来复杂的局面和未来。所以当代人的有限理性是由人性和欲望的复杂性决定的，异度均衡不仅以此为理论假设，而且把人的欲望进行分类，设定有差异的参数，纳入计量模型。这些参数发挥的影响可能是收益性的，也可能是损耗性的。经济博弈的结果即使是在异度均衡的阈值范围内，实际上也会出现收益覆盖损耗或损耗覆盖收益的状况。所以均衡并不是零和博弈，而是某种状态。

（四）收益怎么才能大于损耗？

英国人埃里克·拜因霍克在《财富的起源》一书中用热力学第二定律来解释财富即价值的增量是如何产生的。按照热力学第二定律，宇宙不可避免地会从低熵状态转变为高熵状态。任何熵值下降的开放系统最终都必须以热量和废物的形式将它的熵返还给宇宙。这个定律为所有生命提供了一个基本限制，随着时间的推移，能量输入必须大于能量消耗，所有的生物都必须通过热力学"盈利"来生存和繁衍，生物体的设计可以被认为是使生物体有足够的热量进行繁殖的策略。而《熵定律与经济过程》的作者乔治斯库-罗根则进一步指出，"经济过程实质上是由高熵向低熵的转变构成的。"据此得到的结论是，经济价值需要同时满足三个条件：一是不可逆性；二是所有创造价值的经济转换和交易都会使经济系统内局部的熵减少从而使全球范围内的熵增加；三是适合度，即所有创造价值的经济活动都会产生符合人类目的的人工制品或行为。

也就是说，在所有经济活动中，只有一部分活动是真正产生经济价值的。人类要获得更多的热量就必须生产出更多的有价值的产品和服务，符合上述三个条件的活动就会盈利，否则就会亏损。对于相对稳定的社会生态如一个国家来说，如果大多数活动都能创造价值，无论是资本还是交易市场，就能实现收益大于损耗，从而为未来积累财富。

九、代际公平的实现路径

异度均衡与可持续发展密切相关。从某种意义上看,可持续发展是发展的目标,异度均衡是发展的状态。前面已经提到,异度均衡是对可持续发展理论的拓展。这里将具体分析异度均衡理论对可持续发展理论进行拓展的主要内容,这也构成了代际公平的具体实现路径。

具体来说,异度均衡对可持续发展理论的完善主要包括如下方面:

(1)构建底层逻辑。异度均衡基于对不确定性的充分认识,将风险管理理念与方法引入经济学研究,利用风险管理方法研究社会经济体系的动态演进过程,将未来的收益和损耗纳入当期的经济资源配置分析框架,重点关注演进过程中的总收益与总损耗的相对变化情况(收益损耗比),把握演进变化过程中演进趋势发生转换的点(拐点),为动态演进趋势的预判和引导提供决策依据。同时将机会成本与公平问题纳入分析框架,以期实现不同时间、不同空间维度上的长期均衡,即可持续发展,使代际公平和代内公平的正确观念建立在可实现、可观测的经济学理论基础上,解决了可持续发展理论的底层逻辑问题,为可持续发展理论提供了坚实的微观基础,也进一步增强了可持续发展理论的自洽性。

(2)提供研究工具。异度均衡为可持续发展理论提供了不同于以往的研究视角与分析工具。一是异度均衡将不确定性作为常态,将风险管理视角与方法融入研究框架。现代风险管理研究的本质就是对可计量的不确定性进行分类和计量管理,以风险管理视角与方法研究可持续发展问题,可以更加准确地刻画和把握社会经济体系动态演进的状态，充分考虑各类变量均值与波动变化在可持续发展中的影响。二是异度均衡的收益损耗分析方法，可以更直观和科学地反映某种社会经济行为可能产生的结果，进而可以更好地把握社会经济体系动态演进过程中的趋势拐点，从而为决策者提供是否开展某种经济活动的依据。

（3）明确分析维度。可持续发展的核心是自然资源的永续利用，注重人与自然的互为调适与协同进化，注重当代与后代之间的协调，注重国与国之间的和衷共济、平等发展。另外，可持续发展的公平性原则也专门指出公平包括时间维度和空间维度两方面。而异度均衡对此进行了明确，即强调不同时间、不同空间维度的均衡，不仅强调代际公平（时间维度），也强调代内公平及区域公平（空间维度）。

（4）探索判定标准。可持续发展理论将公平性作为最重要的基本原则，但在实际操作过程中如何贯彻公平性标准仍然存在很多模糊的地方。异度均衡对此进行了有益探索，将经济学关注的效率与公平两大核心问题有机结合起来，将公平作为效率的一部分纳入整个分析计量框架，初步解决了相关公平性的度量与分析问题。城市发展拐点研究除重点考虑经济效率外，还专门分析了环境效率和带动效应，其实它们都是公平的一部分，是对公平的度量。

（5）指导政策实践。异度均衡理论充分吸收了可持续发展理论的内核，将代际公平与代内公平都纳入其分析计量框架，在现实客观经济数据的基础上，尽可能准确地描述社会经济体系动态演进状态，预测未来社会经济体系演进过程中可能的波动。与现有大部分研究范式不同，异度均衡不仅仅限于纯理论的研究，而且侧重于在对客观数据和建模计量结果进行分析的基础上指导具体政策实践，通过对现实社会经济体系一定时期内周期性波动的拐点因素的分析与预测，为未来政策制定提供参考。由于异度均衡理论解决了可持续发展理论中代际公平实现工具和路径的问题，也就为各个经济体在制定可持续发展政策方面提供了可操作的方法，使得代际公平找到了生机。

十、未来的价值与价格

在充满不确定性的前提下，异度均衡致力于对经济运行中存在的某种均衡状态及拐点进行理论阐述并运用数据模型进行计量，从而升华现有的经济资源配置方案，校正人们当期的经济行为，预测经济发展的趋势。均衡作为经济学中最基础的理论一直受到各领域的关注，但因为一般均衡和纳什均衡未充分考虑时间、空间维度上的不确定性收益与损耗波动，以及公平和机会因素对均衡状态的影响，所以异度均衡理论在一定程度上弥补了均衡理论研究的缺陷。

下面具体分析异度均衡的实际经济影响。异度均衡给定了未来所具有的价值，未来作为一个具体经济事物既然具有价值，那么在市场环境下，未来是不是一种资产？如果是一种资产，又该如何对其定价呢？我们都知道，期望决定收益，期望的实现决定价格，期望的大小决定价值。那么未来的价值与价格又会呈现一种怎样的关系呢？

我们的大致构想是：在一个波动周期内，收益曲线是由损耗概率决定的。计算出一个行业或某类产品的损耗率，包括违约概率和损失概率，据此可以计算出收益。期望值的实现概率乘收益率，就能得出未来资产价格。期望值的大小如何确定呢？须知期望是基于以往经验的展望，所以对某些行业和产品的未来价值进行估算，需要对以往的显性收益和未来的隐性收益进行计量，得到的结果是最大期望值。也需要对过去、现在和未来进行完全成本的计算，相抵之后的结果就是最小期望值。这同异度均衡的计量方法是相通的。

　　计算未来某一行业、某一区域、某一产品的价值和定价，本质上就是进行异度均衡的计量。确定一个阈值或合理范围，其最大值与最小值之间的差异就是基本的价值参数，构成定价的依据。

第五章　异度均衡的算法与模型构建

一、异度均衡的算法思路

本书将异度均衡理论与收益损耗分析理论相结合，构建异度均衡模型。该模型为评价社会经济活动的总收益与总损耗之间的关系提供了一种工具，使其对经济活动的评价更加直观和科学。

异度均衡研究是在现实客观的经济数据基础上，预测未来经济波动的有益尝试。与现有的大部分研究范式不同，它探索一定时期内经济周期性波动的拐点因素。这些系统性分析将为未来政策的制定提供参考。事实上，万事万物都是一场多方博弈，异度均衡所寻找的就是多变量函数中的均衡点。

异度均衡的算法思路可以概括为：从风险原理出发，考虑经济活动的总收益与总损耗的关系，在计量模型的基础上，引入时间维度、空间维度、收益与损耗波动、风险成本、机会成本、公平尺度等变量，选择合适的能体现上述维度和变量的开源数据代入模型进行计量，得出的结果即异度均衡的实际数值。

在异度均衡模型的框架设计及风险计量上，我们以银行经济资本模型为基础。当我们企图把上述变量引入某个函数时，这个函数必须是体现当前与未来关系的基本模型，银行经济资本模型正好具有这种特点。

二、银行经济资本模型的启发

在银行风险管理中,一定条件下的非预期损失被称为经济资本。经济资本是在给定的风险容忍水平(置信水平)下,吸收所有风险产生的潜在损失所要求的成本。

预期损失是银行在经营过程中对承担风险损失的预计,是相对确定的损失,因而对这一部分损失在日常经营管理中的处理,一是通过产品定价转移消化,二是提取坏账准备金进行相应的核销准备。可见预期损失实际上可以当作一项常规成本加以处理,不太符合人们一般理解的风险的"不确定性",因而有人认为预期损失并不具备风险特征,不属于风险管理讨论的范围。

超过预期损失的部分分为潜在损失(经济资本)和极端损失。风险不可能被完全消除,也不可能被完全覆盖。因此对于超出预期损失的部分,银行根据自身状况对风险容忍程度的不同做了划分:在相应概率水平内可能发生且超过预期损失的部分就是潜在损失;超出了银行可能遭受的最大损失,但发生概率很低因而可容忍的损失部分就是极端损失(图 5.1)。在银行的风险管理中,潜在损失由经济资本覆盖,极端损失不予覆盖,管理过程中采取压力测试的手段应对。

前文所说的风险成本,借用银行风险管理的思路,可以看成未来预期成本和潜在成本之和,我们将其定义为损耗。相对应的,损耗也由预期部分、非预期部分及风险决策要求设定的置信水平三部分组成,对应的损耗类别分别定义为预期损耗(EC)、非预期损耗

（UC）和潜在损耗（PC）。预期损耗指要实行当前决策需要付出的可预见成本，是一种常规成本。非预期损耗是损耗的波动，而潜在损耗类似经济资本的概念，即要实行当前决策需要付出的超出预期的成本，是损耗波动的倍数。置信水平指决策者在区间内的行为可以使风险控制在目标范围内的概率，该概率是预先设定的，设定的依据可以是决策者的风险偏好，也可以是某项决策对稳健性的内在要求。

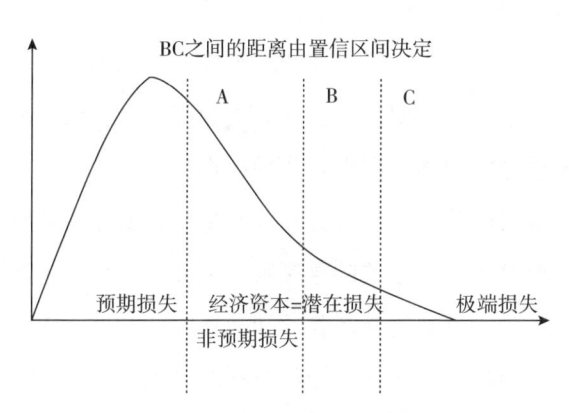

图5.1 银行贷款损失分布密度图

三、异度均衡的数学模型

融入经济资本理念，是构建异度均衡模型的关键。在风险管理中，由于非预期损失的不确定性，难以计提专项的损失拨备纳入成本进行管理，商业银行通常采用经济资本方法，针对风险资产配置经济资本以减缓风险冲击。银行引入经济资本的概念，使得风险的不确定性资本化，银行承担的风险和占用的资本直接对应，风险管理通过对资本的管理予以实现。

不同于基于预期收入与预期损失匹配的传统投资决策，异度均衡融入经济资本概念，将未来的非预期损耗纳入隐性损耗，将不确定的风险成本化。在计算损耗时考虑了未来隐性损耗的波动，在给出置信水平的条件下，将未来的隐性非预期损耗纳入总损耗，以风险调整后的收入损耗比作为决策依据，考虑了当前决策需要付出的超预期成本，更全面地体现了经济活动的损耗。

异度均衡理论通过融入经济资本理念，试图增强风险控制的主动性，避免不考虑风险而一味追求收益的盲目扩张行为，帮助我们优化资源配置，实现对经济活动的精细化管理和决策。

为了便于建模和数据核算，现提出如下假设：（1）借鉴银行的经济资本模型思路中预期损失和非预期损失的概念，将异度均衡理论中的收益及损耗分为显性部分和隐性部分，其中显性收益或损耗主要指与某项经济活动相关的直接收入或支出，隐性收益和损耗主要指由该经济活动带来的外部收益和消耗；（2）主要从时空的维度对隐性收益和损耗进行核算，即从时间的维度考虑当前经济活动给未来带来的收益和损耗，从空间的维度考虑当前经济活动给整体空间（全社会、各地区）带来的收益和损耗；（3）考虑数据的可得性以及可计量性，无法穷极所有的因素，因此在平衡收益和损耗的基础上选取了可以在较大程度上反映经济活动收益及损耗的指标；（4）对于居民幸福感、满意度或压力这类难以计量的理论化效益，不予考虑；（5）由于经济活动的影响是长期的，因此将隐性收益分为当期隐性收益和未来隐性收益，同样将隐性损耗分为当期隐性损耗和未来隐性损耗；（6）当期隐性损耗主要是指当期经济活动造成的资源、生态环境等方面的损耗，而当期隐性损耗对未来产生的影响就形成了当前经济活动的未来隐性损耗，因此假定未来隐性损耗会在当期隐性损耗的基础上波动；（7）未来隐性收益主要是指当期经济活动给未来经济增长带来的贡献，但由于存在资产折旧，将当期隐性收益乘折旧率再折现回当期的值作为未来隐性收益。

综合上述假设，可以构建异度均衡理论下，基于收益损耗比的经济活动评价模型，如下所示：

$$收益损耗比 = \frac{经济活动的收益}{经济活动的损耗} = \frac{显性收益+隐性收益}{显性损耗+隐性损耗}，即$$

$$\varepsilon = \frac{R}{C} = \frac{R_d + R_I}{C_d + C_I}$$

$$= \frac{R_d + R_o + DPR}{C_d + C_o + DPC}$$

其中，R 和 C 分别表示经济活动的总收益和总损耗，

R_d 和 R_I 分别表示经济活动的显性收益和隐性收益，

R_0 为当期隐性收益，DPR 为未来隐性收益的现值，

C_d 和 C_I 分别表示经济活动的显性损耗和隐性损耗，

C_0 为当期隐性损耗，DPC 为未来隐性损耗的现值。

需要说明的是，针对未来隐性收益或损耗，假定其为满足某种分布的随机变量，若存在历史数据，分布函数可以通过历史数据拟合。

对于上述理论模型，如果收益损耗比大于等于 1，则说明某一经济行为是合理的，达到了异度均衡；反之，如果收益损耗比小于 1，则证明该经济行为在综合考虑相关维度后是不合理的，没有达到异度均衡。比值越大，说明某一经济行为越趋于合理。如果收益损耗比等于 1，则说明该行为处于异度均衡的拐点上。异度均衡拐点如图 5.2 所示。

第五章　异度均衡的算法与模型构建　　　　105

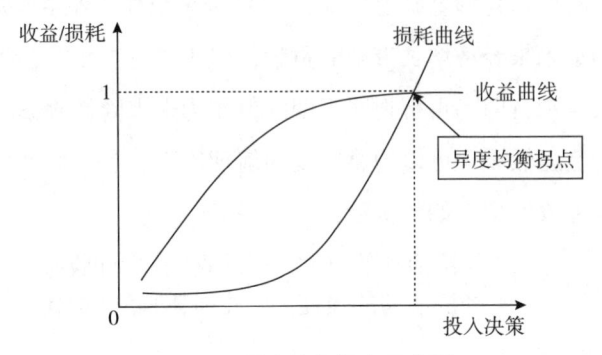

图 5.2　异度均衡拐点示意图

四、具体示例

前面提出的数据模型只是异度均衡理论模型的核心内容，在使用过程中还需要结合应用场景具体展开。下面以城市发展拐点研究为例进行说明。

第一步：确定城市发展拐点的收益损耗比或相应的指代变量

在城市发展拐点研究中，城市的主要功能有经济功能（包括价值创造、财富积累）和环境功能，这两者比较全面地涵盖了城市存在的价值。但不可否认的是，城市的经济功能和环境功能并不是对等的，而是存在一定的先后顺序或主次顺序。

在城市发展拐点研究中的收益损耗比就是城市的价值创造和财富积累的能力，在指标上可采用劳动生产率表示。在具体研究过程中，可用人均 GDP 来反映劳动生产率，即 Y/L。

收益损耗比从本质上看是一个效率指标，具体可理解为付出单位成本损耗可获得的收益。在城市发展拐点的研究过程中，人均 GDP 是一个效率指标，即每个人创造的收入值。只是这里不能生硬地将 GDP 理解为收益，将人数理解为损耗。

第二步：构建收益损耗比与相关因素之间的函数关系

从异度均衡的角度来说，探讨城市发展的拐点就是探讨城市规模与城市劳动生产率之间的关系，即试图分析城市规模对城市劳动生产率的影响。从最基本的经济增长模型出发，即 Y = Af（K，L），构建城市劳动生产率与城市规模之间的关系。

按照梁婧、张庆华、龚六堂（2015）的研究，劳动生产率（单位劳动产出 Y/L）主要由城市规模（POP）、人均资本（K/L）、市场潜力（MP）和其他因素（A）等决定[①]：

$$ln（Y/L）=\alpha_0+\alpha_1 ln（POP）+\alpha_2 ln（K/L）+\alpha_3 lnMP+\alpha_4 lnA$$

考虑到现实情况，影响劳动生产率的还可能有如下因素：人力资本（人口规模的质量结构）、基础设施、产业结构、政府规模等。其中人力资本是影响劳动生产率的重要因素，劳动力素质的提高可以大大提高劳动生产率，在此考虑用每万人中的大学生数（student）和单位人口拥有的公共图书馆藏书量（book）来表示；公共基础设施也是劳动生产的基础条件，完备的基础设施可以大大提高劳动生产率，用城市人均拥有道路面积（road）和城市建成区绿化覆盖率（green）来表示；不同的产业结构也具有不同的劳动生产率，而且产业结构不同也具有不同的集聚效应，这里选择第二产业 GDP 比重（sec/gdp）、第三产业 GDP 比重（thir/gdp）和第二与第三产业 GDP 之比（sec/thir）三个变量；还有，政府规模反映了政府对整个经济的介入程度和控制力，也会影响劳动生产

---

① 详细推导过程可参见梁婧、张庆华、龚六堂（2015）《城市规模与劳动生产率：中国城市规模是否过小？——基于中国城市数据的研究》一文。

率，可以考虑用城市一般公共预算收入（govincome）表示。考虑数据可得性并简化问题，这里不再考虑市场潜力指标。同时，为了讨论可能存在的拐点，我们加入了城市规模因子的二次项。所以改进后的计量模型如下：

$$ln(Y/L) = \alpha_0 + \alpha_1 ln(POP) + \alpha_2 ln(K/L) + \alpha_3 lnstudent + \alpha_4 lnbook + \alpha_5 lnroad + \alpha_6 green + \alpha_7 (sec/gdp) + \alpha_8 (thir/gdp) + \alpha_9 (sec/thir) + \alpha_{10} lngovincome + \alpha_{11} [ln(POP)]^2$$

第三步：计量求取收益损耗比等于 1 时的拐点或相应阈值区间

考虑到问题分析的需要及数据可得性，在具体研究中对城市规模与经济效率的分析主要用到如下变量，见表 5.1。

需要说明的是，这里未采用单位劳动产出（GDP/L），而是使用人均 GDP（GDP/POP），主要基于以下两点考虑：一是单位劳动产出和人均 GDP 所衡量的内容基本一致，都是经济效率的重要指标和常用指标；二是从数据可得性上看，由于对城镇私营和个体从业人员数的统计相对不全，加上估算过程中存在的错误较多，而人均 GDP 的数据可得性更强且时间序列更长，便于统计分析。

从描述性统计和相关性分析来看，城市规模与城市经济效率之间并不存在明显的相关关系；从多次筛选的回归模型来看，城市规模与城市经济效率之间存在显著的倒 U 形关系，即存在最优城市规模。结果显示，用两种城市规模估算出的最优城市规模略有差异，由此可确定，按照经济效率估算，全国地级及以上城市的最优规模：按城市规模因子是 6.65，按城市人口规模是 1200 万人左右。

表 5.1 变量表

变量类型	理论变量	具体变量	变量符号	变量定义
被解释变量	经济效率	人均 GDP	GDP/POP	城市的生产总值除以城市人口规模
主要解释变量	城市规模	城市规模因子	SCA	对城市人口规模、土地规模、资本规模等进行因子分析得到的城市规模因子得分
		城市人口规模	POP	城市的市辖区人口数
其他解释变量	人力资本	单位人口在校大学生数	student	每万人人口中的在校大学生人数（人/万人）
		单位人口拥有公共图书馆藏书量	book	每百人人口中所拥有的图书馆藏书量（册/百人）
	基础设施	城市建成区绿化覆盖率	green	城市建成区的绿化覆盖面积占建成区的百分比
		城市人均拥有道路面积	road	城市道路面积除以城市市辖区人口（平方米/人）
	产业结构	第二产业增加值占 GDP 比重	sec/gdp	第二产业增加值除以 GDP
		第三产业增加值占 GDP 比重	thir/gdp	第三产业增加值除以 GDP
		第二产业与第三产业 GDP 之比	sec/thir	第二产业增加值除以第三产业增加值
	政府规模	地方一般公共预算收入	govincome	城市市辖区本级一般公共预算收入（万元）

也许随着对更多具体应用场景按照异度均衡的思路展开分析，可以逐步总结或提炼关于异度均衡理论的更加精致与更加完备的模型，以准确表述在异度均衡框架中的主要变量及其相互之间的函数关系，并为后续寻找拐点或阈值区间奠定更加坚实的理论基础。

第六章　异度均衡的经济解释

一、经济增长与结构调整

（一）资源配置

异度均衡是对负面资源配置的理论约束。如何进行有效的资源配置，是经济学研究的主要问题。经济学家通过发现经济规律、经济周期、经济组合的方法以及财富分配的模式，为社会创造财富、生产产品、有效消费和福利保障提供思想方法和计量模型。所以到目前为止，经济学是一门人类积累财富和使用财富的"正能量"学问。

异度均衡理论对人类的负面经济行为提出了限制与约束的理论框架，通过计量寻找社会发展中对负面因素的承担边界。异度均衡以人类的理性自负为假设，在人类获得财富的欲望与由此应该承担的成本之间，在当前的收益与未来波动带来的损耗之间，寻找一种新的均衡关系。用这样的观念方法和计量模型来考量当代经济行为对未来的负面影响，以警示当代经济行为的边界，以期实现经济与自然、当前与未来之间的经济公平。因此，异度均衡或许是一次经济学列出负面清单的功能性革命，使得经济资源的配置得以从正负两个方面展开并建立一整套体系。

（二）经济增长

1. 经济泡沫存在的客观性

经济泡沫是表象，不论在经济周期还是在虚假繁荣中都存在。从经济史上看，所有的经济增长都是在经济泡沫的拉动下实现的。这种表达可能让人感觉不舒服，但事实就是如此。

没有不产生泡沫的增长。所谓泡沫是指伴随经济增长的货币超额投放。从一般货币理论出发，货币发行大体同社会新创造的物质财富等值。货币发行增量与新增 GDP 相对应。货币的发行一方面强调独立，另一方面以财富增长为基础。而货币的增长和财富的积累却呈现完全不同的状态，它们是相对脱离的。

与经济增长相伴随的经济泡沫，不外乎是将现在的风险或成本转移给未来，或者将当地的风险或成本转移给其他区域，或者将个体的风险或成本转移给整体，而且还不提供相应的补偿或相应的防范机制。而这也正是异度均衡理论要重点解决的问题。

数十年来的 GDP 增长和货币增长的数据表明，货币总是比经济的增长快得多（详见表 6.1）。无论经济如何波动，总的趋势是货币不断贬值。如果你持有现金，贬值是必然的。存款或者投资至少能增加收益减少损失。

没有泡沫，经济无法增长，关键是什么范围内的泡沫才合适，既不过度掠夺未来又能刺激经济增长，这是异度均衡关心的问题。如果泡沫太大，过了某一个拐点，超出异度均衡的理性区间，那么就意味着这种泡沫侵蚀了未来的利益，需要警惕。

表6.1 我国GDP与M2增长情况表（2000—2020）

年份	GDP（亿元）	M2（亿元）	M2/GDP
2000	100 280.14	138 356.47	1.38
2001	110 863.12	158 301.92	1.43
2002	121 717.42	185 006.97	1.52
2003	137 422.03	221 222.82	1.61
2004	161 840.16	253 207.70	1.56
2005	187 318.90	298 755.48	1.59
2006	219 438.47	345 577.91	1.57
2007	270 092.32	403 401.30	1.49
2008	319 244.61	475 166.60	1.49
2009	348 517.74	610 224.52	1.75
2010	412 119.26	725 851.79	1.76
2011	487 940.18	851 590.90	1.75
2012	538 579.95	974 148.80	1.81
2013	592 963.23	1 106 524.98	1.87
2014	643 563.10	1 228 374.81	1.91
2015	688 858.22	1 392 278.11	2.02
2016	746 395.06	1 550 066.67	2.08
2017	832 035.95	1 690 235.32	2.03
2018	919 281.13	1 826 744.22	1.99
2019	986 515.20	1 986 488.82	2.01
2020	1 013 567.00	2 186 795.89	2.16

数据来源：Wind。

所有经济体的实体经济与虚拟经济的比重都呈现虚拟经济总量大于同期实体经济总量的特征，但虚拟经济泡沫太大，超过实体经济的支撑能力时，发生经济危机的可能性就会变大。

2. 经济增长的悖论

每当经济泡沫破灭时，就是经济增长停滞甚至萎缩的时候。经济增长需要有泡沫的存在，但泡沫的无序膨胀又必然反过来影响经济增长。

增长悖论是异度均衡的一种理论推导。随着社会经济的发展，总会相应带来风险敞口形成风险成本，积累下去终会使总损耗大于总收益，从而陷入增长停滞的悖论。

解决的办法就是把泡沫控制在某个合适的范围内，尤其是房地产。中国与日本的经济发展史证明了这个悖论的客观性。

3. 增长悖论如何解悖：异度均衡视角

异度均衡作为新的经济分析手段，就是要约束发展速度和风险敞口，防止悖论的形成，或在形成悖论后找到解悖的办法。解悖，即计算出异度均衡点或区间。

经济增长速度并不是越快越好，这是经济学常识。但是特定的经济体在特定时期的发展速度的合理区间是不是应该有一个理论的计算结果呢？异度均衡理论给予了肯定的答案。

当速度带来的损耗积累可能会造成未来收益不能覆盖时，速度就应该被约束。这就需要计算未来的隐性收益和隐性损耗，确保未来的利益不被当下的速度所侵害。经济增长速度要控制在总损耗的可承受范围之内。

另外，面对不确定性的环境，在经济增长过程中要坚持与风险共存，丢弃"零容忍"观念。风险是客观存在，一定的发展速度和规模必然积累相应的风险敞口。问题的关键是通过管理把这些负面的东西控制在收益可覆盖或可承受的范围内。不能要求运行体系通过十倍的努力达到消灭风险、消灭异象的目标。

增长悖论是异度均衡理论框架中的重要组成部分，为后面的经济解释提供依据。

（三）经济结构调整

所有的经济活动都可以看作是风险释放和承担的过程。人们一般认为经济结构调整是一种纠错行为，只要时机准确、措施有效，就会带来巨大收益。其实，经济结构调整是一种周期性的经济现象和治理规律，而且任何经济结构调整都是以风险承担为代价的。没有风险承担的机制就无法实现成本的分摊与消化，经济结构调整也无法真正成功，甚至会付出高昂的代价。

现阶段中国的经济结构调整是对长期快速增长所积累的风险的释放，调整结构的过程也就是实现风险的释放、转移、分摊和消化的过程。

经济结构调整过程中释放的风险不能被消灭，需要被不同的经济单元承担。要稳定经济增长就要保证实体经济有一个良好的发展环境，市场的所有参与者都应当按契约规则承担相应的风险成本，从而获得新的生机。经济生活的另一个重要问题是依靠市场还是依靠行政监管调整结构，这实质上是对不确定性的认识问题。市场建立的基础是不确定性，正因为市场充满不确定性，才有各种机会和取舍，才有"看不见的手"，才可能有收益与损失。

所以，无论在任何时候，调整经济结构都需要抓住本质，厘清原理，方有未来。

二、新人口论

在人与自然的关系问题上，人口是一个值得讨论的领域。

（一）人类生存繁衍策略

马尔萨斯关于人口总数几何级数增长的理论，是依据某一时期的数据得出的简单算术结论。实际上，人口问题要比这复杂得多。

人类同其他生物群体一样，基于同大自然的关系而不断调整生存繁衍策略，这种在大自然中亦取亦予的生存繁衍策略是不需要有形力量来推动的。在营养缺乏的环境下，人类和许多生物都会提高出生率，放慢进化速度，降低生存质量，在较高死亡率的压力下以数量优势确保种群的繁衍生息。在营养富足的环境下，人类和许多生物便会相应降低出生率和死亡率，提高生存质量，加快进化速度，实现种群与环境资源的均衡。欧洲和亚洲的人口死亡率、出生率与财富聚集度的演变数据，无疑都能证明这一论断的成立。

人口的增减与环境、资源的变化及人类财富状况有关。人类的生物本能有能力控制好人口增减的节律。人为打乱破坏这种基于自然的节律十分危险。从异度均衡理论来看，就是打破了人与自然、人与未来的均衡关系。

营养是否富足主要由社会的富裕程度决定。社会的富裕程度其实是由两部分构成的，一部分源于今人的创造，另一部分源于古人的遗留。财富如此，文化亦如此。如何对待历史，如何对待后人，是一个民族文明程度、智慧程度和生存质量的标志。

（二）人口变化与贫困之间的关系

到底是贫困导致人口变化（如增长失控），还是人口变化（如增长过快）导致贫困？其实贫困与人口的变化并无必然联系，从资源的分享来看，一定时期内当然是资源多、人口少的国度和区域要相对富裕，但人口多成为经济发展速度快的有利条件的案例有很多，比如中国。

人类繁衍生息犹如其他动物群体需要找到安全的居住环境和充足的食物资源一样，只是人类安居所需的财富内容更为复杂。人类为抚育后代而构筑的环境，就是以积累财富为标志的。谁拥有更丰富的物质财富，谁就拥有更高品质的生活和更有利的繁衍条件，这样的机制可以使更优秀的基因得到更多的传承机会。因此，追求财富是人类社会发展的动力，是人性的光辉而不是缺点。这样的特点折射在现实社会生活中就表现为最基本的管理原理，即财富激励是社会发展进步和文明体面的基本动力。企图以道德信仰为动力克制人类的财富欲望，不符合人性，也不可持续。为每个人提供追求财富的平等机会，才是社会健康发展的动力。

（三）对人口政策优化完善的初步思考

从尊重人与自然的关系出发，在不同历史条件下，鼓励生育或节育，提供必要的生育与节育技术（包括工具）就已经能满足社会管理的需要。要尊重人类繁衍的有序链条，不断优化完善人口政策，在合理增加财富总量和公平分配财富的基础上，寻找进化与生育、人口与质量之间的相对均衡点。

异度均衡中的人口观念，就是正确处理人与自然、人与未来的关系，使人口增减在物质环境能够承受的条件下，保持在比较均衡的阈值或比例范围内。

事实上，我们要做的事情就是维护财富获取、传承、分布的基本公平，兼顾效率的秩序，保持好过去、现在和未来之间的收益与损耗的异度均衡关系。

三、创新边界：伦理隔离

异度均衡理论以伦理隔离原理来定义创新的边界。

（一）异度均衡赋予经济行为伦理规范

异度均衡赋予各种经济行为以道德属性。类似污染环境、转移风险、透支未来、过度开发、贸然决策、超额投资等行为，都有可能背离异度均衡的合理区间。在一般经济理论条件下，经济分析会指出这类行为的不科学、不经济。而异度均衡理论则会更深入地指出这类经济活动有失理性，侵害了其他区域或者未来的利益，因此也是不道德的。这是异度均衡理论比一般经济理论更具深度的体现。

（二）创新的边界：伦理隔离

创新需要容错机制，在社会组织规则上，要避免出于意识形态的政治正确而对创新行为作出不合理的评价；在经济学原理上，就是允许一定程度的沉没成本的发生，但需要有对沉没成本的核算和对承担能力的计算，在异度均衡理论的框架内，使沉没成本足以垫起创新成功的台阶。

科技创新不仅仅要考虑技术完成问题，也要考虑经济完成问题和伦理适当问题。有些科技创新在原理和技术上可以实现，但在经济和伦理上应该受到约束。对未来侵害太大、风险太高的科技创新是不可取的，如生命体克隆、病毒的人工合成、毁灭性武器的设计，以及不具备保护能力的考古发掘等。

创新也需要伦理隔离。类似于生物学上的生殖隔离原理，在经济学上也存在某些行为之间的伦理隔离。经济主体的某些经济行为会对其他经济主体造成利益侵害。长期来看，这类行为也会侵犯人类社会的整体利益，所以这些行为与受害主体之间需要有伦理隔离，以保护无辜者不受侵害。

创新的边界是经济伦理隔离，伦理的本质是自然力量对人类行为的约束，是大自然为人类设置的行为底线。突破底线就会遭受惩罚，虽然并不一定是即时性惩罚。

创新伦理隔离，是指那些有着明显伦理风险而未能被有效测量的创新行为。这些行为一旦不受控制，就会给未来带来不可逆转的损害。

保护环境、关心未来是自然的铁律，在人类文明中，这种铁律应该成为人们所有经济活动都遵循的伦理隔离的边界。

（三）创新与长期主义

创新需要展望未来，排除短视行为。在现实中，精英人才是创新的源泉，他们处在个性化思考方式甚至行为不羁的生活方式里，在长期主义所包容的无短期收益的环境里。

长期主义需要历史条件，即社会财富包括企业财富积累到一定程度，才能具备长期主义战略和商业模式的物质基础。目前中国的创新能力还需一个长期积累过程，只能以借鉴、学习、引进先进技术为主。长期主义更主要的是一种市场行为，但应该成为全社会奉行的价值观念。

四、低碳文明

自从我国正式宣布"3060"的"碳达峰碳中和"目标以来，关于碳排放问题的讨论再次升温。尤其是随着"碳达峰碳中和"目标的逐步分解及路线图的制定，减少碳排放已经开始落实到具体行动中。但是，"碳达峰碳中和"到底对人类文明发展意味着什么，应该如何理解"碳达峰碳中和"的意义及未来走向，尚未有太多人关注。本书在对人类文明发展基本脉络进行梳理的基础上，提出低碳文明是一种关于未来的文明，是一条新的"文明线"，利用异度均衡理论对低碳文明的由来与走向作出初步解释，并对下一步需要关注的问题进行初步探讨。

（一）低碳文明：一种关于未来的文明

1. 碳排放在人类文明发展中的作用

从根本上看，碳是人类生存与生活的必需品。按照目前人们通常的理解，所谓碳排放就是温室气体排放，而温室气体就是导致温室效应的大气微量组分。温室效应原本是生命在地球上生存和繁衍的前提，假如没有大气层和这些天然的温室气体，地球的表面温度将比现在低33℃，人类和大多数动植物都将面临生存危机。但人类在自身发展过程中对能源的过度使用和对自然资源的过度开发，造成大气中的温室气体以极快的速度增长，导致气候变暖。全球气候变暖已成为制约人类经济社会可持续发展的重要障碍，控制污染物和温室气体排放尤其是碳排放，引发全球的高度关注。

同时也需要注意，碳排放在人类文明发展中发挥着不可替代的重要作用。人类文明发展的基础是人类首先能够生存下来，而人类生存其实就是一个不断进行碳排放的过程。拿最简单的呼吸来说，人吸入空气，呼出二氧化碳，这就是一个最直接的碳排放过程；人的任何动作，都是在消耗能量，产生水和二氧化碳。从人类的日常生活来看，衣食住行每个方面其实都是碳排放的过程。可见，在一定程度上甚至可以说，碳排放是人类文明发展的基础（主要是物质基础和能量基础），正是通过碳排放，人类生存才进入整个"碳循环"过程（详见图6.1），不断吸收养料和能量。碳排放正是维持人类生存、改善人类生活、发展人类文明的基础。

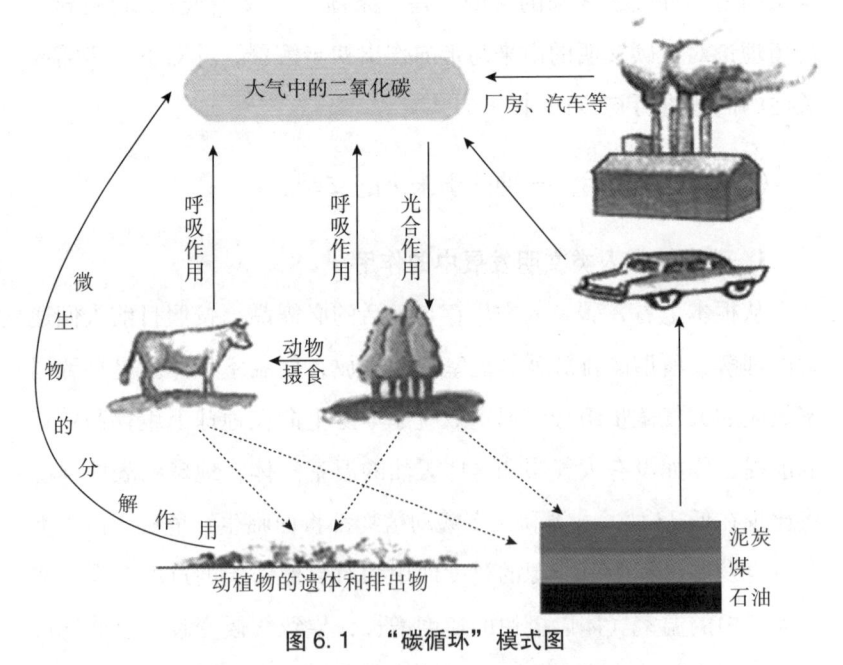

图6.1 "碳循环"模式图

图片来源：转引自https：//baike.baidu.com/pic/碳循环/854978。

2. 低碳文明是一种关于未来的文明

由于人类目前生存与生活方式造成碳排放总量的失控，温室效应越来越不利于人类生存环境的可持续发展，现代工业文明越来越受到碳排放总量失控的挑战。控制和减少碳排放逐渐成为一种新的文明趋势，低碳文明应运而生。低碳文明的核心是除了关注当下自然环境对碳排放的承受能力，还更加关注碳排放对未来价值与权利的安置。具体表现为更加关注碳排放问题以及碳排放对未来的影响，将低碳生活与低碳生产作为整个社会运行的基本要求。

低碳文明是关于未来的文明。首先，低碳文明是确保人类社会未来发展的文明，也就是人类社会可持续发展的文明规则。其次，低碳文明是人类社会发展到一定阶段的文明。当科学技术发展到一定水平，人类开发和获取自然能源的能力大幅提升，组织方式重构导致能源消耗速度继续加快的时候，低碳文明是我们应该坚持的基本导向。

3. 低碳文明是一条新的"文明线"

农业文明与工业文明给人类带来了各种物质财富与精神财富，从经济学角度看，农业文明与工业文明主要体现了收益价值。但是与农业文明、工业文明的收益价值相平行的还有为此付出的损耗，以及围绕损耗而产生发展的一条新的"文明线"。这条"文明线"更加关注风险成本及管理、污染防治及环境保护、工业文明带来的新疾病及预防治疗等。这一条"文明线"上积累起来的文明（包括各种知识、经验和技术等）是对农业文明、工业文明蕴含的风险的有效对冲。当人类终于明白所有的问题都可以归结为对碳排放总量的控制时，低碳文明这样一种新的关注未来的文明方式将改变人类生活的状态。

低碳文明是关注未来的文明，必然更加关注成本损耗。当然，低碳文明并不是只关注成本损耗，而是在关注收益价值的基础上，从更加全面、更加长远的视角关注收益价值与成本损耗之间的均衡，但在初期显然会更加关注成本损耗。

当人类文明发展到一定阶段，尤其是工业文明高度发达、网络社会初现雏形的时候，就需要更全面、更长远地考虑人类文明发展的问题。这既需要关注收益价值，也需要关注成本损耗；既需要关注索取，也需要关注修复；既需要关注效率，也需要关注均衡。

（二）异度均衡对低碳文明的初步解释

从出发点上看，异度均衡理论的核心是"敬畏未来"，而低碳文明就是为了人类的未来；从基本逻辑上看，异度均衡理论追求时间和空间维度上的公平，避免为了当前利益透支或损害未来利益，而低碳文明可以视为异度均衡理论在人类社会文明发展史上的具体实践，通过低碳生活与生产，确保未来与其他区域的共同利益与长远发展；从具体措施上看，异度均衡强调收益损耗平衡，即收益损耗差要维持在一定的合理区间内，而低碳文明就是针对当前的人类社会发展问题（尤其是碳排放引发的环境气候问题）进行的反思，希望将碳排放控制在一定的合理区间内。当我们把碳排放作为发展经济学问题、可持续发展问题纳入经济学分析框架，异度均衡理论恰恰满足了这种分析框架的基础逻辑、经济学原理、方法论和分析工具上的要求。所以，对碳排放的经济学解释，正是应用异度均衡理论的经典场景。

当然，从异度均衡的角度而言，低碳文明还需要关注如下几个问题：

1. 关于碳排放能否消除的问题

是否有可能完全消除碳排放，或者将碳排放控制在一个合理的区间，在这个区间内，自然界能保持自我消化和恢复平衡的能力。按照目前的科学技术发展水平，在可以观察和预测到的未来，碳排放不可能被完全消除，除非有无碳排放的能源被发现并能被有效利用，除非人类生存的碳排放可以忽略不计。到那时，也许可以不用说低碳文明，而是直接说无碳文明，只不过那时已经是全新的未来世界。

2. 关于碳排放与生活质量的问题

从目前来看，低碳与高质量的生活是存在矛盾的。

> 人类现存的生活方式，基本建立在一定程度的碳排放基础上。维持现存的生活方式，就必然保持相应的碳排放。

从异度均衡理论出发，根本上是要改变现存的生活方式，建立新的生活价值观念，使碳排放与生活方式保持良性互动。这需要人们在科学技术的不断进步中获得平衡。科学技术进步使低碳能源获取成本不断下降，人类应该逐渐习惯低碳的生活模式。这同时也意味着碳排放过高的技术运用应该慢慢消退。

3. 关于碳排放的异度均衡问题

要防范为了今天的碳中和，而把碳排放后移至未来的行为。从经济学的原理看，在发展的前提下，碳排放的必要性会演变成一种机会，也就具有了价值，可定价交易。但过度的碳排放交易显然是不可取的。因此也要防范碳交易带来的超额利益，这些超额利益可能使当代的人们把碳排放带来的问题掩盖起来，从而转移给未来。从异度均衡的角度看，通过对碳排放的合理安排、合理激励，人类社会的发展速度和生活方式被控制在当前利益与未来权益之间的均衡区间，实现当代发展的公平、可持续发展的代际公平、区域之间发展的公平，才能真正维护自然平衡，保证未来的发展机会与安全。

五、经济危机与金融危机

异度均衡以社会运行的总收益与总损耗为计量对象，是对社会经济的总核算。长期偏离异度均衡的经济体，极有可能在未来爆发经济危机，但金融危机与异度均衡的相关性不是很大。多年来，大家对经济危机和金融危机的概念有一些模糊的认识，但从学术上说，至今仍然没有形成公认的、明确的定义。

（一）经济危机的主要特征

从 1637 年"郁金香狂热"到 2008 年次贷危机引发世界范围内的经济危机，这期间全球历经了多次经济危机。通过对历次经济危机的简单梳理，可以看出，学界对于经济危机的描述本身就存在一些差异和含糊不清之处，其共性在于都是从实体经济角度出发描述经济危机。例如，经济危机可能伴随生产减少、企业破产、人民生活水平下滑、消费下降等现象，但都没有提到跟金融领域直接相关的特征。这些定义的不同之处在于观察角度不同，它们有的从需求角度出发，有的从供给角度出发，有的从结构角度出发，有的从主体感受角度出发，还有的从波动角度出发。

此外，经济危机还跟一些概念有关，常见的有衰退、萧条和滞胀。根据美国国家经济研究局（NBER）的定义，衰退是指经济连续数月处于下行周期；萧条是指经济衰退连续超过 2 年，或者实际 GDP 下滑超过 10% 的情况；而滞胀则是指在衰退的同时伴随着较高的通货膨胀，因此滞胀又被称为停滞性通货膨胀。这些定义都是对经济状态的一种描述，没有提到经济恶化的具体时间，也就是说衰退、萧条和滞胀都是一种逐渐形成的状态。

所以，经济危机的本质还是要落到经济参与的主体中，常见的参与主体有三种：企业、居民和政府。因此，经济危机可以描述为：一种或多种经济参与主体的生存状态在短时间内突然恶化的情形。

（二）金融危机的主要特征

不同程度的金融危机在过去的几个世纪时常发生，而金融危机发生后均出台了相应的金融制度来预防金融危机再次发生。通过对历次金融危机的简单梳理，可以看出，有的学者从金融资产名义价值的角度出发描述金融危机，有的从金融体系功能的角度出发，有的从金融机构的角度出发，而且多种表述中都强调金融危机的种类，包括货币危机、银行危机、债务危机、股市危机等方面。这其实涉及"金融"一词本身的含义，因为金融本就包含市场、机构、功能等角度。狭义上说，金融是指资金的融通，就是把资金从一方转移到另一方。股票、债券、贷款、汇兑等，都是资金的融通手段，是资金的转移方式。另外，上述描述的一个共同之处是它们都强调事件发生的突然性，因此，结合对金融本质的定义，可以将金融危机描述为：资金融通的状态在短时间内突然受到严重负面影响的情形。

（三）二者之间的关系

对比经济危机和金融危机的定义可以看出，二者最大的区别在于关注的目标，一个关注经济参与主体的状态，一个关注资金的融通状态，而二者在实际中常常密不可分。如果发生非常严重的负面事件，金融效率和经济主体的状态往往会同时或先后受到影响，经济危机一定会引起金融风险，反之则不一定。约尔达等（2011）和布瓦赛等（2013）研究了1870—2008年发达国家遭遇的176起经济衰退，发现其中有接近一半（78起）均是先爆发金融危机，包括42起系统性银行业危机和36起全球性金融危机。

在一般均衡条件下，供需关系处在稳定状态，经济运行总体平稳。如果这种均衡被打破，供应不足，需求过剩，就会引发市场萧条，民生凋敝；或者相反，产能过剩，人员失业，也会民生艰难。

随着经济的虚拟化和虚拟经济的快速增长，金融的经济性质越来越被高估。金融既是经济的晴雨表，也是经济的命脉，金融危机频繁爆发，更使人们心生戒惧。现代经济受心理过程影响较大，这一点在金融领域表现得淋漓尽致。

实际上，金融危机的后果虽然对实体经济有负面影响，但对社会和个人财富状况的影响更为直接。金融危机使人们的账面财富减少，但对经济供需关系的影响有限，只要生产和贸易还在进行，经济运行没有面临危机，社会就能正常运行。

综上所述，经济危机与金融危机是不一样的。经济危机是关乎一国经济安全的根本性问题，而金融危机常常是经济危机的发源地和放大器，更多涉及的是财富现象和心理反应。经济危机的影响相对于金融危机而言范围更大、程度更深，应该尤其受到关注和重视。

　　经济危机的本质是过去的异度经济失衡，造成当代人的损耗。金融危机的本质是过去的货币超发、风险积累导致今天的均衡失序。

　　金融危机与异度均衡的相关性应该不是很大。货币超发会造成泡沫，但在一定条件下也会促进生产，有利于克服经济危机，只是货币超发的不断积累可能会导致金融危机。所以，要把超发控制在异度均衡的理性范围内，不透支未来，不引致经济危机，就是可以承受的。

六、共同富裕与共享经济

（一）共同富裕

　　理解社会主义共同富裕道路，需要澄清几个理论和实务问题：
　　（1）差异悖论。人类社会的发展存在着许多微妙的规则。在财富的创造与分享中，一个明显的悖论是：没有差异则没有动力，而差异太大就会产生破坏力。任何社会治理形态都需要找到一个贫富差距适当的阈值，以保持社会前进的活力和动因，但又要小心防范贫富差距过大而失去基本公平。
　　（2）收益公平的均衡。每个人的最终财富收益是衡量社会公平的标尺。资本的回报远远高于劳动的回报，这是个人收益差异不断拉大的根源。现代社会治理一般都通过二次分配来调节，如实行累进税率、加大社会保障力度、提供更充分的公共服务产品等。但事实证明二次分配仍然是不充分的，想要真正实现比较理想的橄榄形社会结构，还需要强调道德驱动的社会责任，使持有资本（包括民营资本和国有资本）获得高回报的人们，在能力范围内帮助弱势人群，形成解决社会痛点的有效的社会力量，即第三次分配。先有"恒产"，才有"恒心"，这是现代社会治理结构的底层逻辑，在中国仍需要旗帜鲜明地厘清这个逻辑，才能构建或完善有效的第三次分配模式。

（3）当前的贫富差距较大，提出共同富裕正当其时。经过40年快速发展后的中国，财富"蛋糕"已经明显做大，的确已经到了解决民生痛点、熨平贫富差距的新历史时期。提出共同富裕的方向，既是现实的选择，也是历史的继承，可谓正当其时。

（4）正确引导舆论，正确解读政策，及时解疑释惑。财富话题既深奥又大众化，涉及广泛，影响深远。除了要及时出台具体政策外，笔者也建议组织和建立中央到地方的宣讲团队和机制，使这个正确的方向深入人心，让好政策取得更好的效果。

异度均衡理论认为把社会贫富差距控制在适当的均衡阈值之内，既有社会动力，也不会造成社会破坏力的积累。

（二）共享经济

共享经济随着移动互联网的发展而迅速普及，在这个过程中，共享经济的发展并不是无条件的。除了移动互联网带来的信息快速传递以外，还有个人素质的大幅提高。大家都知道，共享单车最大的问题是乱停乱放以及对单车的不爱惜，由此也造成了物质财富的极大浪费。不能否认，共享单车给大家出行带来了极大的方便，也提高了每辆单车的使用效率。但在使用的过程中，如果有一部分人乱停乱放，就会有收纳归置成本；如果有一部分人对单车不爱惜或粗暴使用，就会减少单车的使用寿命。如果这两项成本（或损耗）超过了单车使用效率提高带来的收益，那么这个产业就是没有前途的。只有当两项成本之和低于单车使用效率提高带来的收益，这个产业才能兴旺发达。这就是典型的异度均衡思路，其中的关键是看总收益与总损耗之间的对比关系。

当然，这是在没有外力作用的情况下，如果有外力作用，情况可能就会发生变化。一种外力是资本的集中投入，这种资本的集中投入会暂时改变上述演变进程，但不会改变背后的演进逻辑。

还有一种外力就是改善共享经济发展的条件，应该说这一条是最根本的，也是讨论的核心。前面提到，两种成本主要是乱停乱放导致的收纳归置成本和对单车粗暴使用导致的折旧成本。应该说，这是共享单车产业主要的额外成本，为什么说是额外成本？因为其他的成本与现行产业并无区别，只有这两项成本是"共享"所独有的。由此需要注意的是，这里的总收益与总损耗虽然都是"总"，但不是全部的意思，而是针对"共享"这一特点产生的收益和成本，也即刚才所说的额外收益与额外成本。如果能够通过提高个人素质，包括对待共享单车像对待自有单车一样的态度，停放共享单车像在自己家里停放单车一样，不会产生前面所述的总损耗，那么就能充分发挥共享单车的"共享"价值，即全部都是"共享"的使用效率提高所带来的收益。当然，这个条件的具备需要相应的人文环境、教育环境和法治水平的提升，但由此发生的支出属于公共服务产品范畴，这里姑且不论。

当然，还需要注意的是，继续按照异度均衡的思路（或者就按照市场经济的思路），当这个产业有了稳定的预期利润，必然会有更多的资源涌入这个产业。随着供给的增加，市场价格会降低，预期利润也会下降，直至下降到社会平均利润率的水平，这个产业也就成熟稳定了。

综上所述，任何一种共享活动作为商业模式推出时，都要从整个产业生态体系上算账，其前景由总收益与总损耗是否实现均衡决定。异度均衡模型提供了这样一种完全成本核算的方法和工具，通过计量其对未来的价值影响，判断这个产业能否生存与发展。

上述对共享经济的行业性分析，表述了运用异度均衡理论进行产业分析的基本模式，也可以广泛用于其他行业、产业的投资效益和投入产出分析。

第七章　异度均衡的现实观察及评价功能

从异度均衡理论的立场来观察现实经济问题，同既有经济学原理相比，有了一个立足未来的不同维度，值得全面展开。但囿于笔者的能力和研究深度，只能就一些目前思考较多的问题展开学术性观察。

一、对计划经济与新结构经济学的反思

关于计划经济与市场经济的争论由来已久，其本质是对政府与市场在经济运行中各自应发挥的作用看法不同。本节在对这一争论进行历史回顾的基础上，从不确定性、有限理性和均衡的角度，对计划经济存在的主要问题进行分析，并结合异度均衡理论试图寻找经济运行的第三条道路。

（一）关于争论的历史回顾

从整个经济学发展的历史看，对政府与市场的争论一直贯穿其中，甚至在一定程度上成为经济学不同发展阶段更替的主要标识。根据对政府与市场的不同强调程度，可以把整个经济学发展史分为以下四个阶段：重商主义、古典主义、凯恩斯主义、新古典主义。

(1)重商主义。重商主义出现在15世纪初至17世纪西欧封建社会逐步瓦解、商品货币关系迅速发展但资本主义生产方式刚刚萌芽的时期。重商主义从商业资本的运动形态出发,将货币看作财富的唯一形态,认为国家经济活动的目的就是攫取金银,增加国内的货币积累,尤其强调通过国家(政府)的力量而不是市场的力量来发展一国的商业。虽然重商主义并未形成一个完整的理论体系,但它提出的许多理论主张,都为国家制定宏观经济政策服务。重商主义是人类历史上一种极其重要的经济思想,也是政府干预主义的先驱。

(2)古典主义。古典主义出现在17世纪中叶到18世纪中叶资产阶级开始夺取政权和资本主义生产方式逐步确立的时期,资产阶级不再需要封建国家这根"拐杖",也就不需要国家干预主义。亚当·斯密于1776年发表的《国富论》,标志着古典主义经济学的正式诞生。他指出市场价格机制就像一只"看不见的手",在追求私利的同时可以实现社会利益,主张国家不应干预国民经济活动,而应充当"守夜人"的角色,并认为超出限定范围的政府干预是有害的。在这一阶段,资本主义基本保持在自由竞争状态,国家(政府)对经济的干预减少到最小,而市场的作用得以充分放大。

(3)凯恩斯主义。凯恩斯主义出现在20世纪30年代世界爆发严重经济危机的时期,以自由主义为特征的微观经济学在经济危机的残酷现实面前受到了挑战。凯恩斯于1936年出版了《就业、利息和货币通论》,他运用宏观总量的分析方法,指出在传统经济学倡导的自由放任政策下,资本主义经济必然会因有效需求不足而发生经济危机,并提出了以国民收入的决定为中心,由政府干预经济以保证充分就业、避免危机的一整套经济理论、政策主张和方法,从而创立了宏观经济学体系,国家(政府)干预再次走向历史舞台的中心。

（4）新古典主义。新古典主义兴起于20世纪70年代世界经济出现滞胀的时期，由于凯恩斯主义不能对滞胀现象作出合理的解释，也不能提出有效的对策，所以新古典主义开始兴起。新古典主义学派又叫理性预期学派，因其观点类似于凯恩斯主义以前的古典主义经济学并强调理性预期而得名。该理论认为公众是有理性的，他们能够对政府的经济政策和其他经济信息做出合理的反应并相应地调整自己的经济行为，因而政府应减少对经济的干预并实施前后连贯的经济政策。新古典主义主张利用价格机制能够实现供求平衡的思想，认为在自由竞争的条件下，通过市场调节可以实现社会资源的有效配置。

从一直坚定维护自由市场的哈耶克来看，他"并不是主张无政府，也不是主张政府在管理经济、政治与社会事务上无所作为，而是主张在政府自己遵守预先制定的法律框架下制定并通过法律来管理和治理社会"[①]；从强调政府干预的凯恩斯来看，他虽然强调政府对经济的干预，但并不是和重商主义那样一味地强调，而是注意在发挥市场作用的基础上用政府进行宏观调控。所以，不论是政府还是市场，也不论是计划经济还是市场经济，都是经济运行和资源配置的一种手段或模式，至于哪种手段或哪种经济学思想能占据主流地位，完全是由当时的经济发展环境决定的。虽然近年来新古典主义不断发展壮大，它也不能完全取代凯恩斯主义（尤其是新凯恩斯主义）。两个学派各有侧重，但它们都在相互的争论中不断吸收对方的有益成分来完善自身，形成逐步融合的趋势。

[①] 详细讨论可参见韦森（2013）《良序社会运行的基本原理》一文。

但现实中的融合趋势并不能否认理论上进行分析讨论的必要性,尤其是对计划经济存在的问题,必须从理论上进行深刻的阐述,才能真正把握政府与市场这两种手段在经济运行中的作用和地位,也才能牢固树立市场经济改革的方向不动摇。新结构经济学其实也是前述融合趋势的一种具体表现,在理论前提下存在与计划经济类似的问题,故此一并进行讨论。

(二)计划经济的内在缺陷

1. 计划经济对不确定性的认识

计划经济以追求确定性为条件,通过预先的设计和计划来指导整个经济过程的运行,从而达到预设的结果和目标。计划经济将经济运行过程看作是确定的,但现实、世界、自然都是不确定的,未来会发生什么,谁都无法确定。

在确定条件下的最优化理性决策很容易解释,但回答在不确定条件下的经济决策原理却不容易。这也是计划经济的最大缺陷所在。脱离不确定性去研究问题或设计经济运行模式,是难以契合实际的,也难以对现实世界经济运行提供有效的解释和指导。具体到微观主体,根据产业组织理论与博弈论研究,在存在策略性进入壁垒或市场性进入壁垒的条件下,不确定性上升可能会促使企业过度投资。也就是说,不确定性会影响经济行为主体的决策,在不确定性的影响无处不在的情况下,绝不能脱离不确定性去设计经济运行模式。如果以确定性为前提,则会陷入哈耶克称之为"建构论理性主义"的"陈旧而反科学的方法论"。[①]

---

① 详细讨论可参见哈耶克《致命的自负》(导论)。

2. 计划经济对有限理性的认识

理性对人类社会发展的作用不可估量，正是有了理性，人类才能逐步走出蒙昧和黑暗，创造巨大的物质财富并不断改善人类生活的质量。理性最重要的代表和最突出的表现就是科学技术的发展与运用。应该如何对待理性（包括如何对待科学技术发展）是一个非常值得重视的问题。

计划经济没有充分认识有限理性的普遍性，坚持"理性的自负"对经济运行进行预先的设计和计划，而在经济运行的具体过程中，又极大地依赖"过多掌握资源控制权和集中决策权的政府部门和官员的特殊偏好、特殊目标，这些偏好和目标往往不取决于经济效率目标，而取决于掌握权力的部门和官员的特殊利益及其他诸多因素"①，导致的结果必然是经济运行的低效率。

需要指出的是，有限理性不是不承认理性，而是不可高估理性，尤其是不可高估相对于未来而言的当代人的理性。哈耶克也提出要"正确运用理性"，即"那种承认自我局限性的理性，进行自我教育的理性，它要正视经济学和生物学所揭示的令人惊奇的事实所包含的意义，即在未经设计的情况下生成的秩序，能够大大超越人们自觉追求的计划"②。从计划经济的运行模式来看，它在本质上沿袭了科学理性主义传统，认为可以有足够的理性对经济运行过程进行分析、度量，并在此基础上进行预先计划。但人类的理性显然是有限的，也不可能脱离"有限理性"的边界。

---

① 详细讨论可参见周为民（2021）《计划经济的本质是崇拜权力的力量，大数据帮不上计划经济什么忙》一文。
② 详细讨论可参见哈耶克《致命的自负》（导论）。

3. 计划经济对均衡的认识

计划经济相对僵化地理解了这种经济学上的均衡，或者可以说在计划经济中并不存在"均衡"的概念，更多的是收支相抵的"平衡"。平衡其实是一种静止的均衡，或者说是一种仅仅关注结果的均衡。计划经济将追求平衡的结果作为所有安排的最终目的，认为只要这种结果存在就可以计算，只要结果可以计算则所有的行为都可以预先计划。这其实是计划经济的本质逻辑。由于将追求这种结果作为最终目的，计划经济达到的是一种人为制造的静态的、机械的平衡。正如许多经济学家所说：均衡就是死亡，所以计划经济是人们抱着美好的愿望，选择了一条没有前途的道路。也许有人会说，市场经济也是在追求均衡。不可否认，市场经济追求均衡的方式并不一样，市场经济是给予每个经济参与主体自由选择的权利，让市场参与主体在复杂的交易行为中自发形成均衡。所以，与计划经济相反，市场经济的均衡是客观存在、动态、有生命力的均衡。从这一点来看，计划经济实际上陷入了人为制造经济运行框架而不是遵循客观规律的死胡同。

另外，还可以从结果均衡与过程均衡的角度进一步讨论这个问题。从上述分析可以看出，计划经济追求的是结果均衡，即从均衡的结果出发，对市场主体行为进行预先计划；市场经济追求的是过程均衡，即从追求均衡的过程出发，让市场参与主体充分发挥自身的主观能动性并自由进行选择，自发产生均衡的结果。从前面的分析中可以看到，追求结果均衡可能需要很多的前提条件，这些条件在当前环境下很难满足，相对而言，追求过程均衡可能更加切实可行。

4. 关于不确定性、有限理性与均衡之间关系的初步讨论

不确定性和有限理性其实是紧密联系的，在一定程度上，两者甚至可以互为因果，不确定性的普遍存在是导致有限理性的最重要原因，而有限理性也是产生不确定性的最重要原因。二者都是对世界同一客观特征的描述，只是角度不同。不确定性侧重于对世界运行特征的描述，而有限理性侧重于对认识世界运行特征能力的描述。另外，均衡也与不确定性和有限理性密切相关，均衡更多地表明了一种理想、一种信念、一种方向，而不确定性和有限理性更多地表明了在追求理想信念的过程中要基于现实，才能不偏离最初的方向。

需要指出的是，大数据是不确定性的产物，虽然它是对确定事实的记录，但数据所能表达的未来仍然是建立在不确定性基础上的，不确定性研究与统计学研究的区别正在于此。

（三）新结构经济学未脱窠臼

新结构经济学是林毅夫教授及其合作者提出并倡导的研究经济发展、转型和运行的经济学理论，它主张以历史唯物主义为指导，采用新古典经济学的方法，以一个经济体在每一个时点给定但又随时间可变的要素禀赋及其结构为切入点，来研究经济结构及其变迁的决定因素和影响。其核心主张是发展中国家应从自身要素禀赋结构出发，在"有效市场"和"有为政府"的共同作用下，发展具有比较优势的产业，推动经济结构的转型升级和经济社会的发展。

新结构经济学虽然在这些方面已有进步，但在某些领域仍存在类似的问题。新结构经济学的最大问题是夸大了政府产业政策在配

置经济资源方面的作用而忽略了其与计划经济类似的缺陷。

规划或政策是政府功能的外延，它们的主观性和理想化非常明显。经济上的理想化常常是因为不承认不确定性，所以与建立在不确定性基础上的市场在根本上是相互排斥的。新结构经济学企图利用市场的功能解决政策和计划的低效率问题，而同时利用强势政府的强大信息优势来弥补市场的"盲目性"。从一般意义上看，中国整体上已经迈过了短缺经济阶段。就短缺经济和它的弊端而言，著名匈牙利经济学家科尔内在《短缺经济学》一书中有鞭辟入里的分析。家长主义和预算软约束等著名的理论已经说透了短缺经济产生的原因和归宿。如果说新结构经济学尚存某种意义的话，那也只适用于短缺社会。

另外，林毅夫教授也专门讨论过"研究和开发"的问题。他认为企业对开发(D)有积极性，因为开发出来的新产品和新技术可以申请专利；对基础研究(R)则因为投入大、周期长、风险高，其成果是公共知识，如果政府不支持，则企业不愿做。但如果没有基础研究，新产品、新技术的开发就成了无源之水，为了经济的发展，基础科研只能靠政府支持。可是政府能用来支持基础科研的经费有限，而要做的基础科研却太多，因此，政府只能有选择地支持，这时就需要"有为政府"，而不是"有限政府"。根据前面讨论的逻辑，这里存在两个问题，一是是否存在符合国家经济长远发展的基础研究方向，二是政府是否具有足够的理性来选择真正符合国家经济长远发展的基础研究方向。前者是不确定性问题，后者是有限理性问题。当然，新结构经济学对此做了非常有益的探索，并初步划定了政府应该发挥作用的领域，林毅夫教授尖锐地指出"'有限政府'并没有讨论什么是市场不能做的，除了公共服务之外，政府该做什么"① 的问题，这也就是政府与市场的边界及具体作用领域的问题。这是一个必须解决和需要努力探索的问题，否则就难以进行具体操作。

（四）异度均衡与经济运行的第三条道路

异度均衡是一种应对不确定性的约束理论，是面向未来的高度关注理性自负的约束理论，对市场配置资源的偏差和计划配置资源的偏差，都给予理性自负假设以约束。一般均衡和纳什均衡都是市场主体之间经济行为中客观存在的平衡状态，而异度均衡则是经济活动结果的一种状态。对于不好的结果是否需要行政干预？这一问题值得思考，其中的关键是各种均衡关系和拐点如何成为社会共识，从而具备社会共同意志的条件。

异度均衡理论提供了这样一种可能：在市场经济运行的框架下，出于社会治理的需要，依据异度均衡偏差状态，划定某些需要由行政力量配置资源的领域，确定好边界后，再由政府主导这些领域的经济活动。例如，当贫富差距明显过大时，社会福利投入就应该由政府负责。我们姑且把这样的经济运行模式称为均衡约束下的市场经济秩序。

依靠均衡制度化实现均衡治理可不可能？既然异度均衡表现为某些客观存在的最优阈值或拐点变化，那么可否将这些计量结果不仅用于分析经济，而且用于对实际经济行为的制度化、刚性化？事实上，在任何国家治理结构下，政府都会扮演非常重要的经济角

---

① 详细讨论可参见林毅夫（2016）《论有为政府和有限政府——答田国强教授》，刊于2016年11月17日《中华工商时报》。

色，区别在于作用和地位上的差异。要解决政府与市场的关系问题，除了纠正均衡偏差、制定行为边界、提供公共产品，其他经济因素和活动都应该交由自由市场。这就是所谓的第三条道路。第三条道路以市场自主为基础，由政府提供公共产品或通过专营模式配置经济资源，弥补市场运行中的偏差或不足，即在市场与政府动态边界曲线的基础上，形成经济驱动的合力。

另外，还可以从集中与分散两种模式的关系来具体分析经济运行第三条道路的可能性。集中常常依赖行政权力，分散则需要以主体的自由自主为条件。例如，在计划经济和市场经济的优劣比较中，这种区别十分明显。集中的功能是有限的，在经济活动中，作为独立利益主体的个人所独有的直觉、灵感、想象力、决断力和冒险精神，是不可能被行政机构的权力或大数据技术替代的。分散的效率和决策能力明显高于集中，但需要各种共识下规则的统一。当分散的规则导致交易成本过高时，分散的效率就会越来越低，导致人们以为集中模式可以更多地用在经济活动中。

> 异度均衡理论认为，集中模式常常容易侵蚀未来，而分散模式更注重当下，两者之间的适度均衡是试错后选择的结果，而这一结果也许就是经济运行的第三条道路。

二、关于竞争与合作关系的讨论

社会达尔文主义曾经在欧美流行一时，甚至为美国领土扩张和垄断经济的形成提供了理论指导①，但现在已基本销声匿迹。这里试图从社会达尔文主义的发展历史着手，认真分析社会达尔文主义存在的主要问题，并结合当前的数字经济模式，提出要坚持竞争与合作的异度均衡理论立场。

（一）社会达尔文主义的发展历史

所谓社会达尔文主义，就是用达尔文的进化论思想来解释人类社会的发展现象。具体来说，社会达尔文主义泛指19世纪末期在西欧和北美流行的一种将达尔文进化论思想中"自然选择""适者生存"的理念应用于社会学、经济学和政治学的理论。它认为人类社会发展也应该符合进化论的基本原则，"适者"才能够生存或占有更多的财富和权力，"不适者"只能被淘汰或处于被支配地位。最早正式提出"社会达尔文主义"一词并进行系统性分析和梳理的是美国哥伦比亚大学历史学教授理查德·霍夫施塔特（Richard Hofstadter），由其博士论文扩展而成的《美国思想中的社会达尔文主义》是了解美国乃至西方世界社会达尔文主义的必读书目②。

从社会达尔文主义出发可以衍生出多种不同的政策主张，强调"优胜劣汰"则必然坚持自由市场经济，强调"科学思维"就会对自由市场经济多有批评（例如莱斯特·弗兰克·沃德），强调"适者生存"则会对弱者的遭遇熟视无睹。所以，在很长时间内，社会

---

① 详细讨论可参见李瑞（2009）的《社会达尔文主义在美国经济垄断形成中的作用》一文。
② 据邵鹏（2021）介绍，该书在1955年甫一出版即引得"洛阳纸贵"，并获得第二年（1956）的普利策奖。

达尔文主义被用来作为自由放任资本主义、威权和极权主义、人种优化理论、种族主义、帝国主义、法西斯主义等存在合理性的理论依据。

社会达尔文主义更容易在自由资本主义快速发展的早期阶段出现，这个阶段竞争激烈、资本逐利缺乏约束、贫富差距加大、阶层分化明显。这些资本主义早期的血腥现象，包括殖民化活动、国与国间的不平等交易等，都在社会达尔文主义的掩饰下显得残酷但合理。

（二）社会达尔文主义的主要问题

社会达尔文主义之所以销声匿迹有其必然原因，现在已有很多分析与讨论。例如哈耶克曾指出"社会达尔文主义从许多方面看都是错误的，但是今天人们对它的深恶痛绝，部分归因于它同致命的自负相冲突"。[①] 这里着重从人与动物、形式与内涵、过程与目标、个体与种群四个方面梳理社会达尔文主义的主要问题。

1. 忽视了人与动物之间的区别，将人简单等同于一般生物

社会达尔文主义最主要的问题是忽视了人与动物之间的区别，也就是忽视了人性，将从动物界（或更广义的生物界）中总结出的规律直接应用到人类社会。人的进化不仅包括生物进化，也包括文化进化。人之所以成为人，是因为人除了生物特性之外，还有文化特性。这里的文化是一个具有丰富内涵的概念，包括除了生物特性之外的几乎所有要素。人类作为一个种群，其生物特性和文化特性共同构成了人类社会结构的基础，这也是最有利于人类作为一种生

---

① 详细讨论可参见哈耶克《致命的自负》（第一章）。

物繁衍发展的模式，不能把人类的文化特性去除而生搬硬套弱肉强食的丛林法则。

2. 忽视了进化的丰富内涵，将进化简单理解为优胜劣汰

前面提到人的进化包括生物进化和文化进化，"文化进化的学说和生物进化的学说虽然在某些方面有相似之处，但它们并不完全一样。它们往往以十分不同的假设作为起点"。[①] 这其实已经是对进化的丰富内涵的初步认识，进一步扩展，对进化内涵的狭隘认识也是社会达尔文主义的主要问题所在。社会达尔文主义所推崇的"优胜劣汰"，其实在过程中也不都是零和博弈，也有个体的成长与种群的延续。尤其对人类社会来说，更是应将合作共赢作为最终追求的目标，而优胜劣汰只是在进化过程中用于提高运行效率的手段而已。即使在"适者生存"观念流行的时代，仍然有不少学者强调社会团结的重要性，将家庭、部落等群体作为生存的单元，而不过度强调个人层面上的竞争，他们认为社会的互助是自然现象，也是进化的一部分[②]。现代社会的福利保障制度正是一种整体生存观的体现，简单的优胜劣汰脱离了人类社会的整体生存观，是非常危险的。另外，根据达尔文的本意，"进化"一词是错误的，"有修饰的改变"才是他的本意，在自然选择面前，本无所谓高级与低级，也就无所谓进化与退化之分。从这一点上讲，过度解读进化的意义就是放弃了进化更为丰富的内涵。

[①] 详细讨论可参见哈耶克《致命的自负》（第一章）。
[②] 例如约翰·费斯克、亨利·德拉蒙德（苏格兰生物学家、作家、宗教人士，1851—1897）和克鲁泡特金（俄国活动家、作家、革命家、科学家、经济学家等，1842—1921）等。详细讨论可参见邵鹏（2021）《死灰复燃的社会达尔文主义：适者生存的法则适合人类社会吗？》一文。

3. 忽视了过程与目标之间的关系，将进化过程当作追求的目标

进化既是一个过程，也是一个目标，只是这个目标因为包含复杂的价值判断而显得较难琢磨。但可以肯定的是，达尔文进化论关于适者生存的表述，绝不是对同类的淘汰，而是某一物种同其他物种在自然条件下的生存竞争，同类的竞争淘汰毫无进化意义。将进化的过程（手段）当作进化追求的目标，混淆了过程与目标之间的关系，也是社会达尔文主义对达尔文学说的误解之一。另外，即使真如社会达尔文主义者所说，所谓的"弱者"或"不适者"都应该被全部消灭或淘汰，那被消灭或被淘汰以后呢？在剩下的所谓"强者"或"适者"中，是不是还要开展"优胜劣汰"的进化？那就会继续产生优劣和高下，这不以人的意志为转移，而是由生物本身的特性所决定。由此不断循环下去，人类将不可避免地走向一条毁灭的道路。

4. 忽视了个体与种群之间的关系，将适用于种群的理论直接用于个体

达尔文学说更多的是从种群的角度进行观察和研究，也即对"物种的起源"进行的观察和研究。所以，社会达尔文主义也应该主要用于种群，而不是用于个体。但从现实情况看，社会达尔文主义却普遍用于个体之间激烈竞争的合理性解释。马克思主义在其形成过程中其实早就注意到这个问题。1860年，马克思在阅读了《物种起源》之后，就对恩格斯表示"达尔文的书很重要，为我提供了历史上阶级斗争的自然科学基础"，但马克思主义只用这一理论作为资本主义竞争产生阶级分化和阶级斗争的基础，并未用它来解释个人之间的竞争。①

（三）竞争与合作的异度均衡

社会达尔文主义的核心是强调竞争，并以竞争的观念和逻辑来理解并指导人类社会的发展，这是片面的。在人类社会的发展过程中，不仅有竞争，也有合作。竞争产生效率，合作也产生效率。竞争推动进化，合作也推动进化。作为人类社会的两种相处模式，竞争与合作应按照异度均衡理论确定合适的边界，共同作为推动人类社会发展的手段，真正实现以人为中心的全面发展。

当前发展和其他区域的发展，包括与未来的发展之间应当保持在合理的异度均衡区间内，这是均衡条件下的竞争与自由市场竞争的区别。人类社会的全面发展必须兼顾弱势群体的利益。传统经济学总是以如何有效组织经济活动为己任，也深刻关注公平问题，但关心弱势群体的利益也是经济学的主题之一。除了财富、社会地位、天赋、地理等因素之外，人们常常忽略了信息不对称、权力不对称、区域不对称等造成弱势群体的原因。例如，大国的决策改变了小国的命运，水源上游人群的经济发展掠夺了下游人群的发展机遇，某一区域的经济发展侵蚀了旁边区域的利益，当代人的发展让未来的人们付出代价等。那些被侵害、被掠夺的人们并无机会和权力参与到此类决策的过程中，实际上处于弱势地位。异度均衡理论试图从竞争与合作的角度，强调竞争与合作两种模式各自的优势与不足，充分发挥两种模式的优势，保持两种模式在人类社会发展中

---

① 详细讨论可参见邵鹏（2021）《死灰复燃的社会达尔文主义：适者生存的法则适合人类社会吗？》一文。

的均衡作用，进而解决这类公平和道德问题。

竞争在一定程度上可以激发人类社会的生物性与活力，并提高人类社会的运行效率。但竞争是不是必须带来淘汰值得深入研究，尤其对人类社会而言，在具有生物性的同时也要讲人性。而且，由竞争淘汰出局的东西或人，应该交给谁承担？奋斗不息是为了当前还是未来？合作与共享是不是也应该成为人类社会发展的重要旋律？这些都应该从异度均衡的角度，纳入更加广阔、长远的视角进行重新思考。

不论如何，竞争不能成为制造弱势群体的工具。除了淘汰，竞争也应该产生合作，产生新的效用、新的利益、新的就业、新的生活方式、新的产品和消费。竞争不应该剥夺一部分人的生存发展空间，而应该通过竞争产生新的社会经济元素组合，创造新的生存发展空间。

简单粗暴地淘汰就是把弱者抛弃给未来，这不符合异度均衡的经济学原理。达尔文进化论虽然讲优胜劣汰、物竞天择，但其核心是物种如何适应环境、不断提升适应能力并在地球上繁衍生息的过程。社会达尔文主义似乎只看到了优胜劣汰和物竞天择的丛林法则，而未看到其作为人类生存繁衍策略的一面。在当前数字经济蓬勃发展的时代，坚决反对社会达尔文主义，倡导竞争与合作的异度均衡别有意义。

另外，社会达尔文主义的弊端还在于它给人类经济社会的未来描绘了一幅充满争斗的图景。这常常成为异度均衡中的负面因子，引向打破均衡的拐点，从而走向更大的社会损耗总量，给未来带来巨大的不确定性。

三、推动新经济健康发展

经济繁荣是经济增长、充分就业、收入提高、消费增加、币值稳定等多指标综合表现出来的一种现象，应该说经济繁荣是每个国家或地区都孜孜以求的目标。21世纪初以来，新经济不断发展，已成为我国经济的重要组成部分，有必要从异度均衡的角度对新经济进行全面观察。

（一）新经济的主要表现

"新经济"是建立在信息技术革命和制度创新基础上的经济持续增长与低通货膨胀率、低失业率并存，经济周期的阶段性特征明显淡化的一种新的经济现象。这一概念首先在美国兴起，而后在全球范围内传播。20世纪90年代以来，美国经济出现了二次大战后罕见的持续性的高速度增长。在信息技术部门的带领下，美国自1991年4月份以后，经济增长幅度达到了4%，而失业率却从6%降到了4%，通胀率也在不断下降。如果食品和能源不计算在内的话，美国1999年的消费品通胀率只有1.9%，增幅为34年来的最小值。这种增长模式显然背离了传统的回报增长模式，与传统的菲利普斯曲线不符。这种经济现象被人们表述为"新经济"。一般认为，其主要动力是信息技术革命和经济全球化浪潮。信息经济、网络经济、数字经济，以及近年迅速崛起的生物科技等被视为"新经济"的重要组成部分（许宪春、张钟文、关会娟，2020）。新经济主要表现在网络化、数字化、移动化、去中心化。

1. 网络化

从产业结构来看，从1990年到2020年，美国制造业占GDP的比重从17.35%下降到10.83%。而美国互联网协会发布的《2019年美国互联网行业报告》显示，2018年互联网行业占GDP的比重达10.1%，互联网已成为美国第四大行业，仅次于房地产和租赁、公共管理（政府）、制造业。该报告还显示，从2007年到2018年，GDP总量增长了41.8%，而互联网行业增长了约372%，该增速是同一时期整体经济增速的9倍。2018年，互联网行业的投资规模超过600亿美元。

从个体企业的营业收入和利润角度来看，传统企业难以与新兴产业相比。2021年《财富》美国500强企业排行榜前10名中，有9名来自新经济或金融行业，实体经济企业仅占1席。美国三大科技巨头（亚马逊、苹果及Alphabet）均在其中，而往日汽车行业巨头通用及福特分别跌至22和21名。

2. 数字化

笔者认为，一项资产、一个主体身份，甚至物理世界任何一件事物，一旦数字化，都是可以脱离大数据和网络环境在虚拟世界里独立存在和流转的，而不是必须依靠大数据和云计算才能存在。虽然网络环境必不可少，但数字资产或数字身份一旦形成，便可以像现实物理世界一样随身携带、随意流转，如同我们随身携带的现金和佩戴的首饰。否则，这些所谓的"数字化"便只是传统意义上的智能化升级。

3. 移动化

移动化最主要的表现是移动支付，移动支付是当下新经济领域的热门话题之一。胡润研究院发布了"2019胡润全球独角兽榜"。

共 494 家独角兽企业上榜，其中，中国以 206 家位居第一，其次为美国（203 家），印度和英国分别位列第三和第四，各有 21 家和 13 家。值得注意的是，中美两国拥有世界八成以上的独角兽企业。上榜"2019 年全球金融科技行业独角兽企业排行榜"的企业共 56 家，上榜企业的公司估值总计 26 020 亿元，占总市值的 22%。其中，蚂蚁金服以 10 000 亿元的公司估值位列第一位，陆金所、Stripe 分别位居第二和第三。上榜企业数量最多的国家为中国（22 家），其次为美国（21 家）；榜单前十名企业的公司估值为 19 650 亿元，占榜单公司总估值的七成，分别为蚂蚁金服、陆金所、Stripe、微众银行、京东数科、Paytm、Robinhood、金融壹账通、苏宁金服、Credit Karma。

4. 去中心化

在网络观念上，去中心化不是不要中心，而是由节点自由确定中心。简单来说，中心化就是由中心决定节点，节点必须依赖中心，节点离开了中心就无法生存。在去中心化系统中，每个人都是一个节点，任何人也都可以成为一个中心；任何中心都不是永久的，而是阶段性的，任何中心对节点都不具有强制性。可以说，去中心化是为中心化提高效率服务的。可见，去中心化是一个伪命题，它实际上是多元中心和一元中心的取舍。

网络不是一个能从本源上脱离现实世界的虚拟世界，而是现实世界的映射，也应遵从中心化发展的规律。其核心问题在于破坏了中心化的规则而不能以去中心化的规则替代，模糊了秩序，使得网络成为与现实世界之间的风险隐蔽所，如 P2P 一样，反而增加了风险总量。

（二）推动新经济健康发展的初步思考

在某些情况下，所谓的新经济只是在资本的驱使下，以牺牲消费者利益为前提来换取短期的高回报率。一个典型的例子是电商的崛起，中国的电商规模在全世界范围内遥遥领先，这不是因为中国电商具有领先的技术优势，而是因为中国电商具有绝对的成本优势。因此这种新经济是以牺牲国家税收和线下实体店的利益为前提崛起的，随着越来越多的线下实体店转向线上，以及对电商征税的全面化，这种所谓的新经济的"优势"会被逐渐打回原形。另一个典型表现就是机场、车站等公共设施场所的商业化，这些以效率为目的的场所成了一个个大型商业广场，利用交通人流进行引流转换，想办法延长人流的滞留时间，增加商业收益。这样的风气，各行各业都有不同程度的表现。然而，上述两种情景都是新经济对传统社会价值的损耗。虽然短期内看上去一片繁荣，但是通过规避税收和影响消费者体验的方式来发展新经济，本质上是以损耗传统社会价值为代价来换取新经济的短期高速发展。所谓的新经济并没有做大蛋糕份额，而换了一种抢占传统经济蛋糕的方式，这种发展终究会遭遇瓶颈。

"互联网精神"和"互联网思维"的参与者有必要在这场时代的浪潮中保持一份清醒与冷静。经济学家也有必要重新审视传统的发展观念与繁荣观念。下一轮中国经济的快速增长仍有很大空间，应该回归新经济的本质，立足于新技术、新材料、新资源，防范透支未来、急功近利或投机取巧。防范实体经济脱实向虚，回归经济学基本原理，实现在各种均衡条件下的理性增长。同时，中国政府应该启动新一轮经济结构调整，消除"新经济"

偏差带来的经济结构和战略发展上的偏差，降低现在状态下隐藏的各种风险。

四、打破二元结构　推动城乡统筹发展

中国农业问题的重要性毋庸置疑，不论是革命年代还是新中国成立后的经济发展时期。从 2004 年开始，中央一号文件已经连续十八年专门聚焦农业问题[1]。自推行土地联产承包责任制以来，中国农业焕发出全新的活力和面貌，农业生产力的恢复与发展为全国人民的粮食安全、改革开放提供了最基本的物质保障。但农业基础薄弱、农村发展缓慢、农民收入较低的现状并没有得到根本性改观，当前我国已经完成了脱贫攻坚任务，有必要对中国农业发展现状进行深刻反思，持续打破二元结构，统筹城乡发展，为农业以及整个经济社会的可持续发展奠定基础。

（一）主要原因分析：城乡二元结构

二元结构的本质，就是城乡各类资源不能纳入统一的价值生产与市场循环过程，不能按照统一标准实现其内在价值。

1. **土地资源：入市规定不同及价格差异**

我国的土地制度先后经历了三个阶段：一是新中国成立初期的土地制度，在农村确立土地个人所有制度，城市实施土地国有化。二是农业合作化运动时期的土地制度，农民个人所有的土地被集中

---

[1] 据收集资料显示，1982 年至 1986 年中共中央也连续五年发布以"农业、农村和农民"为主题的中央一号文件，对农村改革和农业发展作出具体部署。

到集体所有和集中使用，土地的使用权归生产队，由农民统一使用。三是改革开放后的土地制度，土地分为国家所有和农村集体所有。任何组织或个人不得侵占、买卖、出租或者以其他形式非法转让土地。

根据罗楚湘（2012）的考察，基于现有的土地制度，土地价格剪刀差[①]一直存在。在2020年最新的土地管理法颁布以前，农村集体土地不可入市交易，不可转让，不可出租。要想入市交易，必须经过征地流程，将农村集体土地变换为城市国有土地，才可以具有价值实现的途径。

> 从这里可以看出，至少在最新的土地管理法颁布以前，土地资源市场中城乡是隔离开的，是两种完全不同的市场，入市规定不一样，后续的交易规则也不一样，价值实现的程度也不一样。

2. 人力资源：城乡户口差别及不同的社会保障体制

有的学者研究了中国粮食主产区和粮食主销区之间的经济差异，其中粮食主产区代表了农业地区，粮食主销区代表了工业地区，结果发现粮食主产区的产量越大，则粮食主产区与粮食主销区之间的经济差异越大。从微观层面来看，粮食主产区的产量越大，则粮食主产区与粮食主销区之间居民的收入差距也越大。由此可以推断，农业部门的利润不断被工业部门吞噬，加剧了财富在农业地区和工业地区之间的分配差距，也加剧了财富在农民与工人之间的

[①] 城市土地使用权价格往往大大高于农村土地所有权价格，这就形成了土地价格剪刀差。

分配差距，最终导致不同区域之间的经济发展不平衡以及不同居民收入之间的不平衡。

城乡之间的资源分配差异，最终导致中国城乡的二元化发展，它不仅仅体现在收入差异方面，还包括由二元户籍制度带来的基础设施、教育、社会保障、金融支持等各个维度的二元化。例如在教育领域，城市和乡村之间以及大城市和小城市之间的鸿沟也越来越大。

3. 金融资源：割裂的二元金融市场

自新中国成立以来，优先发展城市的思路导致我国大量金融机构和金融资源优先服务于城市。随着时间的推移，我国形成了独特的城乡二元化金融体系，这也对乡村金融构成了巨大的挑战。

近年来，我国政府逐渐意识到金融对乡村地区经济发展支持的不足，并出台了一系列政策来开展普惠金融工作，然而城乡之间的差异以及农业的特殊性导致普惠金融很难深入服务"三农"。一方面，金融机构要求在借贷方提供抵押品后才发放贷款，而我国现有土地制度导致农民无法将土地作为抵押品抵押给金融机构，最终导致农民因缺乏有效的抵押品而无法从金融机构获取贷款来提升其生产效率。另一方面，金融机构习惯于借助传统的借贷数据来对客户的信用状况进行评级，但是大部分农民缺乏相关的信用记录及稳定的现金流，这也导致农民较难从金融机构获取贷款来提升其生产效率。

（二）可能产生的问题：异度均衡分析

正如周天勇教授（2021）所言：生产的最基本要素投入为劳动力、资本和土地，二元体制扭曲的是要素的市场化配置，而在二元体制中经济主体不可纠正的扭曲部分，造成各类要素的闲置和低效利用，即效率损失。虽然目前国家已在调整相关政策，加大对农业的投入和扶持力度，但长久以来积累下来的损害与惯性在短时期内恐难消除。从异度均衡理论的角度来看，如果任由这种状况发展下去，可能导致的主要问题是：在空间维度上，城乡发展差距越来越大、越来越不均衡；在时间维度上，削弱农业长期可持续发展的基础，进而削弱工业甚至整个国民经济长期可持续发展的基础；最终对整个国民经济的长期可持续发展造成伤害，对全体人民的幸福造成伤害。

1. 空间维度：城乡发展差距越来越大

（1）农村土地集体所有的弱势地位

在现实中，村民集体或者个体往往受到来自县、乡政府部门的外在压力，成为典型的弱势群体。在现实中，关于"集体"的法律规范相对较少。20世纪80年代常见的集体所有制企业，绝大多数已经随着现代企业制度的建立而实现股份化改造。围绕土地的"集体"，由于内在的决策机制不完善和外在的法律保护缺失，在与地方政府部门或企业的交易中，处于不利地位。在现实中，由于集体内部各个主体的利益诉求多元化，使得达成共识的成本增加，集体行动的一致性较差，大大降低了集体的对外谈判能力。

（2）城镇化进一步侵蚀农民利益

近年来，在城镇化快速发展的进程中，政府至少可以获得两大收益：其一，新投资项目建成后，带来的经济增加值；其二，伴随着土地价格的快速上升，土地增值收益非常可观。由于政府在土地一级市场上的优势地位，更易于获得巨额的土地增值收益。在现行的财政体制下，中央政府的税收高速稳步增长，而地方政府的税收收入增长明显落后。为了应对高速增长的地方公共事务开支，在其他税源难以短期内实现大幅增长的前提下，土地财政成为地方政府的选择。

（3）过快的城镇化导致农民"落叶无根"

近年来，我国城镇化率快速攀升，然而进入城市的农民无法获得稳定的就业与收入，城市可能会出现其他发展中国家普遍存在的、庞大的、难以治理的贫民窟。在当前保护型城乡二元结构的制度框架下，进城农民可能会返乡，这使得农村成为中国现代化的缓冲空间与稳定器。

> 在农村人口庞大、进城农民还可以返乡的情况下，单纯地推动农村土地流转、鼓励资本下乡、推进农业现代化，而不加大力度改变城乡二元结构现状，可能会导致大多数依然要依托土地生存的农民失去土地、失去家乡。这不仅对农民不利，而且会使中国丧失农村这个现代化的缓冲空间与稳定器。发展不稳定，国家就会丧失调整能力，这是极其危险的事情。

2. 时间维度：削弱农业长期可持续发展的基础

城镇化应该是农村社会发展的结果，而不是城市经济发展的工具或杠杆，在某种意义上，刻意的城镇化会导致农村空心化。据悉，2020年全国人口共141 178万人，与2010年的133 972万人相比，增加7 206万人，增长5.38%，年平均增长率为0.53%，比2000年到2010年的年平均增长率0.57%下降0.04个百分点。数据表明，我国人口10年来继续保持低速增长态势，人口向经济发达区域、城市群进一步集聚。从城乡人口看，居住在城镇的人口为90 199万人，占63.89%；居住在乡村的人口为50 979万人，占36.11%。与2010年相比，城镇人口增加23 642万人，乡村人口减少16 436万人，城镇人口比重上升14.21个百分点。随着新型工业化、信息化、农业现代化的深入发展和农业转移人口市民化政策落实落地，我国新型城镇化进程稳步推进，城镇化建设取得了历史性成就。

回顾历史，世界上主要发达国家的城镇化都是历时百年才完成的，其发展路径是随着工业化进程的加快，工业对劳动力需求逐渐上升并通过提升薪资水平来吸引农民从农村走向城市，随着大量的农民涌入城市又带动城市公共基础设施及服务的建设。中国只用了30多年的时间就实现了城镇化率的快速攀升，目前还在加快推进城镇化。城镇化带来了城镇的繁荣，而相对应的则是大量的农村劳动力被吸收到城市，农村发展呈现空心化甚至逐步衰败和消亡的迹象。

3. 空间维度与时间维度纵横交织的结果

如果任由当前的问题发展，最终结果是农业发展受到削弱，这将对整个国民经济的长期可持续发展造成伤害（缺乏粮食安全保障、缺乏农村市场需求激活），对全体人民的富裕幸福造成伤害。这样发展的结果会影响经济社会的可持续发展，影响共同富裕目标的实现，甚至影响第二个百年奋斗目标的实现。这显然不符合异度均衡的要求，或者说这种发展状态不在异度均衡的合理区间范围内。

（三）打破二元结构、城乡统筹发展与异度均衡

上述分析明确了目前中国农业发展现状是基于工业与农业之间

生产效率差异而逐渐固化，后来又受到城乡二元结构（尤其是土地资源、人力资源和金融资源）的影响逐步强化延续。如何实现符合异度均衡理论要求的农业发展，其根本在于持续打破二元结构、统筹城乡发展，逐步填补两者之间的鸿沟。笔者认为，未来的改革方向主要有如下几个方面：

1. 积极推进农村集体土地入市，构建统一的土地交易市场

与城市不同的是，农村的土地归集体所有而非归农民所有，所以农民无法借助土地作为抵押品进行借贷。虽然目前我国开展了"三权"分置改革，将土地的所有权、承包权和经营权拆分，但是农民依然无法通过承包权或经营权来获取贷款，因此需在现有联产承包责任制的基础上进一步细化明确，并进一步立法明确土地经营权的金融属性。另外，通过推进农村集体土地入市，能够彻底盘活土地资源，为我国大规模耕种、集约化生产和机械化自动化生产提供先决条件，也为我国农业生产效率的提升提供支持。

2. 积极推进乡村金融发展，丰富农村金融资源供给

农村企业由于其经营特点，往往具有弱质性，在信用体系建设不完全的条件下，难以获得足够的融资，因此，以核心企业为主导的产业链供应链金融模式日益受到各界关注。产业链供应链金融能够充分利用应收账款与合同记录，提高产业链供应链上的企业信用评级，从而为农村中小企业扩大融资规模提供新的思路和模式。这一模式已被越来越多的金融机构和电商平台关注。

3. 积极推进农村社会保障体系建设，在城乡统筹发展的基础上逐步消除城乡差别

虽然近年来国家在农村社会保障体系的建设上花费了巨大精力

与金钱（包括新农合、农村养老保险等），但与城市相比仍然存在较大差距，尤其城乡居民户籍差异导致的影响在短时间内难以消除。这相当于在同一个市场中的劳动者有不同的身份地位及竞争优势，进而极大地扭曲了劳动力市场，不仅不能充分发挥出每个人的聪明才智，反而在一定程度一定范围内形成误导。

五、中国服务业发展现状观察

国际上通常使用第二产业和第三产业的比重来衡量一个国家产业结构和经济发达程度，大多数国家第一次产业结构升级体现为以制造业为代表的第二产业比重持续上升，当这些国家工业化程度达到较高水平时则开始发展第三产业，即服务业。近年来，我国第三产业占GDP的比重持续上升。截至2020年，我国第三产业的GDP占比已达54.53%，我国产业结构重心逐渐由工业向服务业转移，然而在产业结构升级过程中也暴露出较多问题，比如公共性与规范性不足，这些问题与服务业的本质背道而驰，将会严重影响我国服务业的健康发展。

（一）旺盛的服务业需求与高质量供应的短缺

1996年以来，以服务业为代表的第三产业占GDP的比重从33.57%持续攀升到2020年的54.53%，虽然与欧美等发达国家相比，我国的第三产业占比依然相对较低，但是其增长趋势显示出服务业旺盛的生命力和需求（见图7.1）。

图 7.1 第三产业占 GDP 的比重

不过，与服务业旺盛的需求相比，我国服务业的供应质量却相对较低，这一点从连续多年的服务贸易逆差中可以得到印证（见图 7.2）。

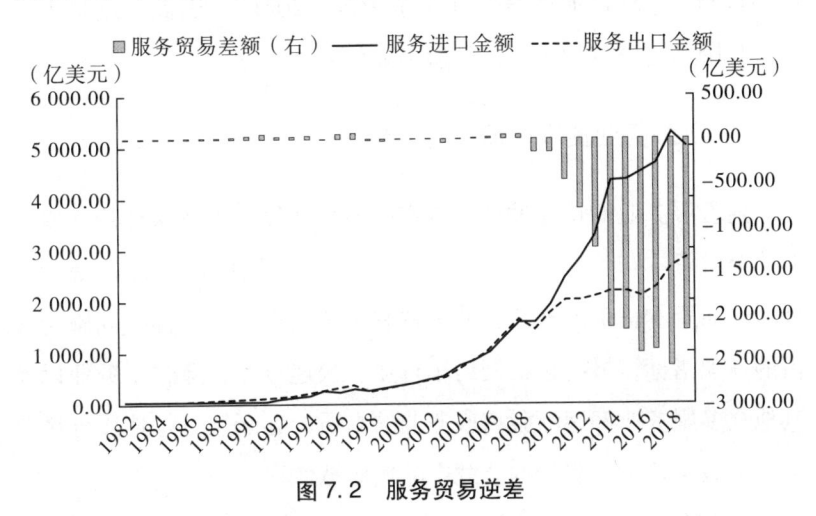

图 7.2 服务贸易逆差

2008 年以来，我国服务出口金额和服务进口金额的缺口快速扩大，原因在于高端服务业供应不足，因此我国只能够通过进口服务贸易的方式来满足国内对高端服务业的需求。

另外，在服务业内部，西方发达国家关于服务业有"两个70%"现象，即服务业增加值在 GDP 中占比约为 70%，而生产性服务业增加值在服务业中又大约占 70%（翁古小凤、熊健益，2016）。比如德国生产性服务业增加值 GDP 占比约为 45%～50%（徐冠巨，2016）；2006 年英国生产性服务业增加值 GDP 占比约为 33%，2004 年日本生产性服务业增加值 GDP 占比约为 54%（但斌、贾利华，2008）；美国 2006 年生产性服务业增加值 GDP 占比约为 48%（美国经济分析局网站资料）。我国近年来生产性服务业增加值一直处于上升势头，2013 年占 GDP 比重达到 28.1%（翁古小凤、熊健益，2016）。这一比例与发达国家相比依然存在较大差距。生产性服务业能够为制造业赋能，从而有效促进我国产业结构升级并进一步参与全球产业链分工（丁玉敏等，2021）。因此从结构上观察，我国需要继续加大生产性服务业的发展力度。

（二）服务业资本估值的泡沫化

随着服务业的快速发展，资本的逐利性促使资本快速流入服务业，金融资本与实体经济相互融合能够更好地促进双方的健康发展。然而资本估值的泡沫化使得盈利来源偏离服务主体，屈服于估值的各项指标，最终包括网约车行业、快递行业、金融服务业以及其他众多服务业都逐渐脱离服务业的本质，逐渐从更好地服务用户转向了服务资本，服务的公共产品性质被忽视。

1. 网约车行业

作为服务业，网约车行业的目的应该是解决乘客需求和网约车供应之间的信息不对称问题，同时有效保护乘客和网约车司机的私人信息安全。然而在资本的驱使之下，滴滴公司非法收集、保存、使用甚至共享乘客的私人信息，严重侵犯了个人的隐私和国家的信息安全。实际上，采取同样操作的网约车公司并非滴滴一家。

2. 快递行业

送货上门是快递行业的基本要求，然而现在几乎很少有快递公司会送货上门，快递公司为了追求效率将快递放入"丰巢"中，这同传统的邮政业务在本质上并无差别。近年来个别公司推出了"定时派送"等所谓的增值服务，即用户每单支付 2 元即可选择在某个时间段内收取快递。然而这类业务并没有成功，因为习惯了快递送货上门的消费者无法接受还要多花 2 元才能确保快递送货上门。

随着经济的发展和技术水平的提高，快递行业对消费者提供的服务不仅没有增强反而还在后退，其背后的根源在于物流行业的过度资本化。在资本的影响下，快递行业会想尽一切办法通过"创新"来获取"增值收入"，以增加公司的"估值"。但是这种做法明显违背了经济学原理和服务业的本质，消费者最终也不会为此买单。

快递员习惯将快递放入"丰巢"的做法降低了消费者的服务体验，近年来"丰巢"也开始向超时用户征收服务费。这一做法原本无可厚非，毕竟"丰巢"提供了快递保管业务，但是对比"丰巢"创建前后利益相关方的利益变化可以发现，快递行业利用"丰巢"提升了效率，"丰巢"利用自身的储存柜拓展了新的业务模式，只有消费者的服务体验下降了，而且还必须为此付出更多费用。

3. 互联网行业

目前有很多互联网服务行业明目张胆地制定霸王条款来收集个人信息用于牟利。打开手机 App，首先弹出的便是"隐私协议"和一系列的授权条款，这些 App 会给用户两个选择："拒绝并退出"和"同意并继续"，这种条款导致用户如果不同意这些 App 收集个人信息就完全无法使用 App 提供的服务，处于相对弱势的用户只能放弃个人信息权利来使用该 App。这种状况也明显不符合服务业的本质。很明显，App 的开发者受到资本估值和利益的驱使，通过强制收集个人用户的信息以获取短期的高额利润，但是这种做法是以牺牲用户的利益为代价的，虽然短期内用户因为市场缺乏同类型产品而没有其他选择，但是长期来看，这种商业模式注定无法持久。

另外，互联网行业也为大数据杀熟提供便利。例如，网约车平台利用收集到的用户信息，包括用户的姓名、消费习惯甚至是手机品牌等，进行大数据杀熟。北京市消费者协会曾经对以往的大数据杀熟案例进行分析，发现三类用户群体容易被大数据杀熟。第一类是高消费用户；第二类是活跃用户，重复使用某个平台的活跃用户通常不会比价，并且对平台较为信任；第三类是会员用户，通常加入会员的目的是获取更大优惠，但实际上某些平台给会员的价格远高于非会员。大数据杀熟的本质是互联网平台为了赚取短期的高额利润而侵害消费者利益，在资本估值的驱使下，互联网平台逐渐迷失了创建的初衷并脱离了服务业的本质，沦为资本牟取暴利的工具。

这些互联网平台利用信息不对称以及客户对服务平台的信任，将客户划分为不同的等级并有针对性地进行大数据杀熟，虽然短期内能够获取暴利，但一旦被用户发现将彻底失去用户的信任，而缺乏用户信任的平台是无法走得长远的。

4. 金融服务业

金融服务业的本质是为客户提供金融服务，然而近年来金融业与互联网技术结合形成了新的业态——金融科技。金融科技的本质在于使用科技手段为金融行业赋能，进而提升金融行业的运营效率。然而很多金融机构披着金融科技的外衣，内里却从事网络借贷、虚拟货币交易等活动。经过包装之后的业务通过高投资收益率吸引投资者，并通过借新还旧的模式来维持平台的运作。这种"金融科技"业务只是借助互联网平台却没有任何通过科技手段来降低风险、提升效率的措施，且承诺的高投资收益率促使这类公司必须投资于更高风险的资产才能覆盖成本，最终加剧了投资风险的积累和爆发。

不论是金融科技还是科技金融，始终都要回归金融属性，不能因为公司名称中加入了"科技"二字就放松了对这类公司的监管或风控要求。一些公司号称使用科技手段帮客户进行风险管理，其内核依然属于金融行业，本质上与商业银行存贷款业务的属性是一致的，因此失去监管反而会带来风险的积聚。

另外，金融科技运用过程中越来越不考虑客户的感受。例如，无人银行虽然能迎合部分年轻人和高学历群体的需求，但对农民工和老年人等群体却不友好。再例如数字支付，虽然近年发展迅速，但当下还是有很多人依赖现金支付，尤其是老年人和偏远地区的民众。因此，金融科技的运用应充分考虑不同客户的需求，我们不能以牺牲一部分人的权利为代价，来获得科技进步，这是不可取的。笔者认为，未来金融业智能化与柜台服务会长期并存，现金支付与网络支付长期并存，先进的后台数据批处理和市场交易层面的人性化、个性化长期并存，物理网络和线上交易会长期并存。

5. 医疗服务业

现代医学认为，人不仅仅是一个生物体，更是一个具有心理、社会、文化和精神特征的综合体。患者去医院治疗时，除了希望治愈疾病，还希望在整个治疗过程中降低痛苦并得到合理的人文关怀。

目前我国大部分医院的口号是"以患者为中心"，但实际上却是"以疾病为中心"的服务模式，这种服务模式导致医院和医生专注于如何更快地治愈疾病，在制定"有效的"治疗方案的同时却忽略了患者的感受。同时，以疾病为中心导致很多医生在治疗过程中过于专注于医疗流程和技术要求而忽略病人的人文关怀需求，对患者较为冷漠。病人在患病期间更需要包括医生、家属、朋友在内的群体给予鼓励与支持，以疾病为中心的服务模式导致医生冷漠地对待病人，也给患者带来不佳的就医体验，从而引致紧张的医患关系。

随着商业资本的介入，民营医院逐渐成为一股不可忽视的力量，然而与公立医院不同，民营医院的资本盈利压力会促使其追求高额的利润，甚至部分医院也出现了资本泡沫化现象，例如，罔顾患者的实际经济状况和需求，过度医疗。为了追求高额利润，民营医院在选择科室时会优先选择美容整形、耳鼻喉科、眼科、口腔科、妇产科、肿瘤科、儿科等专科，这些专科的利润率明显高于其他科室，而其他专科的医疗服务供应却相对短缺。

（三）对服务业现状的异度均衡分析

异度均衡强调敬畏未来，强调在充分估算成本损耗基础上的合理分担，而不是不顾未来长远发展。这种现象在服务业的发展中较为明显，尤其是在资本参与进来之后。从异度均衡的角度看，服务业乱象主要表现为公共性不足和规范性不足。

1. 公共性不足

服务不仅是一种商品，某些服务业在一定程度上还具有公共产品的性质，也即某些服务具有普惠性和社会性。现在的服务业通过与互联网技术结合能够有效地提升服务效率和客户满意度，但是却忽略了老年人口及低学历群体的服务需求。在使用互联网提供产品与服务的同时，不能因为互联网技术而对某些群体设置使用门槛，降低这些群体的服务体验。

2. 规范性不足

服务业的另一个问题在于法律救济渠道不畅，违约行为得不到纠正，受损失者得不到赔偿，导致假冒伪劣产品横行。例如上文讲述的互联网 App 利用先进的大数据等技术收集个人敏感信息并通过贩卖个人信息获利，我国在较长的一段时间内并没有出台针对性的法律来保护个人隐私。此外，部分 App 通过霸王条款强制要求用户必须同意 App 收集个人信息才能使用 App 服务，或者通过复杂的术语来迫使用户忽略 App 提出的各种条款，最终导致个人信息被 App 侵权后无法通过法律途径来维护自身的合法权益。大量的互联网平台在风险承担和法律责任上处于模糊状态，既不对产品质量负责，也不具备居间的法律地位，消费者权益一旦受到侵害，通过法律渠道挽回损失十分困难。

（四）未来发展方向

整体来看，我国服务业未来依然处于持续向好的阶段，人民对服务业的需求与日俱增。但从结构上看，我国服务业高端供应短缺；从内容上看，我国服务业在资本泡沫的驱使下过度追求短期利益而忽略了用户需求。这种罔顾服务业长期健康发展而一心追求短期高额利润的做法势必会在将来某个时刻自食其果，因此我国服务业亟须用异度均衡思维进行整治，重点提高服务业的公共性和规范性，否则过度逐利将对服务业的长期健康发展构成巨大威胁和挑战。

服务业的底层逻辑是为人们提供更好的服务，虽然逐利是资本的天然属性，但是服务业需要平衡好客户与资本的需求，更要平衡好当下与未来的需求。

1. 加强立法，保护个人权益

针对目前互联网行业普遍存在的强制获取个人信息的霸王条款以及大数据杀熟现象，要制定对标的法律法规，推动服务业回归到如何更好服务于人。优化司法资源配置，使消费者遭受侵权时能够得到有效的法律援助。2021年8月我国颁布的《个人信息保护法》是个人信息保护的一个重要里程碑，该法对于个人信息的定义以及各种侵犯个人信息的方式进行了明确的界定。然而目前新技术迭代速度较快，大数据、云计算、人工智能等快速运用在各行各业，很多互联网平台借助新的技术绕过监管的做法比较隐蔽，因此需要我国相关司法机构能够根据市场需求和技术变化及时更新相关内容。

2. 大力发展高端服务业

目前我国商品进出口整体呈现顺差，但是服务贸易呈现逆差，尤其是一些高端的服务贸易领域比较依赖欧美等发达国家。因此我国应该大力发展高端服务业，在扭转服务贸易逆差的同时，培育自己的高端服务业。实际上，服务贸易并非单独存在的，服务贸易通常与商品贸易相伴，例如国际运输、国际保险和再保险、国际咨询服务、国际租赁等。根据《蒙特利尔议定书》，服务贸易必须具备四个条件：服务和支付的跨境流动、交易的不连续性、有限的服务时间和目的具体性。然而，我国目前尚不具备资金自由跨境流动的体系，这导致我国的国际商品贸易进出口中需要的服务贸易只能外包给海外其他国家或地区。因此，我国可以选择在自贸区打通服务和支付的跨境流动，并依托我们每年的商品进出口贸易来拓展服务贸易的产值。根据 2019 年的服务贸易数据，假设在未来我国服务贸易实现收支平衡，则可以带来 1 807 亿美元的增加值，换算成商品贸易为 7 228 亿美元，是 2018 年我国贸易顺差的两倍。

3. 服务业要兼顾不同群体的需求

虽然我国网民数量逐年增多，但是目前还有很多群体对互联网操作较为陌生，因此现代服务业在借助互联网来优化其服务和体验的同时，要考虑老年人以及低学历群体的相关需求。既要推陈出新不断提升服务的运营效率，又要根据不同群体的需求适当保留传统服务模式。同时需要时刻谨记服务业的本质是服务人，在一定程度上具有公共产品的性质，这也应该成为监管部门制定监管措施确保服务业长期健康发展的依据和核心。

4. **区分资本的性质与功能**

资本的逐利性虽然没有错，但是因追求更高的资本估值和财务指标而忽略服务对象的需求，就会促使服务业脱离服务的本质。流向服务业的资本有两个功能，第一个是通过资本的持续投入提升服务业的运营效率，进而能够为资本提供合理的投资回报率；第二个是促使服务业公平公正地对待每一个客户，为客户提供优质的服务。其中商业资本会更加注重效率，公共资本则更加注重公平，因此需要区分资本的性质与功能，对教育、医疗等涉及居民基本生活保障的服务业要严格限制商业资本的介入，通过公共资本的持续投入来降低资本泡沫化风险，引导资本更好地为居民提供优质的服务。另外，对金融、快递等服务业要鼓励商业资本的持续投入，适当调整公共资本的介入力度，以平衡这些服务业的运营效率与服务质量。

六、异度均衡的评价模式

异度均衡理论除了具有理论创新价值外，本身也是一种科学的经济价值评价工具。异度均衡理论提出了有限理性的假设，通过计算理性、公平的经济运行均衡区间，构建客观评价经济活动的重要坐标。

现行的评价模型大都建立在当下经济的现金流基础上，没有体现完全成本，忽略了经济活动在时间与空间两个维度上对未来成本的影响。所以，异度均衡的评价模式更准确，更符合经济的本义。

（一）以任期公平评价为例

任期公平是重要的经济观念，实现任期公平的研究却不曾提升到理论层面。异度均衡为解决这一难题提供了理论方向和可操作的方法，那就是政府在任期内配置和使用实际经济资源和行政资源的行为都应当建立在异度均衡的基础上，不仅要考虑任期内显性的社会收益和损耗，更要考虑隐性的社会收益和损耗，以及未来的社会收益和损耗。异度均衡理论通过衡量社会总收益和总损耗对任期内政府的绩效进行评估，从一个全新的角度来研究任期公平问题。

任期公平是一个道德选择的困局，也是一个行为经济学的问题。如何实现任期公平，使在任者的施政或管理行为受到适当的约束？对于不同的社会主体而言，到底多久的任期是合理的？这些需要深入的实证研究，而这种深入研究只有建立在异度均衡理论的基础上，才会有可行的通道。

任期的长短不仅影响着领导层的工作状态和稳定性，还影响未来的效益和成本。企业高管或政府高官在任期内采取激进的经营和执政方式十分常见，其实质就是将当期的风险损耗后移或平移，将未来的收益提前兑现。短期激进行为带来的收益虽是正面的，但这种正面影响并不具有长期性。在一片繁荣景象的背后，许多负面影响也会显现，例如杠杆过高、产能过剩、大量低效高污染企业、科技创新能力不足等。

因此，政府在任期内配置和使用实际经济资源和行政资源的行为都应当建立在异度均衡的基础上，不能只考虑任期内的社会总收益，同样要兼顾社会的总损耗。

（二）社会总收益及总损耗的核算范围

社会总收益是指政府在一定时期内为地方创造的财富和经济增长，以及当期的经济活动对未来的经济增长贡献。而社会总损耗是指政府在一定时期内为履行其职责，实现其执政目标，必须对政治、经济、文化与社会发展进行管理和投入的各种社会资源，以及由此引发的现今和未来一段时间对社会造成的额外负担和损失。两者的具体核算范围如下：

1. 社会总收益的核算

这里将社会总收益分为显性收益和隐性收益，其中隐性收益又包含了当期隐性收益和未来隐性收益。显性收益表示社会的直接财富收入，用政府的财政收入来衡量。隐性收益表示政府对社会经济发展的贡献，即社会经济的进步，用本年度的经济活动带来的 GDP 增量来衡量。需要特别说明的是，由于当前的经济活动在未来若干年都会为社会创造收益，因此这里将隐性收益分为当期隐性收益和未来隐性收益，其中当期隐性收益表示当期的经济活动给本期带来的 GDP 增量，未来隐性收益表示当期的经济活动给未来各年带来的 GDP 增量的总和。

2. 社会总损耗的核算

社会总损耗同样分为显性损耗和隐性损耗。隐性损耗包括当期隐性损耗和未来隐性损耗。显性损耗表示社会消耗的直接成本，用政府的财政支出来衡量。当期隐性损耗则包含了资源损耗、生态环境损耗和社会民生损耗。在资源损耗的核算上，只针对具有代表性的土地资源和矿产资源的损耗成本进行计算。

在对生态环境损耗的核算上，主要对广义的环境经济内容进行计算，即对生态环境的各部分损失进行计算。但由于数据、核算方法等一系列条件的限制，对生态环境成本的核算只能进行简化。这里分别在核算项目和数据结构上进行了简化，把重点放在环境损失的核算中。对环境损失的核算，只核算环境污染，而未考虑生态破坏的成本。对环境污染的核算采用虚拟治理成本的计算方法。虚拟治理成本是指目前排放到环境中的污染物按照现行的治理技术和水平全部治理所需要的支出，包括对大气污染、水污染、固体废弃物污染的实物量和价值量，以及二者综合的核算。这里采用治理成本法核算虚拟治理成本，这一方法的具体思路是：假设所有污染物都得到治理，则当年的环境退化不会发生。从数值上看，虚拟治理成本是环境退化价值的一种下限核算。在核算数据方面，选取污染物的排放量作为环境污染实物量核算的数据，选取污染物的治理成本作为环境污染价值量的核算数据，即假设对所有排放的污染均给予治理。

在对社会民生损耗的核算上，主要计算地区居民生活成本的总增加量，包括居民的日常生活、教育、医疗及住房成本等。

未来隐性损耗主要指政府的当期行为对未来可能造成的风险，由于未来的成本很大程度上受当下决策的影响，因此假定未来第 t 年的隐性损耗会在当期隐性损耗的基础上波动。

（三）模型构建

基于异度均衡理论，可以构建任期决策问题的社会总收益-总损耗比值的数学模型，具体如下：

$$社会总收益-总损耗比 = \frac{社会总收益}{社会总损耗} = \frac{显性收益+隐性收益}{显性损耗+隐性损耗}$$

$$\varepsilon = \frac{Revenue}{Cost} = \frac{R_d + R_I}{C_d + C_I}$$

$$\varepsilon = \frac{R}{C} = \frac{R_d + R_I}{C_d + C_o + \frac{\beta \times t}{(1+r)^{t/2}}}$$

采用的主要符号及说明如下：R_d 表示社会显性收益，R_l 表示社会隐性收益，C_d 表示社会显性损耗，C_l 表示社会隐性损耗，C_0 表示社会当期的隐性损耗，β 代表未来 t 年内每年的平均隐性损耗，$\beta \times t$ 则表示未来 t 年内总的隐性损耗，$\beta \times t/(1+r)^{t/2}$ 为未来 t 年内总的隐性损耗对当前损耗的折现。由于模型中是对 t 年内的总损耗折现，为了方便计算，将折现的年限定为 $t/2$ 年。

需要特别说明的是，模型中 β 为随机变量，其概率密度函数 pdf 和概率分布函数 cdf 分别为 $f(x)$ 和 $F(x)$。

上式中，社会总收益和总损耗主要受到任期内政府的财政支出决策影响，根据相关研究，无论政府的财政支出决策偏向工业、基建，还是偏向民生、保障，其产生的社会隐性成本都会比较大（见图7.1）。因此，根据异度均衡理论，任期内政府应该合理制定支出决策，保证社会总收益与总损耗的比值在均衡点 1 附近。

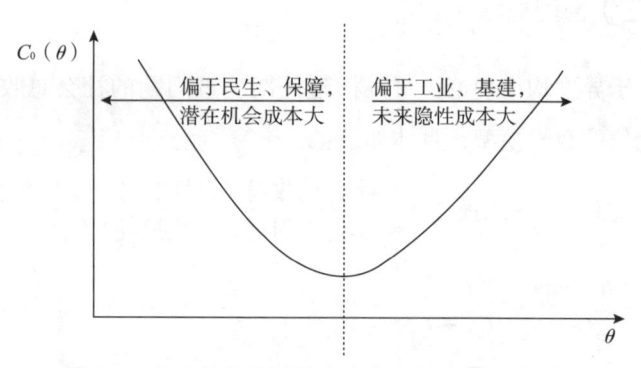

图7.1　社会总损耗随投资支出比例的变化示意图

（四）计算结果分析

通过 X 市近年社会总收益和社会总损耗的对比情况，可得 X 市近年社会总收益与社会总损耗比值的情况。如表 7.1 所示：

表 7.1　X 市近年社会总收益/社会总损耗情况统计

年份	2013	2014	2015	2016	2017	2018
社会总收益/社会总损耗（不考虑未来损益 $t=0$）	0.936	0.975	0.950	0.975	1.007	0.984
社会总收益/社会总损耗（考虑未来 $t=1$）	0.994	1.028	1.000	1.034	1.074	1.059
社会总收益/社会总损耗（考虑未来 $t=2$）	1.015	1.045	1.017	1.053	1.097	1.087
社会总收益/社会总损耗（考虑未来 $t=3$）	1.017	1.045	1.019	1.054	1.100	1.094
社会总收益/社会总损耗（考虑未来 $t=4$）	1.010	1.037	1.012	1.046	1.092	1.089
社会总收益/社会总损耗（考虑未来 $t=5$）	0.998	1.024	1.000	1.033	1.079	1.078
社会总收益/社会总损耗（考虑未来 $t=6$）	0.984	1.009	0.986	1.017	1.064	1.064
社会总收益/社会总损耗（考虑未来 $t=7$）	0.968	1.992	0.971	1.001	1.046	1.048
社会总收益/社会总损耗（考虑未来 $t=8$）	0.952	1.976	0.955	1.984	1.029	1.032
社会总收益/社会总损耗（考虑未来 $t=9$）	0.936	1.959	0.940	1.967	1.012	1.015
社会总收益/社会总损耗（考虑未来 $t=10$）	0.921	1.943	0.924	1.950	1.995	1.999

根据表 7.1 可得图 7.2。

分析图 7.2 可知，整体上看，随着未来隐性收益和损耗的年限延长，X 市的社会总收益与社会总损耗的比值呈现先升后降的趋势，先是大于 1，然后小于 1。这是因为从短期来看，X 市的社会总收益的增加幅度要大于社会总损耗的增加幅度。从长期来看，社会总收益的增加幅度逐渐放缓，而社会总损耗的增加幅度逐渐加大，社会总损耗会慢慢超过总收益，总收益与总损耗的比值就会逐

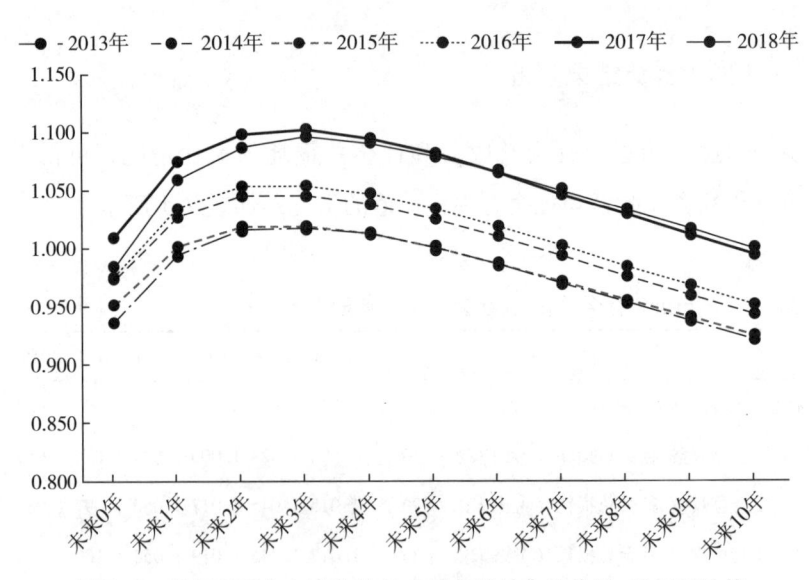

图7.2 考虑不同未来风险的 X 市近年的社会总收益-总损耗比值

渐小于1。对比各年份数据可以发现，2013年X市的社会收益损耗比在考虑未来5年的情况下就小于1了，而最近的2017和2018年，社会收益损耗比在考虑未来10年的情况下才出现小于1的情况。这也与近几年国家调整投资结构，提倡可持续发展有关。

虽然上述分析是基于某一个地区的数据进行的，但也在一定程度上反映了中国大部分地方政府在决策时存在的一个共性问题，即公共决策的短期激进问题，忽略了当前决策带给未来的风险（损耗），造成这一现象的重要原因是任期公平失衡。

由于中国并未采用严格的任期制度，随时可能调整官员所任职务。处于考核压力下，官员一旦接任新职，便得逐渐加码创造政绩。由于缺乏任期保障，造成官员决策多以当前的政绩为导向，透支未来收益，后移当期风险，忽视地方社会及经济的可持续发展。从图7.2可以看出，若只考虑未来2至4年的社会隐性收益和损耗，X市的社会总收益与社会总损耗比是大于1的，基本能达到异度均衡的要求。但若考虑的未来年限稍微延长，收益损耗比就逐渐小于1，不满足异度均衡的要求。这也从另一个角度说明了中国地方官员的决策视野基本在3年左右，与当前中国地方官员平均3年左右的任期大致吻合。

第八章　异度均衡拐点测算实例及其预警功能

均衡被打破时，经济事物朝向不同方向发展，然后达成新的均衡。这个向不同方向发展的起点就是经济学中常说的拐点。不同的拐点预示着不同的未来，异度均衡理论在计算和结构分析的基础上，寻找这样的拐点，用以预警未来，这就是异度均衡模型的预警功能。

凯文·凯利在《失控》一书中引用了生态学家博格斯关于生态系统均衡的表述，"均衡态不仅意味着死亡，它本身就是死亡状态"。笔者认为，与其说均衡即死亡，不如说均衡是瞬间即逝的合理，打破均衡即发展，并且这里存在一个可以预判的拐点，可以提前预警。

预警要提供两个基本信息，一是总损耗是否超过经济主体的承受能力；二是在全部的损耗敞口中，有多少损耗是隐形的，实际上无人承担。预警不仅是一种技术，也是一种思维方式，即任何事物的未来都处于不确定性的波动曲线中，在经济上呈现两方面的价值特点，一方面是收益，另一方面是损耗，犹如硬币的两面。

通过对异度均衡拐点的计算，就可以确定当前经济活动的总损耗是否超过总收益，从而预测未来的趋势并评价当前经济活动的合理性。

下面重点介绍系统性风险预警拐点、中国债务拐点、实体经济与虚拟经济的黄金比例、公平指数与贫富差距、企业规模拐点、城市发展拐点等，虽然这些拐点研究并不都是直接运用异度均衡模型进行计算，但都是运用异度均衡理论在收益与风险之间寻找合理区间的有益探索。

一、系统性风险预警拐点

亚洲金融危机、美国金融危机、欧洲债务危机之后，系统性金融风险在全球风险治理的研究中越来越受到关注和重视。在我国经济高速发展的过程中，逐渐产生资产价格泡沫，泡沫在资本逐利性的驱使下通过金融杠杆加速积累。而资产价格的飙升又提高了杠杆率，泡沫和杠杆相互刺激，出现影子银行、房地产泡沫、企业高杠杆、政府过度负债等一系列问题。

在系统性风险的相关议题上，目前仍有很多问题亟待明确。例如，我国当前的系统性风险究竟处于何种水平？这一水平是否已经触及发生系统性风险的范围？系统性风险的拐点在哪？系统性风险在国民经济各部门之间是如何传导作用的？外部冲击对内生的系统性风险有何影响？如何建立可持续监测的预警体系？应当采取怎样的监管措施？这一系列问题都需要科学、严谨、量化的分析和解答。

（一）从明斯基理论到系统性风险拐点理论

选择明斯基理论作为系统性风险预警的理论起点，主要因为以下两点：一是2008年金融危机以后，明斯基的"金融不稳定假说"

已经成为研究系统性风险的主流理论框架；二是中美同为世界大国，且当今中国房地产过热、各类债务高企等现状与美国金融危机前的情况相似，因此曾精准预测美国金融危机的明斯基理论对研究中国的系统性风险有十分重要的借鉴意义。

"金融不稳定假说"是金融体系系统性风险评估的一种方法论。在该假说中，明斯基最早提及金融不稳定的本质，将金融与经济周期联系起来，强调信贷的顺周期特性对金融体系的冲击。该假说认为，在一个不受政策干预的自由资本主义金融体系内，信贷是顺周期的。在一个长期稳定的经济环境中，人们对未来的不确定性会降低，风险偏好会逐步上升。当经济处于上升阶段时，信贷会随着风险偏好的上升逐步扩张，最终导致过度负债；而当经济下行时，信贷便会紧缩。信贷的这种顺周期性行为导致了金融体系内生的不稳定，并最终酿成危机爆发。

与在"大萧条"中大展拳脚的凯恩斯不同，明斯基在美国金融危机前10多年就已经去世。危机的爆发使明斯基理论重新回到人们的视野，变得甚是流行，出现了把金融危机的关键特征同明斯基理论联系起来的"明斯基时刻"。一般认为，"明斯基时刻"对应的是明斯基"金融不稳定假说"中的危机状态，它指的是一个经济体的投机性融资活动与庞氏融资活动占比较高时，债务不断攀升，杠杆率大幅提高，金融体系进入不稳定状态，一旦资产价格持续上升的预期动摇，企业偿债能力受到质疑，无法继续偿还债务时，企业就只能变卖资产，从而导致资产价格的崩溃，进入去杠杆周期。根据经济单位的收入与债务关系，"明斯基时刻"到来之前一般会经历对冲性融资、投机性融资和庞氏融资三个阶段。在对冲性融资阶段，资产方的收益现金流既能满足负债方的利息支出，也能满足本金的支付；投机性融资债务人的资产方，其收益现金流只能满足利息支出；庞氏融资债务人的资产方收益，则连利息支付都不够，只能寄希望于资产升值，而泡沫的破裂则是由庞氏融资债务人被迫抛售资产引起的（见图8.1）。

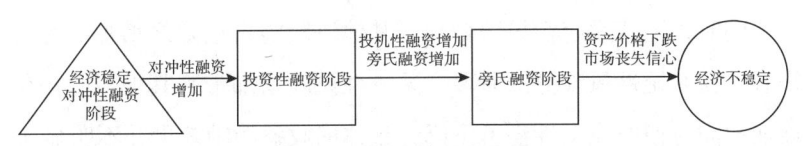

图 8.1 明斯基理论原理

明斯基理论是关于经济由稳定到不稳定演变阶段和动态机制的方法论研究，其内核是以"融资三分法"为分析工具的经济内生演进动态。"明斯基时刻"是对明斯基理论的部分解读，是经济在没有干预的情况下以稳定状态为起点演进的最终结果，并未嵌入动态机制。研究系统性风险的目的不仅是定位危机节点，也是明确危机之前从正常状态出发的系统性风险的动态演进路径，后者不仅有方法论的合理性，也更具有现实指导意义。因此，对系统性风险的科学研究理应抓住明斯基理论的内核，不应仅片面关注"明斯基时刻"，更应重视"明斯基时刻"之前的从正常状态到危机爆发的整个系统性风险的动态演进路径。

系统性风险具有风险的一般属性，其运行规律亦符合风险收益理论。风险收益是投资者冒着风险、牺牲当前的流动性进行投资而获得的超过货币时间价值的额外收益。风险、收益和流动性是风险收益理论的基本要素。可将风险的收益激励分为两部分，一部分为非流动性溢价，即低流动性要通过高收益来补偿；另一部分为其他风险溢价，即风险溢价中去除非流动性溢价的剩余部分，如违约风险等。

系统性风险的正常状态是风险分散阶段，即各种风险没有形成全局性的影响。此时系统性风险整体较小、经济相对稳定，经济活动中对冲性融资占主要部分。以此为起点，随着系统性风险增加，对冲型融资也会增加，由此带来的流动性使得非流动性溢价下降。与此同时，随着系统性风险增加，其他风险溢价也随之增加。综合来看，在系统性风险分散阶段，系统性风险增加带来其他风险溢价增加的同时使非流动性溢价下降，整体的收益激励效果并不明显。

随着经济活动中投机性融资和旁氏融资的增加，流动性减少，非流动性溢价相应增加。与此同时，其他风险溢价也随着投机性融资和庞氏融资的增加而增加。由于此时风险整体开始加大，其他风险溢价增幅也要大于分散阶段。两种正效应的叠加使系统性风险的收益激励必然增加，经济单位有充足的动力主动承担更多的系统性风险。系统性风险不断积累构成全局性影响，开始从分散到集中的逆向运动。

基于此，可以得出系统性风险的逆向运动原理（见图8.2）：系统性风险是一种不能完全消除的风险。在正常情况下，各种风险是相对分散的，没有构成全局性的影响，但在某种特定历史条件下，风险因素和各类实际风险会出现从分散到集中的逆向运动。当这种集中达到一定程度时，将构成全局性影响。当风险达到社会风险控制框架所不能承受的程度时，就会发生系统性危机。因此，从风险控制的原理出发，对系统性风险的管理控制及预警就是及时发现并阻止这种风险敞口的逆向运动。当风险的集中程度逐渐提高，越来越接近系统性危机时，应及早采取措施阻止或纠正逆向的风险运动。

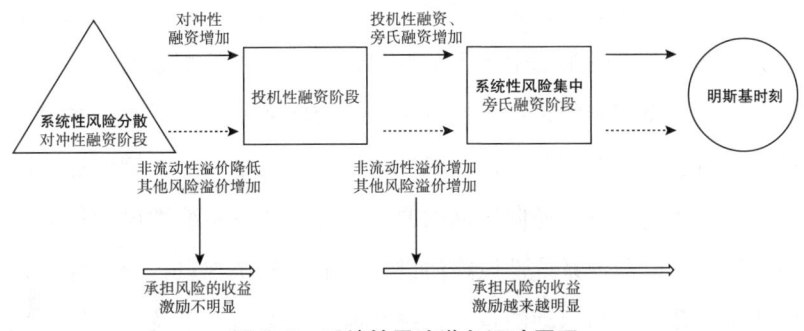

图 8.2　系统性风险逆向运动原理

任何事物都有从量变到质变、从渐变到突变的过程，系统性风险的发展变化也遵循此规律。在此过程中存在一个或若干个客观上的"拐点"，充分反映了系统性风险由相对安全到相对危险，再到危机爆发的本质变化。在经济学领域，拐点主要表述为一种趋势或状态的转变或转折。需要注意的是，拐点在数学领域和经济学领域的含义是不同的，数学领域的拐点指的是"曲线上凸与下凹"的分界点，经济学表达的是二阶导数为 0 的点。在合理的理论基础和经济运行逻辑上，运用数理、计量、建模等技术进行测算可以找到上述"拐点"，从而提前发出预警信号、采取应对措施，避免错失进行系统性风险决策和处置的最佳时机。

在系统性风险逆向运动路径上的第一个关键节点，是系统性风险开始从分散转向集中的点。在系统性风险开始逆向运动后，随着系统性风险在量上的累积，国民经济各部门产生和承担的风险并非按比例增加，而是在某些部门积聚。体量过大或发展速度过快的经济部门容易积聚系统性风险。同时，作为经济中枢的金融部门也因其在风险传染机制中的特殊地位，往往成为系统性风险的导火索：积聚在非金融部门的风险在达到一定水平后会溢出，并传至金融部门，而后经"金融加速器"放大，并再次通过其中枢地位传至国民经济各部门。这是第二个关键节点，即系统性风险积聚的点。在没有合适的阻断措施纠正系统性风险继续逆向运动的情况下，系统性风险会演进成极端情况，即系统性危机，这是第三个关键节点。因此，基于系统性风险逆向运动的原理，充分考虑系统性风险传染机制，我们可以发现系统性风险演进路径上有三个拐点，分别为：系统性风险开始逆向运动的点、系统性风险积聚的点以及系统性危机爆发的点。为方便行文，将其分别称为 A 点、B 点、C 点，三个点都可看作系统性风险发生阶段性质变的拐点，同时 C 点还有阈值性质，如图 8.3 所示。

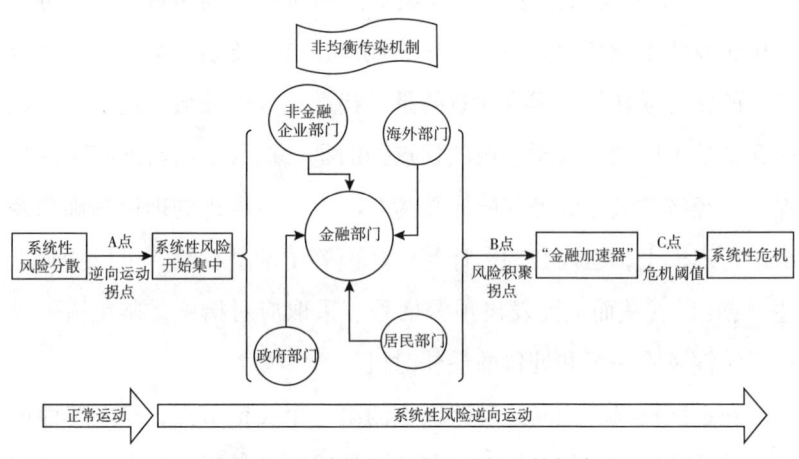

图 8.3 系统性风险演进路径上的拐点

（二）主要研究逻辑

1. 从"黑天鹅"到"灰犀牛"

目前国内外的许多研究都把系统性风险等同于金融危机，将其看作"黑天鹅"式的小概率突发事件。近年来，一些研究人员已经意识到系统性风险更像是"灰犀牛"式的大概率、大影响事件。例如，魏国雄（2010）、张晓朴（2010）等人指出系统性风险与金融危机既有联系，也有区别。他们认为系统性风险是一个连续变量，而金融危机是系统性风险的特殊阶段和特殊状态，当系统性风险达到一定程度时才可能演变成金融危机。应对系统性风险的观察视野从"黑天鹅"到"灰犀牛"的转变是系统性风险研究的重大进步，这使得通过对系统性风险的持续监管来预防金融危机成为可能。笔者通过对"黑天鹅"和"灰犀牛"背后的深层次问题进行研究，尝试建立系统性风险的预警体系，为建立有效的系统性风险防范机制提供理论基础和分析工具。

2. 从经济部门到整个经济体

从宏观视角将系统性风险定义为：经济体系在受到内部风险积聚和外生冲击的情况下，由于系统本身的结构性影响，导致冲击在系统内部传播扩大并最终导致系统功能部分或全部丧失的可能性。该定义强调了系统性风险的全面性和系统性，因此既要全面地对国民经济各部门的风险状况进行研究，也要系统地考察综合风险。在部门与整体的研究层次和顺序上，这里采用"从经济部门到整个经济体"的方法。具体逻辑切入点如下：

首先，从研究目的来说，不仅为了从整体上研究中国系统性风险演进路径和传染机制并建立适用于中国系统性风险的预警体系，也为了可以分开揭示经济各部门的系统性风险状况，生成分部门的风险指数，为经济各部门监管当局提供合理的政策建议。其次，从研究的创新点来看，国内外现有对系统性风险的研究，多是以金融部门的指标为核心，再从宏观经济的角度，主观选取若干指标作为控制变量进行研究。而本书的创新点之一在于把国民经济中的主要部门看成类似于企业部门的经济单位，按照相同的维度选取系统性风险特征指标，独立地研究各个部门的风险状况。

3. 从平衡的风险演进路径到非平衡的风险演进路径

现有的对系统性风险预警的研究多是以设定阈值的方法划定系统性风险的"安全区域"和"危险区域"，即假定风险的积聚和传染是平衡演进的。然而，这种"一刀切"的预警方法不管使用的模型多么精准，对防范系统性风险的作用都较为有限。原因在于现实世界中风险的运动往往是非平衡的，仅从平衡的角度去分析无法有效捕捉到风险演进真正的特征，因此也无法有效预警风险。由于这种预警体系只能告诉人们离系统性危机有多远，并不能告诉人们系统性风险下一步会如何发展，因此仅仅基于阈值的预警体系不能准确而有效地阻断系统性风险的传染和演进，不能真正起到预警作用。这里以传统的平衡风险演进路径为参照系，进一步分析非平衡的风险演进路径，得出中国系统性风险逆向运动路径上的三个拐点，使得对系统性风险的预警可以远远早于其真正到来之时就分阶段、分层次、分部门的开展，使预警体系真正起到对系统性风险逆向运动及时、准确的阻断作用。

4. 从内生机制到外生冲击

明斯基理论认为，经济从稳定到不稳定的动态机制内生于金融市场。本书在其基础上提出的风险逆向运动原理也假定系统性风险是内生的，即系统性风险的形成、传染、演进是国民经济各部门和整个系统相互影响、相互作用的内生动态过程。但是，在全球经济一体化和金融自由化不断推进的背景下，除了内生因素外，系统性风险在关键节点上往往还受到外生因素的冲击和催化。这里主要研究了宏观因素、基于行为经济学的心理因素及国际资本市场波动因素三种外生冲击对系统性风险的影响。系统性风险的内生机制和外生冲击相结合的研究逻辑使系统性风险的监管和预警更加全面、有效，对构建宏观审慎监管模式、提升系统整体稳定性、熨平经济周期波动的影响有着重要的现实意义。

（三）主要研究结论

1. 系统性风险逆向运动路径上存在三个拐点

本书通过因子分析法、逻辑回归法、指数法等计量方法对国民经济五个部门（金融部门、非金融企业部门、居民部门、政府部门和海外部门）及我国综合的系统性风险进行测度，形成了区间为0—1的系统性风险指数体系。利用生成的指数，通过构建拐点模型发现，在综合系统性风险指数达到0.388时，系统性风险开始逆向运动，表现为运动轨迹趋于集中，对经济全局产生影响，此为A点。随着系统性风险的增加，它在体量最大的非金融企业部门逐渐积聚，当综合系统性风险指数达到0.436后，系统性风险在非金融企业部门的积聚程度逐渐减弱，风险开始溢出。非金融企业部门溢出的系统性风险又传染到作为经济中枢的金融部门，综合系统性风险指数在达到0.459之后，系统性风险开始在金融部门逐渐积聚，此为B点。受"金融加速器"的作用，此时的系统性风险在本质上已经处于一个相对危险的状态，在没有合适的阻断和隔离措施下，系统性风险会快速向系统性危机演进，当综合系统性风险指数达到0.6时，研究团队预测会发生系统性危机，此为C点。该阈值在样本内对预测发生危机的识别准确率为87.50%，对预测不发生危机的识别准确率为89.03%。

2. 金融部门是系统性危机的导火索，但不是唯一源头

系统性风险与国民经济各部门都有联系。理论和实证研究表明，在国民经济五部门中，除了政府部门，其他部门的风险指数均会对综合系统性风险产生正向影响。政府部门在数据上的不显著，一种可能的解释是政府机构往往充当"最后贷款人"，对系统性风险有缓释作用。同时，系统性危机的判定条件除了上述综合系统性风险指数超过 C 点外，五个部门中部门风险指数超过部门阈值的个数大于等于 4 也是一种判定条件。而金融部门在系统性风险发展演进中地位凸显的原因，一是它在经济运行中的中枢地位，二是它"金融加速器"的作用。在对各部门系统性风险测度后发现，金融部门系统性风险指数并不是国民经济各部门中最高的，并且在危机案例中，其风险指数变动也不是最明显的。因此，如果只关注金融部门的系统性风险，往往会忽视真实的系统性风险状况。基于我国现实背景的研究和实证分析发现，在系统性风险演进路径上，非金融企业部门也会积聚系统性风险，并且在达到一定水平后，系统性风险会溢出并在金融部门积聚。

3. 系统性风险传染机制存在非平衡的演进路径

这里分别从空间和时间序列维度，使用中国数据实证分析系统性风险的传染机制。在空间序列维度，对分部门综合因子的相关性系数的分析发现，金融部门与其他部门的相关性最强。在时间序列维度，通过建立向量自回归动态模型，研究团队发现非金融企业部门和海外部门是金融部门的"格兰杰原因"，即前两个部门前期的变化能引起金融部门当期的变化。同时考察非金融企业部门、海外部门和金融部门之间的脉冲响应，发现非金融企业部门的冲击会在短期内引起金融部门波动，并且这种波动是持续的；海外部门的冲击在短期内对金融部门影响不大，但是金融部门的冲击会对海外部门造成正向影响。对动态脉冲响应进行方差分析，发现非金融企业部门对金融部门风险变化的贡献会随着时间的推移逐渐加强，在若干期后甚至会超过金融部门自身冲击的贡献，而非金融企业部门风险变化的贡献主要来自自身。海外部门对金融部门风险变化的贡献比起非金融企业部门要弱得多，而海外部门的风险变化有相当一部分来自金融部门的贡献。

4. 内生的系统性风险会受到外生冲击的影响

本书采用系统广义矩估计法分别从宏观因素、心理因素及国际资本市场波动因素三个方面研究系统性风险的外生冲击。通过实证分析，研究人员发现表征宏观因素的实际利率和沪深300指数、表征心理因素的消费者信心指数、表征国外资本市场波动情况的纳斯达克综合指数均与系统性风险指数呈负相关，这说明外生冲击的负向变化会增加系统性风险。但从回归系数的绝对值来看，外生冲击对系统性风险的影响要远小于系统性风险滞后项对其自身的影响，进一步论证了系统性风险主要来自内生的累积。研究的主要步骤如图8.4所示：

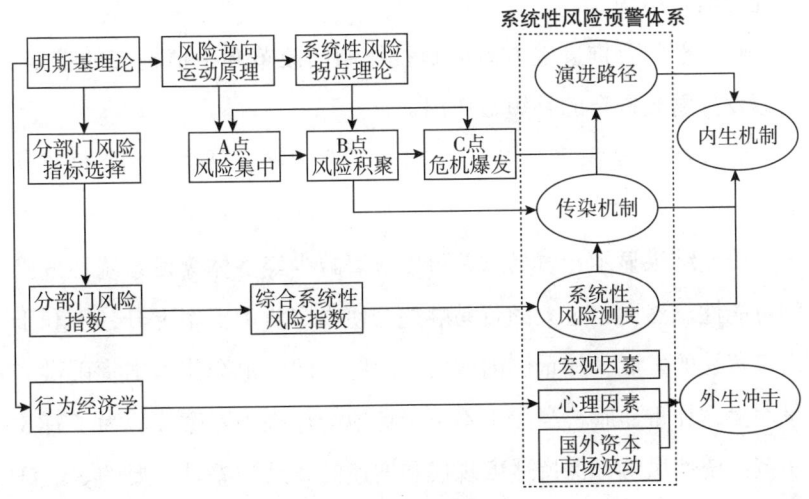

图8.4 研究步骤图

（四）主要启示

本节通过对系统性风险进行"从经济部门到整个经济体"的研究分析，从各经济部门的债务规模、偿债能力、融资模式的可持续性和部门杠杆率四个维度来全面考察系统性风险的特征指标，并综合考察了部门间系统性风险的传染性及整体系统性风险的演进路径，主要得到如下结论与启示：

1. 各部门的工作重点

金融部门要继续控制不良贷款率，保证银行存款的适度规模和稳定性；要坚定"去杠杆"，积极引导金融企业"脱虚向实"；还要注意加强监管协调，保持金融系统稳定。

非金融企业部门要"去杠杆"，同时要解决融资困难的问题，从而加快构建促进房地产市场健康发展的长效机制。

居民部门要关注其"隐性负债"，在提高居民可支配收入的同时优化消费结构。

政府部门要推进地方政府财税体制的改革和举债框架的设定，有效发挥财政资金的补短板作用。

海外部门要积极响应"一带一路"倡议，保持适度的贸易顺差。

研究结果显示，贸易顺差可以显著减少经济体爆发系统性危机的可能性。然而，过大的贸易顺差会使本国货币汇率上升，不利于出口贸易的发展，加重国内的失业问题，同时也会使本国货币供应量增大，加重通胀，当然也不可避免地会加剧国际摩擦。为了有效防范系统性风险，保持适度规模和增速的贸易顺差是必要的。经济体各部门应积极响应国家"一带一路"倡议的号召，加快由"贸易大国"向"贸易强国"的结构转化,从而维持可持续发展的贸易顺差。针对过程中可能出现的合规风险、国别风险、汇率风险以及经营风险等,各部门要加强风险管理建设。首先要加强金融沟通和合作,规避合规风险;其次要尝试完善国别风险评估和分析体系,规避国别风险;再次要设计多元化金融对冲产品,加强金融缓释作用。

2. 监管思路的改变:从微观审慎到宏观审慎

过去人们普遍认为,监管是微观层面的事情,只要对微观主体——金融机构,尤其是对具有系统重要性的金融机构采取合适的监管,就能有效防范系统性风险。然而,2008年美国次贷危机中,微观层面的机构依赖或缺乏宏观视角的监管框架,导致全球金融危机的蔓延。宏观审慎监管长期被金融机构及其监管机构忽视的做法带来了深刻教训。对系统性风险的监管和防范,不仅要重视不同风险点的状况,也要重视不同风险点之间系统性风险的传染性。因此,对系统性风险的全面防范要求监管应从微观层面上升到宏观层面,即在微观审慎监管层面的基础上,还要审慎地考虑宏观平衡和宏观稳定。

研究结果表明,系统性风险是在动态交叉传染中不断演进的。在空间序列维度,系统性风险在金融机构之间、金融部门与其他部门之间交叉传染;在时间序列维度,系统性风险对一个经济部门的冲击会在若干期后依然动态地影响着其他部门。所以宏观审慎监管机制的构建也应综合考虑来自这两个维度的因素。

在空间序列维度,宏观审慎监管要注意加强银行、证券、保险以及非银行金融机构之间的风险隔离,防范风险在金融机构之间蔓延;同时要提防系统性风险在某个经济部门的加速积聚,及时阻断经济部门间的非均衡传染，减少风险逆向运动。在时间序列维度，宏观审慎监管要考虑系统性风险的"顺周期性"，实施适当的"逆周期"操作。在操作工具上，实行可调节的资本充足率和资源的动态配置。在经济上行时，建立资本缓冲区，控制信贷规模，提高金融机构的储备规模，防止经济过热过快增长；在经济下行时，适度降低资金储备规模，加大对实体经济的支持力度，增加市场流动性，缓解经济持续下滑的恶性循环。同时，宏观审慎监管当局可以采取灵活的资本充足率标准，在不同经济时期，对资本规模、风险程度不同的金融机构要求不同的资本充足率，以降低周期性的影响。

需强调的是，在加强宏观审慎监管的同时不能放松微观审慎监管。系统性风险是积少成多，由量变到质变的过程。因此要将微观审慎监管与宏观审慎监管相结合，重点加强宏观审慎监管，建设适合中国国情的系统性风险防范体系。应重点关注以下几方面：

第一，宏观审慎的目标和架构需要不断更新和贴近现实情况。实体经济和虚拟经济瞬息万变，宏观审慎监管政策也需要对不断迭代更新的内外部环境进行相应的分析和调整，通过不断贴近现实，有效监管和控制系统性风险的积聚和传染，防止危机的爆发。第二，有效监管风险顺周期性的前提是要加快建立适合中国国情的经济周期识别和系统性风险预警体系。第三，结合微观审慎监管及个体之间的联系，完善宏观审慎监管工具。监管工具不是靠一两个政策就能有效体现其作用的，而是需要一系列有不同针对性的政策相互作用相互促进，才能发挥整个体系的效能。第四，有效的宏观审慎监管政策体系需要有适当的监管组织架构支撑，在不断完善体系的同时也要关注组织架构的建设。切实有效的组织架构和有法可依的保障能够促进宏观经济政策在各个部门得到有效实施。第五，宏观审慎监管体系需要有全局观和整体观，个体之间的高效信息共享和政策协调机制处于同等重要位置。

3. 避免系统性风险在时间和空间上的转移

防范系统性风险除了要进行准确测度和研究外，还要充分考虑风险承担问题。"明斯基时刻"的出现，归结起来就是整个社会风险承担的意愿萎缩，对市场和经济带来多重打击。因此，系统性风险控制的主题就是弄清社会上无人承担或者表面上有人承担而实际上无人承担的风险总量和结构，避免系统性风险发生时间和空间上的转移。要特别注意以下两种行为：

一是把风险转移当作风险承担。风险转移包括"表内到表外的转移"和"经济部门间的转移"。"表内到表外的转移"是指各经济体通过一系列操作把风险因子从资产负债表中转移出去。经济体的风险仍然存在，只是不在会计分录上体现，因而很难被统计到。比如，一些金融机构把不良资产转移到表外，虽然统计到的不良贷款率变低了，但系统性风险丝毫没有减少，反而因为表外风险不容易被监控增加了系统性风险。"经济部门间的转移"是指系统性风险广泛存在于国民经济各部门，又发生动态交叉传染，使风险相互转移。当系统性风险从一个经济部门转移到另一个经济部门时，积累在该经济部门的系统性风险从短期来看是减少了，但是整个社会的系统性风险并没有减少，反而会因为风险在某个经济部门的过度积聚造成全局性的危害。

二是短视行为。对各经济部门的考核多是基于管理者任期内的表现，因此容易产生"新官不理旧债"的短视行为。从系统性风险传染机制的时间序列维度来看，风险对一个经济部门的冲击在当期往往不会对其他经济部门造成实质性影响,一个经济体因短视行为产生的系统性风险在当期也不容易被发现。地方政府容易产生的短视行为主要表现在地方债务上。金融部门和企业也容易产生类似的短视行为,尤其是在中长期项目上。因此需要在经济社会中广泛建立起"责任终身制"的制度体系。

二、中国债务拐点

债务对经济增长有着重要影响。自20世纪80年代以来,以美国为代表的国家通过经济的金融化促使生产和消费全面举债,形成了债务驱动的经济增长模式——在经济增长的同时伴随着政府的财政赤字、企业债务、消费信贷和国际贸易赤字等指标的迅速上升。但如果经济体过于依赖债务,债务的增长大大超过经济活动本身的正常范围,也将带来严重后果。在债务驱动的经济增长模式下,由于投融资成本降低,各个社会主体部门都会加大投资力度,甚至包括那些本来处于衰退阶段、没有发展前景的部门,这就造成了结构性投资过热,甚至形成金融泡沫。各个不同主体的债务对于经济增长的影响也存在不同的作用机制。为此,确有必要对中国债务整体及分部门的情况进行研究。

(一)债务拐点的分析框架

债务是生产要素的一种,它对经济增量的效应遵循经济学领域的边际效应递减规律,这形成了债务拐点的经济学解释。

1. 债务的短期效应分析

从要素投入和短期生产过程看,债务遵循边际收益递减规律。

边际收益递减规律是以技术水平和其他生产要素的投入数量保持不变为前提的一种规律。从一个行业或经济体的债务角度看，将债务资金作为资源投入生产，单位债务资源投入对产品的产出效用是不断递减的。换言之，虽然其产出总量是递增的，但是其二阶导数为负，使得增长速度不断变慢，最终趋于峰值，并有可能衰退，即可变要素的边际产量会递减。如图 8.5 所示，产品产出总量（TU）随着生产要素（债务）投入的增加而增加，但增加得越来越慢；其本质是产品产出的增量（MU，即边际产量）是不断下降的，也就是边际收益递减，MU 呈现为一条向右下方倾斜（即斜率为负）的线。

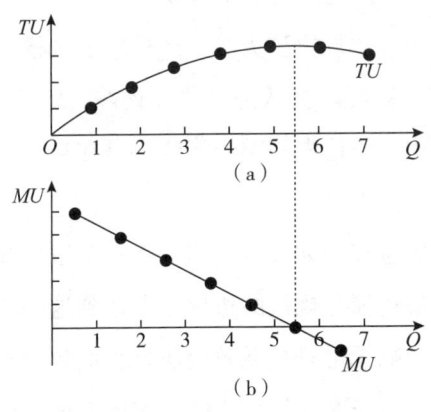

图 8.5　负债的短期效应

2. 债务的长期效应分析

从生产的长期效果看，债务作为生产要素，在假设其他条件没有变化的情况下，对产出的表现也遵从规模报酬递减规律。

当经济体从最初的小规模初创阶段开始快速增长时，它处在规模报酬递增阶段；在追逐利润、经济效益的驱动下，当经济体品尝到通过增加负债带动经济发展规模扩张的好处后，会继续扩大负债要素的投入，此时经济体的整体收益慢慢进入规模报酬不变的阶段；如过分追求经济规模效益，不断增加债务投入，继续扩大经济规模，就有可能进入规模报酬递减阶段。

从边际收益递减规律和规模报酬的关系看，边际收益递减（又称边际产量递减）指在短期生产过程中，在其他投入量不变的情况下，随着同种生产要素的投入增加，每一生产要素所生产的产品数量是递减的。可以用此公式表示：$Y=f(L)$，其中$f''<0$。

规模报酬递减是指总产量的增长比例小于要素投入的增长比例。简单的表达方式是经典的柯布-道格拉斯生产函数，也就是$Y=AK^{\alpha}L^{\beta}$。当$\alpha+\beta<1$时，规模报酬是递减的。

在某一类经济实体规模扩大时，产量增加规模小于资本等投入要素的增加规模，就可以被认为是收益递减，定义为规模不经济。在经济发展过程中，不论哪一类经济体都是在追求规模经济，避免规模不经济。

债务的短期效应和长期效应表明，就一个区域或国家的经济而言，存在着一个最优债务规模的边界。在达到这一边界之前，债务对于经济增长的影响无论是短期效应还是长期效应都是正向的。当超过这一边界后，债务对经济增长的影响就变成负向的。这一债务规模的边界就是债务拐点。

（二）不同主体的债务拐点分析

1. 中央政府债务

在中央政府债务方面，本书主要关注国债。相对于其他财政手段，国债具有一定的优势，特别是在经济衰退时期。实际的国民收入小于潜在的国民收入，政府将拥有很高的预算赤字。此时，如果政府采用发行国债的方法将居民储蓄转化为投资，那么既能弥补财政赤字，又可以避免因为增加税收而抑制经济增长。

不过，国债规模过高也会对经济增长带来潜在的负面影响。如果中央政府发行过多国债，有可能会影响长期实际利率进而挤占全社会投资。此外，过高的国债水平也可能会引发银行危机或货币危机，从而阻碍经济增长。

2. **地方政府债务**

地方政府债务对于经济增长的正效应体现在两个方面：一是发行债务是地方政府实施经济调控的重要工具和手段，二是地方政府发行债务也有利于提高地方政府公共产品和服务的供给水平。

不过地方政府债务过高也存在一定的负效应。一个区域的财政收入是一定的，当地方政府发行的债务超过地方财政的可承受程度时，就会导致地方政府面临巨大的偿债压力。很多地方政府甚至陷入偿债旋涡。除此之外，一旦地方财政出现债务危机，这种地方性的债务危机和财政危机往往会转移到国家财政，这就加重了中央政府的财政压力。

3. **企业债务**

企业是现代经济社会的重要组成部分，是社会中创造价值、满足市场需求的主要主体。企业债务主要服务于企业的生产和管理活动。必要的债务规模是支持企业正常经营的基础条件，也是保障我国宏观经济良性运行的必要条件。

如果企业债务过高，就会对经济造成非常负面的影响。企业债务过高意味着企业收入增速滞后于债务增速，形成企业的债务堆积，企业将会把更多的资金用于偿还债务，这就挤占了企业用于其他方面的资金，例如研发和战略并购，企业自主创新和转型升级的能力将会受到限制。当一个产业内,企业债务过高的现象非常普遍时,产业的整体研发和转型能力都将出现停滞。企业的高负债往往也会降低区域金融资源配置效率,因为很多企业的债务是面向银行的。若企业无法顺利还债会导致潜在的金融风险。

4. 金融业债务

这里主要考察以银行为代表的金融业。在整个经济运行中,银行作为资金流通的金融中介,往往会开发繁多的金融产品。银行的稳健经营对于国家金融体系乃至整个国民经济的平稳运行有着不可忽视的重要性。因此,银行债务将对经济增长产生重要影响。

银行业行使的是资金流通中信用中介的功能,而负债业务是银行业务中的基础业务。负债业务的规模和稳定性直接制约着银行资产业务和中间业务的规模及发展。因此,商业银行往往将负债结构作为银行风险管理的重点。合理的负债结构可以促进银行资产业务和中间业务的积极发展,为银行创造巨大的发展潜力。如果银行的债务过高或是债务结构不合理,这将在流动性上制约资产业务和中间业务,进而束缚商业银行的快速发展。银行债务过高,还将影响整个经济社会的稳定性。

5. 居民债务

居民债务指的是社会普通人群的家庭负债。适度的家庭负债可以平滑收入,个体可以在充分考虑自身偿债能力的前提下,提前消费一些大额商品,提高家庭的生活质量。过度负债则会造成家庭的财务压力,反而降低家庭生活质量。

除此以外,居民债务也具有显著的宏观意义。居民债务的迅速上升会带动中等收入家庭甚至低收入家庭的非理性消费。如果这一现象非常普遍,就会在特定区域内挤占其他商品的消费,损害产业的正常发展。过高的居民债务还会导致金融的系统性风险。如果居民债务水平高于一定比例，就有可能出现偿债困难，那些高负债的家庭将普遍出现还不起债的现象。此时，商业银行首当其冲，将面临承受大量坏账的风险。因此，居民债务对社会稳定、金融安全乃至整个宏观经济体系都有着重要影响。

6. 外债

外债是一个国家向外国居民、企业或政府的借债。适度的外债规模可以产生以下几个方面的积极效应：首先，外债是国内公债的替代品。其次，中长期外债一般投向一些基础设施的建设，这部分外债基本都会转化为国家的投资，进而积极影响国家的经济增长。另外，在很多情况下，国家在引进外债的同时，也会带来技术和创新的外溢效应，如带动研发活动，进而引起组织和制度上的革新，在促进就业与加强人才培训等方面有着积极影响。

不过外债过高，也会给国家带来较沉重的经济负担。同时，外债结构失衡，例如商业贷款比重过高或中短期外债比重过高，都会加剧外债风险，减缓经济增长。

（三）主要结论与启示

1. 在宏观经济层面将债务规模控制作为工作重点，从整体上控制全社会债务水平

数据显示，中国全社会债务已经接近拐点，对债务规模的调整刻不容缓。有关部门应当采取多种措施对当前我国全社会的债务规模进行调整，使其长期收敛并稳定在最优水平上。这就意味着中国的全社会债务规模要与经济增长的表现相适应，使债务的增长速度和经济宏观指标的变动速度保持协调。对于已经发生的债务，应当通过缓慢吸收的方式逐步缓解债务还款付息压力，直至经济主体运行稳健。

2. 正确定位政府在经济增长中的作用和角色，加强政府债务管理

当前，我国面临着严峻的外部发展环境，国内的消费市场、民间投资、劳动力市场也都面临着巨大的压力。在这种情况下，更要正确认识政府的功能和定位。在有效管理政府债务的同时，政府应当逐步提高我国财政透明度，提升政府资金使用效率。财政透明度是国家和政府制定宏观政策，尤其是财政政策的基础，同时也是分析政府负债情况、完善债务管理的基础条件。在未来的政府债务管理中，应当把提升财政透明度作为主要的工具和手段。积极借鉴并吸收国外政府提升财政透明度的经验和措施，逐步缩小与财政透明度国际标准的差距。财政透明度的提升也要求政府部门提升财政政策的科学性，避免过度举债。

3. 加强产业结构方面的全面调整，提升实体经济的发展潜力和空间

当前我国实体经济面临着复杂的发展局面，要从多个方面进行产业结构的调整。这主要体现在以下几点：第一，要重新认识行业过剩现象，以提高企业竞争力为目标解决产能过剩、结构陈旧等问题；第二，要把"僵尸企业"放到产业发展的战略层面，大力处置它们带来的系列问题；第三，要对不同行业采取不同的适用性政策，坚持因地制宜，杜绝"一刀切"。例如，要加快加强国有大中型钢铁企业所有制改革，鼓励有利于行业发展的兼并重组，支持企业引入新技术、新设备与高端人才，加强日常经营管理水平。

4. 积极推进银行业向"价值管理"转型,提升银行业的竞争力

价值管理是未来商业银行的发展方向。它不是一个虚无的概念,而是由银行方方面面具象化的特征所构筑。对中国银行业而言,有五方面内容尤为重要:一是实施轻资本发展业务的战略;二是强化内涵式的资本补充,保持规模有限增长;三是建立稳定的投资回报预期;四是优化股权结构,促进资本流转;五是以技术动力取代规模动力。

三、实体经济与虚拟经济的黄金比例

近期国务院多次召开会议,重申引导金融支持实体经济,处理好虚拟经济与实体经济的关系,使虚拟经济更好地促进实体经济发展。目前,经济领域学者对"虚拟经济在合理范围内能够有效推动实体经济发展,过度膨胀会危害到实体经济"的认识基本一致。但是到目前为止,中国没有形成实体经济与虚拟经济的比例标准和警戒线。

学术界和实际工作部门虽然经常提到虚拟经济膨胀会引发金融动荡,损害实体经济的发展,但对虚拟经济与实体经济的最优比例、上限比例的区间如何确定,以及我国目前虚拟经济存在的最优规模多大等问题尚未有学者进行深入研究。在系统研究我国政府、企业、个人等各类债务规模的基础上,对虚拟经济和实体经济协调发展的黄金比例和上限比例问题进行研究,具有较强的理论创新和现实指导意义。

本书在分析虚拟经济总量变化情况的基础上,以全要素生产率为标准,计算实体经济和虚拟经济的黄金比例,并以滤波分析和格兰杰因果检验为工具，分析哪些虚拟经济部门对实体经济（工业增加值）影响最大。研究显示，虚拟经济与实体经济的黄金比例为16∶7。自2009年开始，我国虚拟经济与实体经济的比例已经不在合理区间内，这有可能引发过度投机和金融泡沫，对经济增长产生负作用，因此经济结构改革势在必行。

研究还显示，当前股票市场、基金市场的短期波动，能够影响实体经济的短期发展，而期货市场、房地产市场、债券市场的长期波动对实体经济则有较明显的影响。

（一）实体经济和虚拟经济的现状

1. 实体经济和虚拟经济的概念界定

凯恩斯将实体经济界定为以货物和服务为形式的存在。随着经济学两分法的研究逐步深入，实体经济和虚拟经济的理论研究也在不断发展。

国内对虚拟经济的含义主要有两种理解，一种以成思危为代表，认为"虚拟经济是指与虚拟资本以金融系统为主要依托的循环运动有关的经济活动，简单地说就是直接以钱生钱的活动"。从这个定义来看，虚拟经济与金融部门的活动是一致的。另一种以刘骏民为代表，认为从理论上应该以是否与物质生产相关为标准划分虚拟经济和实体经济，与物质生产无关的活动就是虚拟经济，并提出了狭义和广义的虚拟经济。按照其定义，虚拟经济并不局限于金融部门，还包含除金融业之外的其他服务业领域。

从国外实务研究的角度看，近年来，美联储频繁使用"实体经济"这个词语，与之相关联的是经济中除去房地产市场和金融市场之外的部分。从美国经济数据的构成来看，国民经济核算存在两个体系，一个是物资资料和物质产品生产体系（MPS 体系），包括农业、工业和传统服务业，可以笼统地概括为"实体经济"；另一个是包括金融业、房地产业、现代金融服务业在内的体系（SNA 体系），也被称为"虚拟经济"。

根据我国实际，本书将虚拟经济范畴界定为以金融行业和房地产行业为主的经济活动，主要包括股票市场、债券市场、证券基金市场、期货市场和商品房销售市场等。

虚拟经济与实体经济的关系体现在三个方面。第一，虚拟经济以实体经济为基础。虚拟资本最初是从实体经济中的剩余资本转化而来的，而且实物资本或实体经济是虚拟资本存在的依托，是虚拟资本的利润源泉。第二，虚拟经济独立于实体经济之外，有自己独特的运动规律。第三，虚拟经济中的长期资本又会以某种方式与产业资本融合，以实体经济的形式存在。因此，虚拟经济的发展对实体经济而言是一把双刃剑。一方面，虚拟经济的发展可以为实体经济的融资提供便利，有利于促进资源的优化配置，从而促进经济效益的改善和产业结构的调整升级；另一方面，虚拟经济的发展容易产生泡沫经济，使经济发生动荡和危机的可能性加大。

2. 实体经济和虚拟经济的发展现状

从规模上看，2006 年之前，我国虚拟经济与 GDP、工业增加值呈相对协调的发展态势。而 2007 年后，虚拟经济规模开始加速上涨，远超 GDP 和工业增加值的发展规模（见图 8.6）。

对于虚拟经济与实体经济的内在比率关系，金融相关率（FIR）是国内外学者研究的重要指标。FIR 是指金融资产与实物资产在总量上的比值，即某一时点上现存金融资产总额与国民财富的比

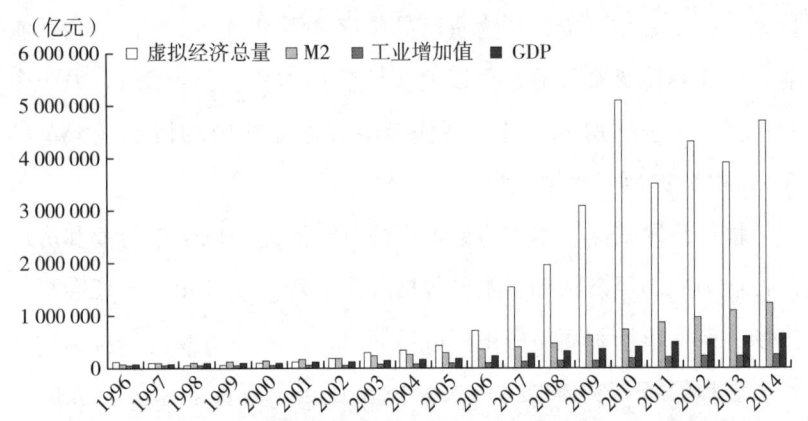

图 8.6　1996—2014 年我国虚拟经济的总量、M2、工业增加值与 GDP 发展规模
数据来源：国家统计局网站。

率。金融增长快于实物经济增长，金融相关率上升，但其上升不是无限制的。根据国外学者的研究，金融相关率在 1~1.5 这个区间就会趋于稳定。国内也有学者研究认为，我国金融相关率的上限在 2.5 左右。

在实际测算中，国内外学者多将 M2/GDP 作为金融相关率，虽然这与严格意义上的金融相关率（金融资产总额与国民财富之比）存在很大差异，但也有一定的代表性。从我国 1999 年以来金融相关率和工业增加值的变化趋势看，2009 年之前，金融相关率保持相对稳定，与工业增加值变化趋势基本保持一致；而 2010 年之后，金融相关率攀升而工业增加值增长率不断下行，形成"剪刀差"（见图 8.7）。

实际上，虚拟经济是实体经济发展到一定阶段的必然产物。一方面，实体经济的良性运转为虚拟经济的发展提供了坚实的支撑；另一方面，人类的发展和社会福利水平的提高最终取决于他创造和拥有的真实财富。因此，虚拟经济的稳定性是以虚拟资本能够最终

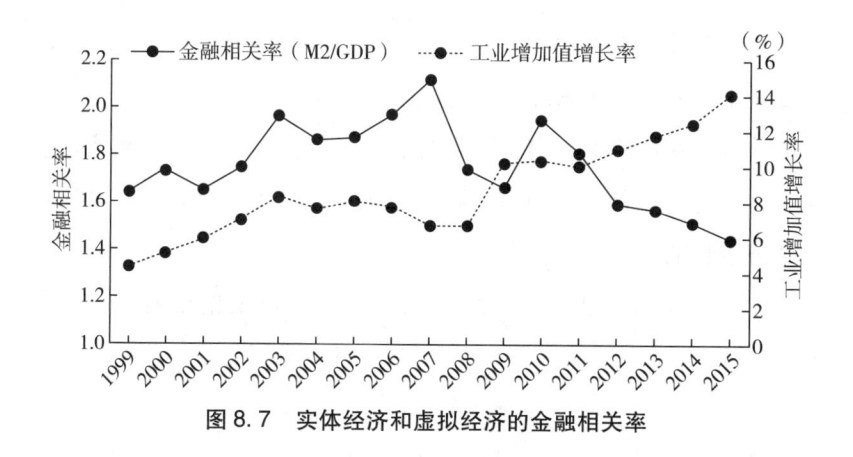

图 8.7 实体经济和虚拟经济的金融相关率

转化的真实社会财富为基础的。当实体经济和虚拟经济保持合理的发展速度和规模时,虚拟经济的发展将对实体经济的发展乃至一国的经济增长起到有力的促进作用。当虚拟经济的发展落后于实体经济时,便会产生金融抑制现象,导致资金的低效运用和市场分割,并进一步影响实体经济的发展。当虚拟经济脱离实体经济过度膨胀时,则会引发过度投机和金融泡沫。

（二）实体经济和虚拟经济的黄金比例

下面将以全要素生产率（TFP）为标准,计算实体经济和虚拟经济的黄金比例。

1. **全要素生产率的计算**

以索洛（1957）等为代表的新古典增长理论认为,经济增长可以通过两种途径来实现:一种是增加要素的投入,另一种是提高单位投入的产出效率。但长期来看,由于资本边际效益递减,仅仅依靠增加要素投入来推动经济增长是无法持续的。因此,一国经济的持续发展主要依靠提高技术水平来推动生产率的提高。

在衡量技术水平时，全要素生产率比单要素生产率更具优势。全要素生产率有三个来源：一是效率的改善，二是技术进步，三是规模效应。在计算上，它可以看成是除去劳动、资本、土地等要素投入之后的"余值"。下面研究中国经济全要素生产率的变化及其对经济增长的贡献。

模型假设，中国经济的生产函数符合柯布-道格拉斯生产函数模型：

$$Y_t = A_0 e^{ta} K^{a_K} L^{a_L}$$

A_0 代表技术，a_K、a_L 分别代表资本 K 和劳动 L 的产出弹性；当规模报酬不变时，$a_K + a_L = 1$，表明生产效率不会随着生产规模的扩大而提高，只有提高技术水平才能提高经济效益。

对上面等式两边取自然对数，得出下面等式：

$$\ln Y_t / L_t = \ln A_0 + ta + a_K \ln K_t / L_t \quad \text{（模型1）}$$

对于模型1，我们采用1991—2015年的GDP数据（亿元）作为衡量国民经济整体产出的指标，以历年社会劳动者人数（万人）作为衡量历年劳动投入量的指标，以资本存量数据（亿元）（该数据根据历年全社会固定投资完成额测算，按10年平均折旧，残值为0）作为衡量资本投入量的指标。对上述模型1进行回归分析，回归结果如表8.1所示：

表8.1 全要素生产率回归结果1

模型		非标准化系数		标准系数	t	Sig.	共线性统计量	
		B	标准误差	试用版			容差	VIF
1	（常量）	-1.121	0.015		-75.581	0.000		
	年	0.088	0.001	0.998	82.738	0.000	1.000	1.000

（续表）

模型		非标准化系数		标准系数	t	Sig.	共线性统计量	
		B	标准误差	试用版			容差	VIF
2	（常量）	-1.090	0.020		-53.772	0.000		
	年	0.079	0.004	0.896	18.249	0.000	0.052	19.123
	lnk/l	0.064	0.030	0.105	2.129	0.045	0.052	19.123

a. 因变量：lny/l

由上表可知，自变量之间存在共线性，且 $\ln K_t/L_t$ 的系数不尽合理。因此，去掉时间变量 t，回归模型变为：

$$\ln Y_t/L_t = \ln A_0 + a_K \ln K_t/L_t \quad \text{（模型 2）}$$

对模型 2 进行回归，回归结果如表 8.2 所示：

表 8.2　全要素生产率回归结果 2

模型		非标准化系数		标准系数	t	Sig.	共线性统计量	
		B	标准误差	试用版			容差	VIF
1	（常量）	-0.777	0.042		-18.297	0.000		
	lnk/l	0.594	0.027	0.977	22.144	0.000	1.000	1.000

a. 因变量：lny/l

由表 8.2 可见，该回归模型 $\ln K_t/L_t$ 的系数较为合理。

为了体现时间对全要素生产率的影响，用哑变量代替该时间变量 t，于是模型 1 变为：

$$\ln Y_t/L_t = \ln A_0 + aD_2 + a_K \ln K_t/L_t \quad \text{（模型 3）}$$

D_2（2000—2008）为哑变量。这是因为中国自 1978 年开始经济体制改革，在 1984 年进行以价格双轨制为特点的工业改革，在 20 世纪 90 年代进行住房改革，之后还加入了 WTO。这些改革和事件具有滞后效应，使得红利在2000—2008年陆续释放，此时国民经济整体产出明显增加。此外，从1991—2015年的国内生产总值也可看出其在2000—2008年的增长率呈递增趋势。

对上述改进的模型3进行回归，模型汇总和模型系数如表8.3、表8.4所示。显然，模型3效果更好，这更进一步说明2000—2008年的经济增长明显。

表8.3　全要素生产率回归结果3：模型汇总

模型	R	R^2	调整 R^2	标准估计的误差	德宾-沃森检验
1	0.977[a]	0.955	0.953	0.139776885517297	
2	0.990[b]	0.980	0.978	0.095914124091899	0.445

a. 预测变量：（常量），lnk/l

b. 预测变量：（常量），lnk/l，D2（2000—2008）

表8.4　全要素生产率回归结果3：模型系数

模型		非标准化系数 B	标准误差	标准系数 试用版	t	Sig.
1	（常量）	-0.777	0.042		-18.297	0.000
	lnk/l	0.594	0.027	0.977	22.144	0.000
2	（常量）	-0.861	0.033		-25.815	0.000
	lnk/l	0.602	0.018	0.990	32.586	0.000
	D2（2000-2008）	0.208	0.040	0.157	5.181	0.000

a. 因变量：lny/l

根据上述结果，得 $a_K = 0.602$，$a_L = 0.398$

进而根据公式 $TFP_t = Y_t / K^{a_K} L^{a_L}$ 计算 TFP_t，结果详见表8.5。

表8.5　全要素生产率计算结果

时间（年）	TFP	TFP 增长率	时间（年）	TFP	TFP 增长率
1991	0.319247		2004	0.527183	−1.205%
1992	0.362087	13.419%	2005	0.517078	−1.917%
1993	0.395325	9.179%	2006	0.515891	−0.230%
1994	0.42266	6.915%	2007	0.518802	0.564%
1995	0.435773	3.102%	2008	0.498868	−3.842%
1996	0.451748	3.666%	2009	0.468243	−6.139%
1997	0.469521	3.934%	2010	0.457842	−2.221%
1998	0.478294	1.869%	2011	0.440908	−3.699%
1999	0.495921	3.685%	2012	0.424646	−3.688%
2000	0.519057	4.665%	2013	0.405239	−4.570%
2001	0.522373	0.639%	2014	0.393236	−2.962%
2002	0.53111	1.673%	2015	0.384045	−2.337%
2003	0.533614	0.471%			

2. 全要素生产率的变化趋势

全要素生产率及其增长率随时间变化趋势如图 8.8 所示。可以看出，全要素生产率在 2003 年之前一直呈增长趋势，从 2004 年开始，基本处于下降趋势，只是在 2007 年稍有反弹后继续下降。

从全要素生产率的变化中可以总结出以下几点：

第一，资本投入的报酬率高于劳动投入的报酬率，一定程度上说明劳动力未能对中国经济增长充分发挥作用。

第二，从 2004 年起全要素生产率下降，且增长率由正转负，反映出生产要素投入的产出效率逐渐降低，说明此时中国经济的增长大量依赖资本、劳动力等要素的投入，是典型的投入型增长方式，而不是依靠技术进步来提高效率。

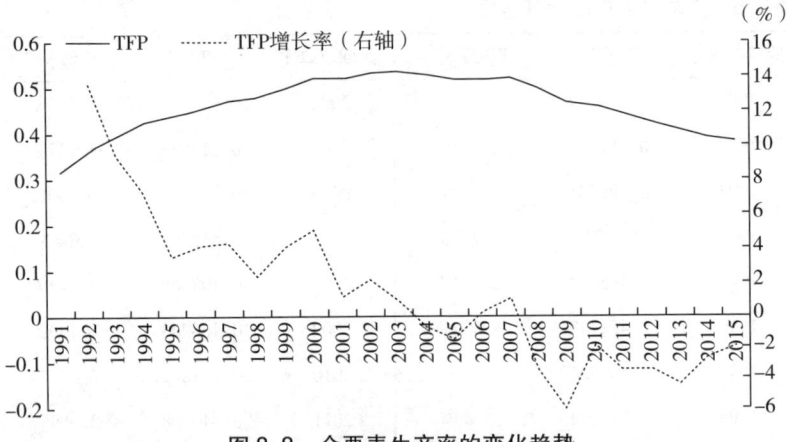

图 8.8 全要素生产率的变化趋势

第三，1978 年开始的中国经济体制改革、1984 年以价格双轨制为特点的工业改革、住房改革，以及加入 WTO 等因素带来的红利在 2000—2008 年释放，说明这些改革对中国经济产生了积极正面的影响。

第四，2008 年之后，改革红利效应趋减，大规模经济刺激导致产能过剩，对技术进步、组织创新、专业化和生产创新有挤出效应，导致全要素生产率下降。

我们进一步就 TFP 与经济增长之间的关系进行分析，得出以下结论（见表 8.6）：

第一，1996—2015 年的 TFP 先升后降，其间 TFP 年均增长率约为-7.8%，而同期产出的年平均增长率约为 134.53%，TFP 增长对产出增长的贡献率约为-5.8%。总体上，这期间生产率水平对产出增长并没有正面贡献，反而阻碍了经济增长。

第二，1996—1999 年的 TFP 增长对产出增长的贡献率约为 37.73%，2000—2003 年也达到近 9.7%。因此，1996—2003 年是中国经济 TFP 增长的黄金期，虽然 TFP 增长率很低，但也对产出增长作出了可观的贡献。这也充分说明，中国由计划经济向市场经济转变所做的一系列改革是卓有成效的。

第三，2004—2015 年的 TFP 持续下降，增长率为负；2004—2008 年的 TFP 增长对产出增长的贡献率约为 -10.52%，2009—2015 年约为 -35.15%，表明 TFP 负增长阻碍了经济增长，进一步说明资源配置不合理。

表 8.6 TFP 对经济增长的贡献分析

	1996—2015	其中			
		1996—1999	2000—2003	2004—2008	2009—2015
TFP 增长率	-7.80%	4.78%	1.39%	-2.72%	-9.44%
产出增长率	134.53%	12.66%	14.36%	25.88%	26.84%
TFP 增长对产出增长的贡献率	-5.80%	37.73%	9.70%	-10.52%	-35.15%

由此可见，中国 TFP 增长及其对经济增长贡献率较低甚至为负的原因，一方面在于技术进步率和技术效率低下，另一方面在于生产能力利用水平偏低。这也进一步说明，今后中国经济 TFP 增长对经济增长的贡献空间很大。

3. 虚拟经济与实体经济的黄金比例

这里，我们以虚拟经济总量代表虚拟经济的发展规模，以工业增加值代表实体经济的发展规模，研究虚拟经济总量与工业增加值之比对 TFP 的作用变化。回归结果如表 8.7 所示：

表 8.7 模型汇总和参数估计值

方程	模型汇总				参数估计值				
	R^2	F	df1	df2	Sig.	常数	b1	b2	b3
线性	0.373	10.110	1	17	0.005	0.515	−0.003		
对数	0.285	6.792	1	17	0.018	0.531	−0.024		
二次	0.378	4.870	2	16	0.022	0.519	−0.004	0.00004596	
三次	0.611	7.855	3	15	0.002	0.453	0.022	−0.002	0.00003985
幂	0.290	6.941	1	17	0.017	0.533	−0.053		
指数	0.371	10.008	1	17	0.006	0.515	−0.006		

因变量：TFP

自变量：虚拟/工业增加值

回归方程为：

$$y_t = 0.00004X_t^3 - 0.002X_t^2 + 0.021X_t + 0.453 + \varepsilon_t$$

根据上述公式，虚拟经济与实体经济对全要素生产率起促进作用的黄金比例为：$X=16.7$。黄金比例的模拟效果如图8.9所示。

当虚拟经济发展规模是实体经济工业增加值规模的16.7倍时，两者保持合理的发展速度和规模，此时，虚拟经济发展对全要素生产率具有正效应，虚拟经济发展将对实体经济发展和一国经济增长起到有力的促进作用。图8.10为1996—2014年虚拟经济与工业增加值的比例，在2008年该比例达到15.2，2009—2014年该比例远大于最佳黄金比例16.7，在2010年达到顶峰为31.3。这充分说明自2009年开始，虚拟经济与实体经济的比例已经不在合理区间内，虚拟经济脱离实体经济过度膨胀，有可能引发过度投机和金融泡沫，会对经济增长产生负作用，因此经济结构改革势在必行。

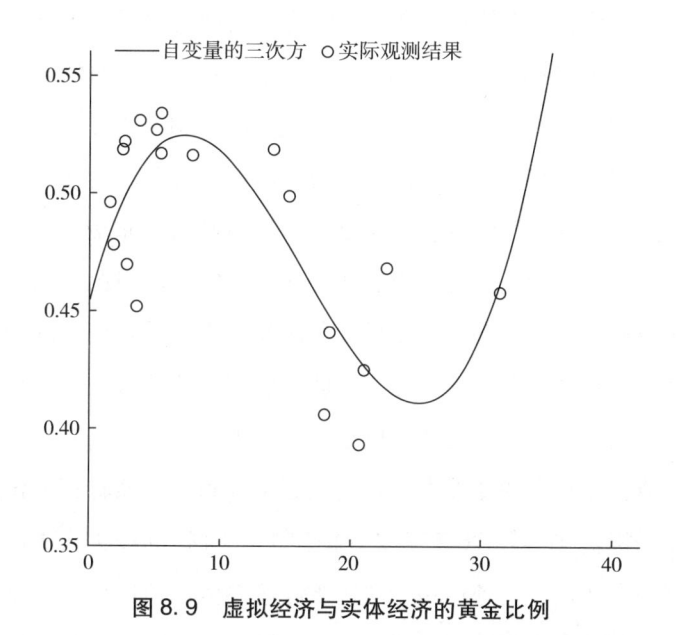

图 8.9 虚拟经济与实体经济的黄金比例

图 8.10 虚拟经济总量与工业增加值的比例

（三）实体经济与虚拟经济的格兰杰因果检验

1. 实体经济和虚拟经济的滤波分析

实体经济和虚拟经济的发展既受短期波动因素也受长期趋势因

素的影响。从我国实体经济和虚拟经济的发展情况看,主要的宏观经济变量,比如 GDP、经济增加值等都会围绕它们自身的确定性趋势发生周期性波动。同时,在微观虚拟经济部门层面,房地产市场、证券市场、基金市场、债券市场、期货市场等,其交易规模的变化虽然有一定程度的波动,但也不总是随机的,而是呈现一定的趋势性。所以,无论是在宏观层面考察经济的波动情况,还是在微观层面分析虚拟经济部门的交易变化情况,既要了解变量的趋势成分,又要了解其周期波动成分,这就需要用到滤波方法,将动态时间序列的趋势成分和周期波动成分分离出来。

目前,较常用的滤波方法是由霍德里克和普雷斯科特两位经济学家在分析美国经济景气程度时提出的,因此也被称为 HP 滤波法,这种方法被广泛地应用于对宏观经济趋势的研究中。它是一种时间序列在状态空间中的分析方法,相当于对波动方差的极小化,它把时间序列看作不同频率的成分的叠加。时间序列的 HP 滤波就是要在这些不同频率的成分中,分离出频率较高的成分,去掉频率较低的成分,即去掉长期的趋势项,对短期的随机波动项进行度量。

HP 滤波的原理可以表述为,假设经济时间序列为 $Y=\{y_1, y_2, \cdots, y_n\}$,趋势要素为 $G=\{g_1, g_2, \cdots, g_n\}$,短期波动要素为 $C=\{c_1, c_2, \cdots, c_n\}$。其中,$n$ 为样本的容量。因此,HP 滤波可以将 y_t($t=1, 2, \cdots, n$)分解为 $y_t=g_t+c_t$,其中,g_t 和 c_t 均为不可观测值。一般的,时间序列 Y 中不可观测部分趋势 G 常被定义为下面的最小化问题的解:

$$min\{\sum_{t=1}^{n}(y_t-g_t)^2+\lambda\sum_{t=1}^{n}(B(L)g_t)^2\}$$

其中，B(L)是延迟算子多项式，$B(L)=(L^{-1}-1)-(1-L)$。

将延迟算子 B(L)代入最小化问题，则 HP 滤波的问题就是使下面的损失函数最小，即

$$min\{\sum_{t=1}^{n}(y_t-g_t)^2+\lambda\sum_{t=1}^{n}[(g_{t+1}-g_t)-(g_t-g_{t-1})]^2\}$$

对上式损失函数的 y_1，y_2，…，y_n 进行一阶求导，并令导数为 0，便可得到趋势序列 y_n。进行 HP 滤波后，其短期波动之和为 0，即 $\sum_{t=1}^{n}c_t=0$。以上的最小化问题是用 $\lambda\sum_{t=2}^{n}(B(L)g_t)^2$ 来调整趋势的变化，并且，$\lambda\sum_{t=1}^{n}(B(L)g_t)^2$ 的取值随着 λ 的增大而增大。不同的 λ 值决定了不同的随机波动方式和不同的平滑程度。当 λ=0 时，有 $g_t=y_t$，满足最小化问题的趋势等于序列 Y。随着 λ→∞ 的增加，估计的趋势越光滑；当 λ→∞ 时，估计的趋势也就接近线性函数。这时，HP 滤波就退化为用最小二乘法估计趋势。

变量经过 HP 分解后，可以得到每一个变量的趋势成分和波动成分。其中，变量工业增加值经过 HP 分解后的趋势成分可以看作我国实体经济的潜在增长率，反映实体经济在较长时期内的增长潜能与变化方向（相对平缓），所以其变化方向的调整也可以被看作经济大周期的体现。而周期波动成分反映的实际增长率和潜在增长率之间的差额，即由于宏观经济内在或者外在环境变化的各种冲击带来的实体经济增长的短期波动，具有及时性特征，其变化方向的调整可以看作实体经济小周期的调整。相应的，对于虚拟经济、工业增加值、股票交易等指标，经过 HP 滤波分解，可以得到趋势成分和波动成分，分别代表虚拟经济、全要素生产率，以及各虚拟经济部门的长期趋势和短期内的波动幅度。

对于虚拟经济部门而言，趋势成分更能表明市场的机制建设和发展规模的趋势性发展特征，而波动成分更能表明短期市场的投资、投机行为。

经过 HP 滤波分解后，可以得到所有变量时间序列数据的趋势成分和短期波动成分序列。例如，工业增加值增长率可以分为趋势成分 T_GY，（变量前的 T 表示趋势成分）和短期波动成分 C_GY（变量前的 C 表示短期波动成分）。

由于采集的都是时间序列数据，并且要以动态时间序列模型作为分析基础，因此在进行深入的模型分析之前，需要对各变量进行平稳性检验，检测其是否存在单位根或是同阶单整。对各趋势变量和短期波动变量采用单位根检验，即 ADF 检验的结果如表 8.8 所示。

表 8.8 单位根检验结果

变量	方程参数	ADF 值	置信区间（单位是%）
工业增加值	T_GY	(0, 0, 1)	−1.734424	90
	C_GY	(1, 1, 1)	−3.850451	99
TFP	T_TFP	(0, 0, 3)	−4.779547	95
	C_TFP	(0, 0, 0)	−2.307865	95
虚拟经济总量	T_XN	(1, 1, 1)	−1.054487	—
	△(T_XN)	(0, 0, 1)	−3.833167	95
	C_XN	(0, 0, 0)	−4.731076	95
债券交易	T_SPF	(0, 0, 1)	0.551812	—
	△(T_SPF)	(1, 1, 1)	−16.99257	99
	C_ZZ	(0, 0, 0)	−3.367211	95

(续表)

变量		方程参数	ADF 值	置信区间(单位是%)
房地产	T_SPF	(0, 0, 1)	−5.852230	99
	C_SPF	(0, 0, 2)	−3.759439	95
期货交易	T_QH	(1, 1, 1)	−3.430519	99
	C_QH	(0, 0, 1)	−3.330019	95
基金交易	T_JJ	(0, 0, 1)	−2.474125	95
	C_JJ	(0, 0, 0)	−2.474125	95
股票交易	T_GP	(1, 1, 1)	−3.324769	99
	C_GP	(0, 0, 0)	−4.792459	99

注：△表示对变量进行一阶差分；方程中的三个参数分别表示单位根检验方程常数项c、时间趋势t和滞后的阶数，0表示不包括c或t，加入滞后项是为了使残差项为白噪声。

2. 长期趋势和短期波动的协整分析

首先，考察工业增加值与虚拟经济之间变化趋势的关系。根据以上理论与数据分析，建立以各变量趋势成分为基础的协整分析。在各个变量之间最大滞后期为1时，约翰森协整检验结果均能通过（见表8.9）。

表8.9 工业增加值与虚拟经济部门趋势变量的协整检验结果

工业增加值	假设	特征值	T 值	95%的关键值	P 值
与虚拟经济	None*	0.84838	50.21999	15.49471	0.000000153
与房地产	None*	0.987286	90.15775	15.49471	0.00000286
与债券	None*	0.998635	107.8645	15.49471	0.0001
与股票	None*	0.954531	73.27511	12.3209	0.00000908
与基金	None*	0.971289	77.63794	15.49471	0.0000000798
与期货	None*	0.88992	44.84686	15.49471	0.000000687

其次，考察工业增加值与虚拟经济之间短期波动变化的关系。根据以上理论与数据分析，建立以各变量波动成分为基础的协整分析。在各个变量之间最大滞后期为1时，约翰森协整检验结果均能通过（见表8.10）。

表8.10 工业增加值与虚拟经济部门波动变量的协整检验结果

工业增加值	假设	特征值	T值	95%的关键值	P值
与虚拟经济	None*	0.454485	17.53104	15.49471	0.02435
与房地产	None*	0.612791	15.6333	15.49471	0.047671
与债券	None*	0.895797	43.57517	15.49471	0.00000103
与股票	Atmost1*	0.414743	9.106962	3.841466	0.002546
与基金	None*	0.706202	24.66595	15.49471	0.001589
与期货	Atmost1*	0.370955	7.880395	3.841466	0.005

3. 长期趋势的格兰杰因果检验结果

格兰杰因果检验的含义是每个变量的当期值，都可以从其他变量的滞后值中得到相应的解释，而解释变量总是内生于被解释变量。

从虚拟经济与实体经济格兰杰因果检验的结果来看（见表8.11、表8.12），第一，在虚拟经济与实体经济的长期趋势中，虚拟经济总体的发展对后续实体经济的发展能够产生稳定的影响。第二，实体经济（工业增加值）的发展，难以对后续虚拟经济的发展产生解释。因此，可以认为，当前虚拟经济的趋势性发展能够促进实体经济的发展，而实体经济的趋势性发展无法解释虚拟经济后续的发展特征，其影响较小。第三，房地产、债券、股票、基金与实体经济之间在趋势上存在相互的格兰杰因果关系。第四,虽然期货市场的趋势性发展能够解释实体经济的发展趋势,但实体经济的发展无法解释后续的期货市场的交易发展,即仅存在单一的格兰杰因果关系。

表8.11 工业增加值与虚拟经济趋势变量的因果检验结果

H0 假设	F 检验	P 值	结论
XNZZ_TREND does not Granger Cause GYZJZZZ_TREND	6.25701	0.01376	拒绝原假设
GYZJZZZ_TREND does not Granger Cause XNZZ_TREND	3.81684	0.05213	接受原假设

表8.12 工业增加值与各虚拟经济部门趋势因果检验结果

	原假设	F 检验	P 值	结论
各虚拟经济部门与实体经济	JJZZ_TREND does not Granger Cause GYZJZZZ_TREND	27.61371	0.000144	拒绝原假设
	QHZZ_TREND does not Granger Cause GYZJZZZ_TREND	20.60578	0.000131	拒绝原假设
	SPFZZ_TREND does not Granger Cause GYZJZZZ_TREND	73.41447	0.0000201	拒绝原假设
	ZQZZ_TREND does not Granger Cause GYZJZZZ_TREND	26.09087	0.000107	拒绝原假设
	GPZZ_TREND does not Granger Cause GYZJZZZ_TREND	21.41368	0.000109	拒绝原假设
实体经济与各虚拟经济部门	GYZJZZZ_TREND does not Granger Cause JJZZ_TREND	90.45124	0.0000011	拒绝原假设
	GYZJZZZ_TREND does not Granger Cause QHZZ_TREND	0.08902	0.91542	接受原假设
	GYZJZZZ_TREND does not Granger Cause SPFZZ_TREND	4.78308	0.04904	拒绝原假设

(续表)

	原假设	F检验	P值	结论
实体经济与各虚拟经济部门	GYZJZZZ _ TREND does not Granger Cause ZQZZ_TREND	173.19784	0.0000000174	拒绝原假设
	GYZJZZZ _ TREND does not Granger Cause GPZZ_TREND	62.28029	0.00000046	拒绝原假设

4. 虚拟经济与实体经济短期波动的格兰杰因果检验结果

从短期波动数据的格兰杰因果检验上看,虚拟经济与实体经济都在5%以下的显著性水平接受了零假设,表明它们之间无相互的格兰杰因果关系(见表8.13)。

表8.13 工业增加值与虚拟经济短期波动的因果检验结果

原假设	F检验	P值	结论
XNZZ_CC does not Granger Cause GYZJZZZ_CC	1.924326	0.188423	接受原假设
GYZJZZZ_CC does not Granger Cause XNZZ_CC	0.453501	0.645855	接受原假设

从股票市场、基金市场、房地产市场、债券市场和期货市场等虚拟经济部门与实体经济短期波动数据的格兰杰因果检验上看,在5%的显著性水平上,股票市场、基金市场对实体经济的短期波动格兰杰因果检验拒绝了零假设,表明股票市场、基金市场的短期波动存在对实体经济短期波动的格兰杰因果关系。而其他市场的短期波动,均无法拒绝零假设,说明实体经济与期货市场、房地产市场、债券市场的短期波动无格兰杰因果关系(见表8.14)。

表8.14 工业增加值与各虚拟经济部门波动的因果检验结果

	原假设	F检验	P值	结论
各虚拟经济部门与实体经济	GPZZ_CC does not Granger Cause GYZJZZZ_CC	5.313863	0.022245	拒绝原假设
	JJZZ_CC does not Granger Cause GYZJZZZ_CC	5.973219	0.022341	拒绝原假设
	QHZZ_CC does not Granger Cause GYZJZZZ_CC	0.211196	0.812561	接受原假设
	SPFZZ_CC does not Granger Cause GYZJZZZ_CC	3.169271	0.104704	接受原假设
	ZQZZ_CC does not Granger Cause GYZJZZZ_CC	0.661781	0.537137	接受原假设
实体经济与各虚拟经济部门	GYZJZZZ_CC does not Granger Cause GPZZ_CC	0.511444	0.61213	接受原假设
	GYZJZZZ_CC does not Granger Cause JJZZ_CC	1.259649	0.329363	接受原假设
	GYZJZZZ_CC does not Granger Cause QHZZ_CC	0.96491	0.408709	接受原假设
	GYZJZZZ_CC does not Granger Cause SPFZZ_CC	1.277288	0.336592	接受原假设
	GYZJZZZ_CC does not Granger Cause ZQZZ_CC	2.694697	0.115849	接受原假设

因此，从上述实体经济与各虚拟经济部门之间的格兰杰因果检验结果看，长期趋势上，实体经济与各虚拟经济部门之间存在明显的格兰杰因果关系，表明虚拟经济的长期健康稳定发展有助于实体经济的发展。同时，实体经济的良好发展可以促进虚拟经济各主体市场的发展。从短期波动的关系上看，股票市场、基金市场的短期波动能够影响实体经济的短期发展，这表明对于股票市场和基金市

场，不仅需要重视长期的制度性、趋势性分析和风险管控，也需要重视短期的市场波动对实体经济的影响。而期货市场、商品房市场、债券市场的短期波动对实体经济短期波动的影响较小，对它们而言，更需要重视的是长期可持续的制度性、规律性和趋势性的规范管理。

（四）主要结论与启示

本节基于全要素生产率的视角，测算实体经济与虚拟经济的黄金比例。测算结果显示，资本投入对全要素生产率的贡献在不断降低，人力要素的作用要高于资本，同时全要素生产率的增长率由正转负，说明目前的要素配比结构不够合理。更进一步，通过实体经济与虚拟经济的比值，再与全要素生产率进行回归分析得出，当虚拟经济发展规模是实体经济工业增加值规模的 16.7 倍时，两者保持合理的发展速度和规模，此时，对全要素生产率具有促进作用的正效应，虚拟经济的发展将对实体经济的发展和一国经济增长起到明显的促进作用。我国的经济结构改革势在必行，未来尤其需要在如下几个方面进行改进和调整：

1. 在产业结构方面需要进行全面调整

从全要素生产率的回归结果看，当前我国在产业发展上进行结构性改革非常有必要。在生产要素投入方面，要更重视人力资本的投入。在与产业发展、经济转型相关的其他要素方面，要关注实体经济与虚拟经济协调发展、消费与储蓄率等结构性问题。

2. 加强对虚拟经济的监管与约束

数据显示，我国实体经济与虚拟经济的结构已经背离了最优比例。虚拟经济发展并不是基于实体经济，而是基于投机心理及虚拟资本独立的运动规律，出现金融资产价格、不动产价格脱离生产力发展水平的虚假上涨，使经济呈现出虚假繁荣的景象。美国次贷危机的教训表明，泡沫破灭会对社会再生产的各个环节造成不利影响，进而危害到实体经济。因此，为了保证实体经济健康发展，相关政府部门应监督和控制各种导致泡沫增长的投机活动。

3. 提高金融机构和资本市场的准入条件

虚拟经济必须与实体经济协调发展，避免流动性过多地滞留虚拟经济领域。为了精准、高效地将资金引导至实体经济领域，一要提高金融机构设立条件和资本市场的准入门槛，规范金融市场发展秩序，强化准入标准在产品设计、风险控制、资本约束、从业经验和技术运用等方面的政策要求，必要时可以采用牌照监管方式提高准入条件；二是要以提升服务实体经济效率、降低金融和系统性风险为出发点，回归金融创新的本质要求，对P2P等所谓的通道型、复制型金融创新要及时稳妥治理和规范；三是对于银行业等风险管理较为规范的机构，要由业务监管向资本监管转变，进一步强化资本监管。在资本约束下，倒逼并鼓励商业银行优化资产结构，提高资本配置的效率和精细化程度，助推银行机构向低资本消耗的模式转型。

4. 深化市场经济建设，构建实体经济与虚拟经济的双向促进机制

在当前我国市场经济建设及经济转轨过程中，各部门政策往往缺乏协调，导致各市场的政策分割，缺乏彼此的沟通、协调、相互促进。这也是实体经济与虚拟经济相背离的原因之一。例如，实体经济在发展过程中出现问题，包括资源枯竭、环境污染、贸易摩擦、比较优势下降、经济结构落后等；虚拟经济也存在投机严重、比例失调等问题。因此，在实体经济发展过程中应该注重经济结构的升级、科技含量的提高，这样才能为虚拟经济的健康发展提供资本基础。同时，促进虚拟经济健康、适度发展，其溢出机制才能为实体经济提供强大支撑。

四、公平指数与贫富差距

人类社会的发展存在许多微妙的规则。在财富的创造与分享中，一个明显的悖论是：没有差异则没有动力，而差异太大，就会产生破坏力。我们相信任何社会治理形态都需要寻找一个贫富差距适当的阈值，以保持社会前进的活力和动因，但又要小心防范贫富差距过大而失去公平。

（一）研究背景

公平和贫富差距问题具有很强的现实意义。在世界范围内，贫富差距是普遍存在的。人们普遍习惯使用基尼系数来评判一个地区的贫富差距，0.4（1.00分制）的警戒线也为大众所熟知。根据世界银行的统计，欧洲特别是东欧和北欧的贫富差距相对于其他地区来说更小，拉丁美洲和加勒比地区贫富差距最为显著。总体来看，发达国家的贫富差距情况要好于发展中国家。

在全球化日益深入和经济快速发展的今天，各个国家在发展经济时，必须关注与财富增长相生相伴的财富分配问题。在财富增长的同时，建立公平的社会制度，缩小财富分配的过大差距，是现代国家治理的核心，也是人类文明的主流精神。在探讨公平和贫富差距问题时，应当建立跨越国家和历史的基础理念和治理模式，形成人类财富分配的共同价值观，推动社会构建公平基础上的人类命运共同体。

改革开放以来，我国的贫富差距在持续扩大，2009年后有所下降。国内外的研究表明，中国基尼系数是被低估的，王小鲁（2007）指出，隐性收入和灰色收入是基尼系数扩大的助推器，真实的基尼系数远高于国内外专家和学者计算的0.47~0.5。另有研究表明，中国的财产性差距要远远大于收入差距。王一鸣（2011）的研究表明，我国城乡居民财产差距已经明显大于居民收入差距；李实（2014）认为财产以及财产性收入对于财产差距、贫富差距的影响深远，当前我国呈现出财产差距大于收入分配差距的现状。因此，财产差距更要引起警觉。

对于新兴经济体而言，贫富差距的扩大往往发生在经济高速增长时期，这就容易让人产生错觉，似乎贫富差距越大越有利于经济增长。这是逻辑上因果关系的倒置。实际上，高速发展的"增量"经济在某种程度上掩盖了贫富差距问题，当潮水退去，真正的贫富差距会呈现在世人眼前。从长远和实质来看，贫富差距的无限制扩大必然会损害经济发展，主要表现在对经济发展动力和结构等的负面影响。在动力方面，掌握大部分财富的少量富人在各种消费需求得到充分满足之后，便把剩余的大部分收入转化为储蓄和投资，收益率高的行业比如房地产容易受到富人的青睐，某种程度上助推了房价飙升，影响了群众的居住刚需。而广大的贫穷阶层虽有大量的消费需求却没有消费能力，亦缺乏有效的投资选择，贫富差距遏制了经济增长的动力。在结构方面，地区、行业和城乡之间贫富差距进一步引导优势生产要素包括资金、技术、人才等向收益率高的地区、行业和城市集聚,造成结构性的经济发展失衡,贫富差距进一步拉大。

当全社会财富分布差距达到一定程度后,富裕阶层将越来越多地掌握制定社会规则的话语权,其制定的规则也越来越向富裕群体倾斜。原本向贫穷阶层敞开的社会上升通道被堵死,阶层逐渐固化,改变阶层时会产生严重的破坏力,可以说对贫富差距问题的处理决定了一个时代经济和政治的走向。

(二)社会公平指数的构建与分析

1. 社会公平指数的主要内容

社会公平指数应该首先能够衡量贫富差距,即财富公平。除财富公平之外,法律公平、文化公平、金融公平也是影响社会公平的重要因素。

(1)财富公平。一般来说,地区间居民贫富差距的测度常常使用人均 GDP 差距和基尼系数,而区域内部贫富差距常常使用基尼系数和泰尔指数。上述测度贫富差距的统计操作集中于居民收入差距,具体可以分为比例型方法、离散系数型方法和集中度方法。

(2)法律公平。法律公平影响了人们对社会公平的直观感受,尤其是当人们需要伸张权利或者保护自身利益时。法律公平体现在政策及立法情况、犯罪率情况、社会治安情况、司法公正情况、法律援助情况、权利救济情况,法律公平指数部分采用信访总量、审结一审案件总量、再审结案总量、治安案件查处总量四个维度进行衡量。

(3)文化公平。文化公平影响居民的受教育权、民族自豪感等方面,对整个社会的稳定和发展有着重要影响。本书从自然灾害、人口流动、社会治理、民族政策和教育资源五个方面考察文化公平，并将其纳入社会公平指数。

（4）金融公平。金融公平对现代居民的生活和生产有着重要影响，金融公平主要涉及金融规模、金融效率、金融结构、金融创新及金融服务的可得性等方面。

2. 社会公平指数为何比基尼系数更懂中国

相较于广泛使用的基尼系数，社会公平指数有如下优越性：

（1）多角度测度贫富差距，揭示结构性贫富差距的内在问题。基尼系数主要是从包括收入和财富在内的收入端衡量贫富差距，然而收入差距并不是贫富差距的决定要素，张宏浩（2012）的研究表明，消费差距比收入差距更能代表贫富差距。彭定赟和陈玮仪（2014）的实证分析指出，消费差距反映出的贫富差距与收入差距反映的不同，因此应完善贫富差距的指标体系，从而更加准确地评价真实的贫富差距水平。社会公平指数综合考虑收入法、支出法和存量法，多角度测度贫富差距。同时，与主要用于比较不同国家或地区贫富差距的基尼系数相比，社会公平指数结合宏观及微观数据，可区别同一经济体内城乡、省市、收入阶层间的贫富差距和公平失衡情况，这对揭示我国特有的城乡间、地区间、收入阶层间的结构性贫富差距具有重要的现实意义。

（2）多维度测度社会公平，全面考察社会公平情况。基尼系数本质上是对收入和财富分布不平等的衡量。财富分布确实是公平的社会公约数，但中国各种体制机制、规则秩序仍处在不断完善阶段，社会公平失衡不仅仅存在于财富分布方面。社会公平指数充分考虑了上述情况，加入了法律、文化、金融等影响社会公平的几个关键维度，能对中国公平问题进行更综合更全面的刻画。

（3）动态刻画贫富差距和社会公平的变化路径。基尼系数是某个时点上各个收入或财富组之间差距的加总平均，是计算居民收入或财富差距的静态指标，不能反映各个收入或财富组动态变动的情况。社会公平指数不仅比较不同人群之间的横向收入或财富差距，而且还利用面板数据追踪不同人群内部收入状况的动态变化，达到动态监控的效果。

3. 构建过程

贫富差距是衡量社会公平的核心因素，除此之外，法律公平、文化公平、金融公平也是影响社会公平的重要方面。基于上文对各个指数的讨论，我们将四个指数合成一个指数：社会公平指数，并以此全面衡量社会公平的变化。其中一些指标，如文化公平指数，我们对其进行了逆向处理，使四个指标数值对社会公平的度量具有一致性。在对四个指标进行去中心化处理之后，我们对四个指标进行加总得到社会公平指数，该指标数值越小代表社会的公平性越差，从图8.11和表8.15可以看出，中国社会公平指数呈下降趋势，这主要是由贫富差距不断扩大造成的。

从社会心理学的角度看，以贫富差距为核心的社会公平既是人与人之间社会比较的结果，也是社会规范、社会准则在个体身上内化的结果。随着中国的市场化改革进入深水区，增益型改革模式将逐渐向利益调整型改革模式过度。在这个过程中，社会不公平带来的利益不均将逐渐固化既得利益集团，使改革难度增加。政府应警惕社会不公平的加剧，提前预判由此可能带来的各种消极后果，并积极采取措施减少贫富差距和社会不公平现象。

图 8.11　社会公平指数示意图

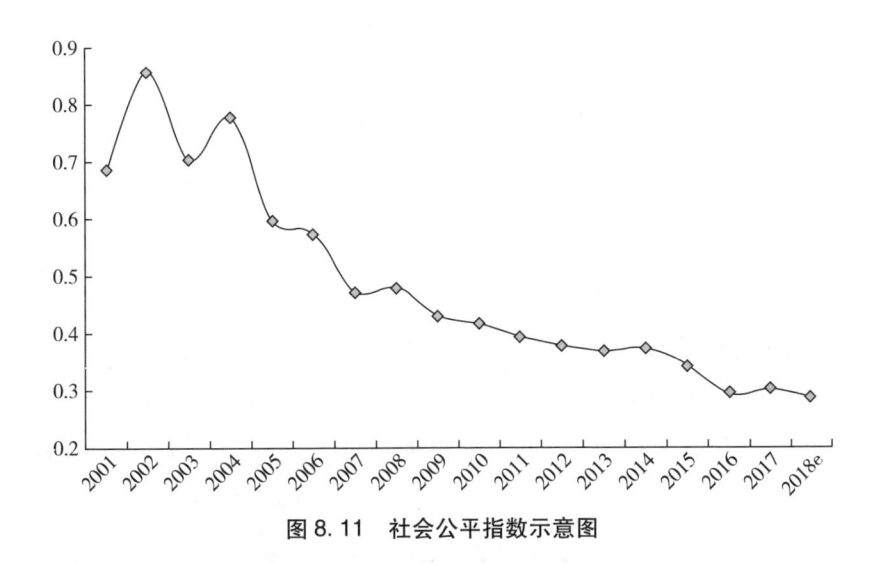

表 8.15　社会公平指数（2001—2018e）

年份	2001	2002	2003	2004	2005	2006	2007	2008	2009
中国社会公平指数	0.686	0.858	0.703	0.778	0.598	0.576	0.474	0.481	0.430

年份	2010	2011	2012	2013	2014	2015	2016	2017	2018e
中国社会公平指数	0.417	0.395	0.380	0.369	0.374	0.343	0.294	0.302	0.287

4. 演化特征和变化路径

上述社会公平指数呈现出几个较明显的阶段性特征。在 2002—2004 年，中国社会公平程度位于较高水平，这可能是因为加入 WTO，中国社会竞争秩序、制度环境有了比较明显的改善。从 2005 年（特别是 2008 年）开始，中国的社会公平指数出现显著下降。这主要是因为以房地产为主的存量财富加剧了中国贫富差距的程度。从这个时间段开始，中国的房地产市场经历了蓬勃发展的态势，以北上广深为代表的一线城市的住房价格出现了火箭式上升，这加剧了中国居民的贫富差距，从而导致中国社会公平程度显著下降。另外，资产的金融化进一步扩大了贫富差距。

（三）主要结论与启示

基于中国宏观公开数据和微观调查数据，构建了中国贫富差距指数，我们发现中国贫富差距日渐严重，而且贫富差距指数对经济增长的影响存在三个拐点：差异拐点（0.2）、黄金拐点（0.463）及破坏拐点（1）。贫富差距指数与GDP增长率的差异拐点出现在2000—2001年之间，当贫富差距指数在0.2以下时，绝对平均导致发展动力不足，高于0.2时差距的动力效应开始显现。贫富差距指数对GDP增长率的黄金拐点出现在2006—2007年之间，指数为0.463，贫富差距在这个水平左右对经济增长率的拉动作用最强。通过分析贫富差距指数对经济总量的影响，发现贫富差距在2015年左右对经济总量存在破坏拐点，指数为1。超过该拐点的贫富差距将对经济总量的增长产生破坏性的抑制作用，经济增长带来的财富将集中在富人阶层，财富分化更加严重，贫穷人口会有日益强烈的被剥削感，缺乏合作精神和工作动力，有可能造成经济衰退。2018年我国贫富差距指数预期高达1.214，已超过破坏拐点。

另外，基于对社会公平指数的系统性研究，从缩小贫富差距，全方位推动法律公平、社会公平和金融公平的角度来说，应该采取一些社会治理上的措施。

1. 依法、有序、分步完善税收制度

缩小贫富差距，要从分配环节着手。市场经济条件下初次分配应遵循效率原则优先，因此着眼点应该放在收入分配的第二个层级，即再次分配，其中最重要的是建立合理的税收制度。

2. 树立科学的"扶贫观",加大财政支出倾斜力度

缩减贫穷人口数量,提高贫穷人口基本生活保障是缩减贫富差距的重要内容和目标。在物质贫瘠的时代,基本生产和生活资料普遍匮乏,贫富差距虽小贫穷却普遍存在。随着我国生产力的不断提高,大部分人的温饱问题已经基本解决,贫富差距却日益增大。贫穷的形式更加多样化,对社会公平与正义的冲击也更加猛烈。

3. 实现从保护公权为主向保护民权为主的法律公平演进

法律体系作为社会治理的主要杠杆,在公平与效率之间扮演着调节器的角色。当然在社会治理框架中,政治、经济、税制、文化等也是重要的治理杠杆,但法律体系是所有社会治理杠杆的基础支点。法律的核心价值与基本精神内核就在于平衡公平与效率的关系,既要承认一定程度的贫富差距,又要让这种差距维持在理性范围内,成为一定历史时期内公平与效率这个悖论的解悖方式。

4. 促进基本公共服务均等化

基本公共服务均等化,就是要确保国家和社会制定的基本公共服务政策、确立的基本公共服务制度、提供的基本公共服务机会对全体公民是均等的。促进基本公共服务均等化,就是要缩小民生差距、发展差距和贫富差距,减少社会矛盾而增进社会和谐,根治复杂的经济社会复合问题,营造公平正义有效发展的社会环境。

5. 加大对农村和小企业的金融支持力度

当资本的逐利本能寄托于具体的人时,就会产生巨大的道德效应不确定性,有的人正常逐利,有的人会露出贪婪的嘴脸。金融作为资本配置的重要工具,其社会功能日益被重视,通过金融资源合理配置促进社会公平已经成为金融发展的重要价值导向。金融不能失去公平正义的底线而沦为逐利的工具,要通过自身的配置作用将

资本放在合适的"笼子"里。

加大农村金融支持力度，首先要深化涉农金融机构改革；其次要进一步健全政策性金融体系，建立政府主导下的民间借贷和金融服务体系；最后要加强风险管控工作。解决小微企业融资难问题，首先要建立健全小微企业信息平台，其次要完善抵质押品管理制度。除此之外，还要鼓励金融创新，改善金融结构，践行普惠金融，加大金融反欺诈的行政投入。

五、企业规模拐点

（一）研究背景

企业规模是企业成长过程中的重要特征，企业规模在一定程度上代表了企业所处的生命周期。作为一个显性特征，企业规模能够影响企业对治理机制的内在需求。因此，不同规模的企业呈现出的治理特征也存在很大差异。本书基于企业的规模特征，考察不同规模企业在治理结构方面的不同，进一步分析在不同规模的企业中，治理结构差异对企业机制的影响。基于现有理论，分析企业规模与治理机制之间的"拐点"效应，以及治理机制在不同规模企业中对企业价值的"拐点"效应。

公司治理的需求随市场经济中现代股份公司所有权与控制权分离而产生（柯林，2000）。公司治理按组织结构划分，可以分为内部公司治理和外部公司治理。吴敬琏（1994）对内部公司治理结构做过代表性定义："所谓公司治理结构，是指由所有者、董事会和高级执行人员即高级经理三者组成的一种组织结构。在这种结构中，上述三者之间形成一定的制衡关系。通过这一结构，所有者将自己的资产交由公司董事会托管；公司董事会是公司的最高决策机构，拥有对高级经理人员的聘用、奖惩以及解雇权；高级经理人员受雇于董事会，组成在董事会领导下的执行机构，在董事会的授权范围内经营企业。"从公司内部治理结构来看，公司治理主要包括股权结构、董事会规模与结构、高管激励制度等。从外部公司治理结构来看，公司治理主要包括债权人监督、法律制度等。在我们的研究中，公司治理机制主要包括股权结构、董事会规模与结构、高管激励制度、股利政策、机构投资者五个方面。

企业规模与公司治理的拐点研究正是基于企业生命周期理论。马森·海尔瑞最早提出企业生命周期概念，他指出企业经历着由诞生到成长、成熟，再走向衰退直到消亡的生命过程，这同生物界的成长规律类似，因此在企业的生命周期问题上可将其与生物的生命周期联系起来分析。马森·海尔瑞（1959）还在该观点的基础上进一步提出，管理上的问题会对企业的发展造成阻碍，意思是说，企业在发展过程中出现衰退甚至消亡的原因很可能是企业在管理上存在着某些局限性，这些局限性如果得不到改善，就会将企业推向灭亡。从企业的生命周期理论看，企业生命周期主要体现在公司规模的差异上，根据公司规模的不同，陈佳贵（1995）将企业生命周期划分为：孕育期、求生存期、高速发展期、成熟期、衰退期和蜕变期。李业（2000）在总结了前人的研究结论之后提出了与陈佳贵不同的见解，他认为销售额的差异才是不同企业生命周期的主要外在表现，他将企业生命周期划分为：孕育期、初生期、发展期、成熟期和衰退期。不同生命周期下，企业面临的外部竞争环境和内部条件都存在差别，因此经营管理目标也不一致，从而能够影响企业组织结构和治理结构的选择（Maijoor，2000）。郑石桥等（2009）研究发现，成熟期企业组织结构完善、资本雄厚，企业价值较高，更有能力和动力进行内部控制制度建设，内部控制也更加有效。

企业在不同发展时期对治理结构的需求存在显著差异。处于创业期的公司，公司规模小，生产模式单一，公司生存的根本在于生产与销售一个新的产品或服务（Greiner，1972），进入一个新的市场（Jawahar 和 Mclaughlin，2001），公司治理结构比较薄弱，更多依赖于 CEO 的决策和协调能力。在成长期中，企业的规模快速扩张，企业内部的利益主体开始出现利益冲突，资源的配置效率需要紧跟企业的发展速度，企业对公司治理的需求提高。随着公司所处生命周期阶段的日趋成熟，公司业务复杂性增强，公司监督需求变高，进而需要更完善的公司治理机制，如专业化程度、监督能力更强的董事会。

法玛和詹森（1983）认为，公司的组织结构取决于其生产过程的范围与复杂程度，公司规模越大或者生产经营越复杂，公司的层级结构就会越复杂。在这种情况下，审批与监督高管决策的董事会将需要更多的信息来完成监督任务，进而造就了更大规模的董事会。当企业处于衰退期时，产品生产流程固化，组织灵活性下降，内部官僚作风兴起，这个阶段内部管理人员权力达到顶峰，产品销售市场逐步萎缩，投资与增长机会下降，企业逐步丧失外部资源的联系与支持，企业的公司治理需求逐渐下降，直至企业出现危机（谭劲松等，2017）。可以看出，随着企业规模的变化，企业的公司治理需求不同，企业生命周期的存在使得企业的公司治理结构呈现出"拐点"的变化趋势。

（二）主要内容

1. 数据来源及企业规模总体特征

这里分析了1990—2017年间，中国A股上市公司的企业规模、治理结构与企业价值的关系，数据主要涉及三部分：第一部分是财务数据，例如衡量企业资产规模、负债规模、成长性等方面的数据，数据来自国泰安数据库；第二部分为治理结构数据，例如企业的董事会规模、董事会结构、高管薪酬等方面的数据；第三部分为案例数据，通过企业年报、公司官网等渠道搜集了南玻集团和海尔集团的数据。我们的研究使用了资产规模、员工规模、负债规模三个指标度量企业规模。现有研究主要采用资产规模作为企业规模的度量指标，但企业员工数量也是企业规模的重要特征，员工不仅是企业重要的人力资本，而且也对企业治理结构提出了不同的需求。

2. 主要结论

这里采用较长时间维度的面板数据，实证分析了企业规模演进对治理需求的影响，基于二者的关系，还分析了治理结构在不同规模企业中对企业价值的影响。主要结论如下：

企业规模与股权结构方面，我们发现企业规模与股权集中度存在U形关系，但与股权制衡度存在倒U形关系，这在资产规模、员工规模的实证分析中都得到了一致结论。

企业规模与董事会特征方面，我们发现董事会规模、董事会结构和企业规模之间存在"拐点效应"，随着企业资产规模的增加，董事会规模开始上升，当企业规模达到一定程度时，董事会规模又开始下降，即企业规模与董事会规模之间存在倒U形关系，但企业资产规模与董事会独立性存在显著的U形关系。

高管薪酬方面，研究结果发现货币薪酬与企业规模和员工规模都呈 U 形关系，随着资产规模和员工规模的上涨，货币薪酬呈现先上涨后下降的趋势。企业规模与股权激励之间存在倒 U 形关系，即存在着"拐点效应"，但企业规模与高管股权激励规模存在显著的倒 U 形关系。

股利政策方面，我们发现随着企业规模的增加，股利水平开始下降，但当企业规模达到一定程度时，企业的股利水平又开始上升，也即企业规模与股利水平间存在"拐点效应"。具体来看，制造业公司企业规模与股利水平间也存在 U 形关系。

机构投资者方面，研究结果发现，企业规模与机构投资者间确有 U 形关系存在，随着企业规模的增加，机构投资者持股比例逐渐下降，但当企业规模达到一定程度时，机构投资者持股比例又开始上升，也即存在着"拐点效应"。以企业资产规模为例，企业规模与治理结构的一般性拐点关系如表 8.16 所示。

此外，我们进一步分析了公司治理水平与企业价值的关系（表 8.17），我们将总体样本细分为中小企业和大企业，研究不同规模中公司治理水平与市场价值之间的相关性，具体而言，我们研究了股权集中度、高管薪酬、董事会规模、股利政策、机构投资者持股对市场价值的影响。研究结果发现，股权集中度、高管薪酬、董事会规模、股利政策都与企业价值存在 U 形关系，股权制衡度、机构投资持股与企业价值存在倒 U 形关系，但治理机制与企业价值的拐点在大企业和小企业中的取值不同，股权制衡度在小企业中与企业价值不存在显著的倒 U 形关系。公司综合治理指数与企业价值存在正相关的关系，表明只有适合企业规模需求的治理机制才能有效促进企业价值的提升。

表 8.16 企业规模与治理结构之间的拐点关系

企业规模变量	治理结构维度	曲线形状	拐点值	治理结构变量值
资产规模	股权集中度	U 形关系	120.26 万元	第一大股东持股比例：29.4%
	股权制衡度	倒 U 形关系	620.44 亿元	第一大股东与第二大股东持股的比例：50.6%
	董事会规模	倒 U 形关系	5535.73 万亿元	董事会人数：19 人
	董事会独立性	U 形关系	560.77 亿元	独立董事人数占董事会人数的比例：5%
	薪酬激励	U 形关系	2.03 万亿元	企业高管层（董监高）薪酬总和：355.98 万元
	股权激励	倒 U 形关系	13.06 亿元	企业高管层（董监高）持股：153.19 万股
	股利政策	U 形关系	920.34 万元	分红数量：504.51 万元
	机构投资者	倒 U 形关系	2.38 万亿元	机构投资者持股比例：28.5%

（三）主要启示

基于上述分析，我们认为中国企业在发展过程中，需要根据企业规模调整自身的治理结构，以提高公司治理机制对企业价值的推动作用。

1. 企业的治理结构设置与企业成长

首先，企业的管理层为了建构合理有效的治理机制，充分发挥公司治理对企业价值成长的有力作用，需要在董事会建设、高管薪酬、股利政策、引进机构投资者等方面采取积极有力的措施。

表 8.17　治理机制与企业价值的关系汇总表

	治理机制	大企业 影响关系	大企业 拐点取值	小企业 影响关系	小企业 拐点取值
企业价值	股权结构	U 形关系	第一大股东持股比例：19.99%	U 形关系	第一大股东持股比例：21.45%
	股权制衡度	倒 U 形关系	第一大股东与第二大股东持股的比例：24.85	无 U 形关系	——
	高管薪酬	U 形关系	企业高管层（董监高）薪酬总和：56.41 万元	U 形关系	企业高管层（董监高）薪酬总和：12.41 万元
	董事会规模	U 形关系	董事会人数：8 人	U 形关系	董事会人数：9 人
	股利政策	U 形关系	分红数量：5.82 万元	U 形关系	分红数量：8.33 万元
	机构投资持股	倒 U 形关系	机构投资者持股比例：55.93%	倒 U 形关系	机构投资者持股比例：29.53%
	综合治理指数	正向线性关系	——	正向线性关系	

在董事会结构方面，应合理设置董事会规模。我们发现企业规模与董事会结构存在明显的"拐点效应"。因此，对上市公司来说，应该综合分析所处的行业环境和经营环境，结合自身规模、发展阶段等因素，在保证资源最优化配置的前提下合理设置董事会规模。董事会整体规模过大会造成决策机构冗余，对一些处在竞争激烈、环境多变行业中的企业是极为不利的，然而董事会规模过小则会造成权力过于集中。除此之外，企业同样不能忽视"内部人控制"问题。董事会应当在企业内保有一定的独立性，通过引入外部董事治理机制，适度增大独立董事规模，可以有效提高董事会的效率。

在高管激励方面，应当积极探索将高管薪酬与企业长期业绩挂钩的方式。我们发现企业规模与高管薪酬存在明显的"拐点效应"。上市公司应该优化高管薪酬机制，将高管薪酬与高管经营行为挂钩，以避免高管的机会主义行为。在这一过程中，应当注重对高管行为与企业经营绩效的监管。

上市公司应当在激励个人的同时注重团队的和谐建设，设计合理的激励制度，建立除薪酬以外的高管团队激励机制。我国的职业经理人出现时间较晚，其晋升渠道与空间均与国外有一定的差异。对于企业内的职业经理人而言，他们更看重的可能是自身未来发展的空间。因此，在制定薪酬制度时，不仅要对高管团队过去的经营成果以薪酬的形式表现出来，还应当通过该制度反映企业未来对高管团队的期待与承诺。

在股利政策方面，应当探索积极稳健的股利政策以保障投资者的利益。现金股利在资本市场中扮演着重要角色，适当发放现金股利有利于向投资者传递高质量的信息（吴育辉等，2018），降低其要求的风险补偿，从而使企业获得更高的信用评级。上市公司通过建立科学的现金股利分红模式，不仅可以增强消费者信心，还可以真正达到公司治理的目的，在一定程度上保证企业不会出现低效率投资行为。

在机构投资者方面，应当积极引入有效的战略投资者，加强投资者的治理机制。我们发现企业规模在机构投资者数量和持股比例方面存在明显的"拐点效应"。作为资本市场中最成熟的投资群体，机构投资者有能力也有动力发挥监督作用，实施公司治理的功能（明亚欣等，2018）。对上市公司来说，适度增加机构投资者持股数量有一定的必要性。然而机构投资者可能会为了短期收益而进行某些"短视行为",不为公司的长期收益考虑。上市公司应该优化公司内部治理机制,将公司内部治理机制和外部机构投资者的监督机制有机结合,共同发挥内外部治理机制的作用。对于机构投资者而言,积极参与企业的公司治理过程,可以帮助企业解决委托代理问题,提升企业的经营效率,从而在短期内为投资者获得更大的收益。

企业还要注意机构投资者在持有过多股权后对企业产生的影响,避免一股独大,防范风险转移与风险移植。企业也应当制定相应的制衡措施,通过多层次立体的股权结构设计建立完善的决策机制,既能够保障机构投资者这类大股东的权益,也能够听取小股东的意见。

2. 监管层与企业治理结构

这一研究对公司监管层也具有很强的政策指导意义。企业治理结构的设计并不是孤立的。企业存在于由外部政策监管部门、商业服务机构、供应链上下游企业等不同主体构成的网络中。在中国,由于制度环境的独特性,监管部门尤其背负着重要职责,在引导企业设立有效的治理结构和提供监管服务等方面起到了不可忽视的作用。针对监管层的特殊角色,建议如下:

首先,应当建设积极有效的治理生态系统,发挥各个主体的治理作用。有效的治理机制就是充分发挥不同主体的作用,让他们都参与到公司治理机制中,让各个主体在市场交易或谈判的基础上形成一个动态的平衡。这才是真正有利于公司稳定发展的治理基础。在这一过程中,监管部门所要积极营造的,就是能够让不同主体都有机会、能力参与治理的生态系统。这种生态系统的建设过程,依赖于监管部门的管理智慧,而不仅仅是行政命令。

其次,应当建立健全与公司发展相关的法制法规,为投资者提供一个更加公平的投资环境，从而吸引他们参与到公司治理当中。实际上，在大多数情况下，一个合理有效的市场能够解决企业治理中的大部分问题，这一市场之所以能够存在且发生作用的前提是公平的环境和透明的信息渠道。从监管部门的角色上看，既要充当市场环境建设的护航者，又要适当放手，让市场参与调节。监管部门不应当也没必要以严苛的姿态来实施市场管控。

再次，针对一些具体的治理要素，应当秉承因地制宜的管理理念，真正提供既反映公司治理核心精神，又契合企业实际情况的指导性政策。目前，中国资本市场监管部门对上市公司治理结构的监督都是采用统一标准。比如，在独立董事数量上，中国证监会要求每个上市公司董事会中的独立董事比例不得低于三分之一。然而，单纯使用独立董事的比例来约束董事会存在一定的问题。独立董事虽然可以帮助企业解决"内部人控制"问题，但一些企业往往会为了满足这一要求组建规模过大的董事会。在一定程度上，规模过大的董事会对某些行业的企业有着负面影响。因此，监管层的角色在于因事制宜，而不是简单的"一刀切"。

六、城市发展拐点

寻找城市发展拐点即寻找城市发展最优规模的过程，按照异度均衡理论的预警功能，就是对超过最优规模的城市提出预警，对尚未达到最优规模的城市提出发展建议。

（一）研究背景

随着人类的发展，城市在整个经济社会发展中占据着越来越重要的位置，城市不仅是物质财富和精神财富沉淀积累的主要场所，也为物质财富和精神财富的进一步创新创造提供了沃土。

1. 城市功能的变迁

城市是人类社会发展到一定阶段的产物，城市功能也随着人类社会的发展而不断变化。城市最初的主要功能是为了祭祀、防卫、交易、集会等，后来变成了工业生产。通过集聚一定数量的人口、资源和土地开展工业化大生产，迅速提高劳动生产率，增加财富积累。近年来，随着传统制造业在整个经济中所占比重的逐步下滑，第三产业即服务业快速发展，城市的主要功能又开始发生变化，更加注重信息汇集、交流与创新。当然，不论资源的集聚还是信息的集聚，其最终目的都是经济生产。可以说，进入现代社会以来，城市的主要功能已经变成了经济生产。

2. 城市化争议

各国在推进经济社会发展过程中，都将推进城市化作为一条重要的战略措施，城市化率因此成为一项重要的衡量指标，相对于发达国家较高的城市化率而言，城市化是发展中国家经济走向现代化最重要的一个方面（王小鲁、夏小林，1999）。与城市化相伴的是城市发展问题。近年来，城市房价飙升、配套基础设施严重不足、雾霾、噪声、拥堵等"大城市病"及大城市对周边城市的"吸血现象"不断警示着城市规模过大的风险。在推进城市化过程中过于注重"物"的城市化而忽视"人"的城市化的做法，也带来了诸多问题，引起社会各界的广泛关注。

3. 最优城市规模

目前学界对城市发展问题有诸多争论，导致了在政策制定与实践过程中存在各种偏差或矛盾，如城市规模应用哪些指标衡量？城市发展是否存在一个最优规模？如果存在，最优规模又是多少？这些问题亟待解答。如果能够找到这样一个最优规模，就可以有效地指导城市发展规划，从提高资源配置效率、改善居民幸福感的角度来达到最优的福利水平。到底应该用什么标准去寻找最优城市规模，专家学者从不同的角度给出了自己的答案。近年来，有专家学者从更强调人的幸福感的角度评选出中国幸福城市，结果发现北京、上海、广州等一线特大城市与规模偏小的城市在此类榜单中均难觅踪影，排名靠前的多为规模适度的大中城市。这似乎表明，城市太大或太小，其居民的幸福感都不高（付红春、金俐、金琳，2016）。

（二）主要内容

1. 重新界定城市规模度量标准

城市规模度量是城市发展拐点研究的基础，所谓城市发展拐点也就是城市发展达到最优规模时的点。关于城市规模的度量目前主要有人口、空间和经济总量三个方面的指标，这三个指标从不同角度对城市规模进行度量，但都仅仅是某一方面的度量。城市是一个复杂的综合体，单一指标不能全面度量城市的规模，例如有的城市人口密集但经济不发达，有的城市空间广袤但人口不多。有必要回归到城市的本源来探讨城市规模的度量问题。生产是城市最重要、最核心、最本质的功能。这里从生产函数的角度，讨论如何度量城市规模。当然，由于生产函数的复杂性和在城市之间的差异性，要想构造相对统一的城市生产函数存在较大困难，而且也不直观。所以，基于要素之间相关性与重要性的研究，采用因子分析得到城市规模指数，可以相对更加准确和全面地度量城市规模。

2. 研究城市规模与经济效率之间的关系

经济效率是城市形成和发展的基础，对经济效率的相关分析包括总体、分组和具体城市三个角度。从总体看，城市的本质是生产系统，那么城市经济效率最重要的表现就是城市的劳动生产率，劳动生产率随城市规模的变化规律，可以作为寻找最优城市规模的重要衡量标准。从描述性统计和相关性分析来看，城市规模与城市经济效率之间并不存在明显的相关关系；从多次筛选出合适的回归模型来看，城市规模与城市经济效率之间存在显著的倒 U 形关系，即存在最优城市规模。考虑到城市的不同类型和特点，将城市进行不同的分组，探讨不同类型城市的发展规模与城市经济效率之间的关系，可以发现城市的不同类型和特点对最优城市规模的影响。进一步选择部分重点城市进行具体分析，探讨每个城市的发展规模与其经济效率之间的关系，寻找每个具体城市的最优发展规模，在此基础上初步探讨影响城市最优发展规模的主要因素。

3. 研究城市规模与城市环境效率之间的关系

当城市发展到一定程度，环境效率的作用才会逐步显现出来，并对经济效率产生影响。城市环境效率包括生活环境、社会环境、自然环境，这些因素构成生活幸福感的重要组成内容，与城市规模之间的关系也构成寻找最优城市规模的重要衡量标准。整体来看，城市环境效率与城市发展规模之间并不存在显著的相关性。但需要关注的是，城市建成区绿化覆盖率与城市规模之间存在显著的倒 U 形关系。根据收集到的 35 个重点城市住宅商品房平均销售价格数据，城市房地产价格水平与城市规模（不论是城市人口规模还是城市规模因子）都呈现显著的倒 U 形关系。

4. 研究城市规模与城市带动效应及其他因素之间的关系

为更加全面地研究城市发展规模问题，一是需要探讨城市规模对周边区域的带动效应，二是需要探讨城市规模的其他决定因素。在城市发展过程中，还有些特殊因素在发挥作用，这些特殊因素可以认为是城市发展进程中的偶然因素，也可以认为是在城市发展基础上的进一步延伸，具体包括：对城市的特殊功能定位，例如政治中心、经济中心、文化中心等；城市的资源禀赋，主要是矿产资源、自然环境、区位条件等。除此之外，城市在发展过程中所具有的特殊历史文化传承，也会对城市的形成和发展产生重要影响。

5. 最优城市规模的判定标准

在前述分析的基础上，我们试图从两个方面进一步寻找城市发展的拐点，即最优城市规模。一是对最优城市规模的标准进行分析梳理。城市的最优规模取决于多种因素，导致最优城市规模有诸多标准。最优城市规模的标准主要包括经济效率（价值创造、财富积累）、环境效率（生活环境、社会环境、自然环境）和带动效应。其他特殊因素也可能会对最优城市规模产生影响，但并不是衡量最优城市规模的标准，而是前提假设。其中经济效率是判断最优城市规模的核心标准，环境效率是判断最优城市规模的重要标准，带动效应是判断最优城市规模的补充标准。二是根据城市发展的实际情况进一步完善最优城市规模判定指标体系。决定一个城市最优发展规模的是人均指标或效率指标（经济效率和环境效率），总量指标多为基础或阶段划分的重要依据，部分涉及城市明显特征或资源要素禀赋的指标也不宜作为判定指标（包括是否有港口、产业结构差异等）。此外，最优城市规模判定指标体系还应包括带动效应类指标、发展阶段类指标、资源禀赋类指标等。

(三）主要结论

在对现有研究和城市功能进行梳理的基础上，本章首先重新界定了城市规模的内涵，在城市人口规模的基础上创造性地提出了用城市规模因子来更全面完整地代表城市规模；其次，根据对城市功能的梳理，分别从经济效率和环境效率的角度寻找城市发展的最优规模；再次，通过对城市发展带动效应和其他特殊因素的分析，试图为后续寻找最优城市规模提供更加完整和更加合理的衡量标准；最后则是基于前述研究成果，梳理出判定最优城市规模的主要标准、具体指标，并试图构建一套评价指标体系。具体来说，归纳本研究的主要结论如下：

1. 城市规模因子得分可以更加准确全面地反映城市整体规模

城市规模应该用包括人口、土地、资本等三大要素的综合指标进行衡量。从具体测算结果看，城市规模因子得分可以更加准确全面地反映城市整体规模。例如，从2016年数据来看，整体规模排名第一的重庆，其人口规模和资本规模均排名第一，而空间规模排名第二；整体规模排名第二的北京，其人口规模和资本规模均排名第三，而空间规模排名第一。

2. 最优城市规模为城市规模因子6.65或者城市人口规模1 200万

从城市总体来看，城市规模与城市经济效率之间存在显著的倒U形关系，即存在最优城市规模。全国地级及以上城市的最优规模按城市规模因子是6.65，按照城市人口规模是1 200万人左右。从城市分组的分析来看，不同城市由于具有不同的区位特点、产业结构、资源禀赋等，因而也具有不同的最优规模。通过对35个重点城市发展拐点的逐一分析，发现与我国当前经济发展情况基本吻合。东部地区城市发展较为充分，超过城市发展拐点的相对较多。中西部地区由于受经济发展水平限制，城市发展相对滞后，还有较大的发展空间。

3. 随着城市规模的扩大，房地产价格及生活成本先升后降

总体来看，城市环境效率与城市发展规模之间并不存在显著的相关性。但需要关注的是，城市建成区绿化覆盖率与城市规模之间存在显著的倒 U 形关系。同时，35 个重点城市房地产价格与城市规模（不论是城市人口规模还是城市规模因子）之间都呈现显著的倒 U 形关系。这意味着随着城市规模的扩大，城市房地产价格会先升后降，从生活环境效率（生活成本）的角度来看，这意味着随着城市规模的逐步扩大，生活成本会越来越高，但越过拐点后，城市规模继续扩大反而会使城市生活成本开始下降。

4. 城市发展存在带动效应

城市发展的带动效应既可能表现为溢出效应，也可能表现为虹吸效应，但溢出效应和虹吸效应都是集聚经济效应在更大范围、更高层次上的展开，只是前者的展开是通过多中心、同质化来实现一个更大规模的城市（或城市群），而后者的展开是通过进一步发挥中心城市的集聚经济效应，引导周边资源更向中心城市集中。而且城市发展还受到诸多特殊因素的影响，主要是特殊的功能定位、特殊的资源禀赋和特殊的历史文化传承。

第九章　不确定性与经济理论重构

从不确定性出发，基于敬畏未来的发展观，笔者构建了异度均衡的初步理论框架，并据此对许多经济现象进行了分析。奈特对不确定性的影响较大，他深刻地阐述了不确定性与利润及风险成本之间的关系，为现代经济学奠定了一块重要的基石。但奈特对不确定性的认识有其固有的缺陷，他默认了绝对确定性的存在，未充分认识到不确定性的普遍性及其对经济理论的影响。不确定性是世界的本质，更是人类社会的本质。研究人类社会资源配置活动的经济学家也应该充分认识到这个本质，并从不确定性出发，将全部研究置于不确定性的背景下进行展开。前面对不确定性原理进行了阐述，这里先做一个总结，作为后续讨论的基础。

一、不确定性是世界运行的本质

奈特在他的成名作《风险、不确定性与利润》中为风险与不确定性做出了定义，主张风险是能被计算概率与期望值的不确定性，而不能被预先计算与评估的风险则是不确定性。可见，奈特虽然用不确定性与风险进行了相互定义，但在本质上，仍然是在不确定性的基础上定义风险，即可计量的是风险，不可计量的是不确定性，并为后续风险管理研究奠定了理论基础。不确定性是世界运行的本质，是人类不得不接受并应予以深刻认识的客观事实，是研究一切问题的起点和基本语境。所谓的确定性都是在不确定性框架下的相对表达，只是不确定性分布方式的不同提供的相对稳定的预期。

（一）自然世界的无序本源

世界的不确定性同自然原生的无序密切相关。无序的自然世界决定了世界的不确定性本质，这一点也是不确定性的最根本来源。不确定性就是我们无法确知未发生事件将会在何时以怎样的方式和什么样的结果发生，或者说事物的产生和发展不存在唯一的结果。从广义的角度来说，不确定性就是无序。

宇宙大爆炸后，它的产物以无序状态不断膨胀，在地球上，宇宙中唯一的生命体同熵进行斗争，试图在无序中创造有序，利用粒子能量形成复杂的物质结构（加亚·文斯，2014）。可见，自宇宙大爆炸以来，世界总是处于无序或变得更加无序的过程中。热力学第二定律其实从熵值的角度也证明了这一点。的确，人类在无序的熵增过程中奋力抗争，努力减少熵值，弄清物质的结构并加以利用，建立社会秩序获得了相对稳定的预期，这些构成了人类文明的进步。

自从人类从无序中创造了有序，慢慢习惯了有序，甚至误以为这个世界是有序挟带无序的。其实正相反，这个世界是在无序中偶然获得了一些有序，人类因而得以发展。无序才是世界的本相，有序只是对无序的相对克制。无序和混沌是绝对的，而有序和规律都是相对的、有条件的、动态的、变化的。与之对应，世界不确定性是绝对的，而确定性则是有条件的、动态的、不稳定的，确定性也是人类文明进步的成果和上帝留给人类喘气的时空窗口。

无序带来变化,而有序只是对整个无序所拥有资源利用的时空窗口。无序无法利用,却拥有无限的自然资源,只有有序的成果如技术进步,才能获得对这些资源的利用。所以无序和有序不仅仅是物理学概念,也是经济学的基本前提和原理。在有序与无序的消长循环中,人类学会了如何利用市场规则去配置资源,获得各种经济效用和效率,也学会了通过有序的约定,使经济资源和经济成果的配置与分享更符合公平价值,建立了一套保护市场效率和交易公平的规则和法律救济方式。没有无序的原生资源和推动力,人类没有来处;没有人类文明所构建的有序空间,人类便没有未来。

(二)人性的差异与理性自负

除了物理学上的依据之外,人性的差异也是一个重要的不确定性的来源[①]。人性的差异导致了人类行为的高度不确定性,也导致了人类社会运行的复杂性和不确定性。

人类的理性自负是人性差异的深层根源,而自负是由基因决定的。人类的理性自负常常导致为实现理想而不顾一切的冲动。当代人虽然也懂得未来不可知的道理,但总是对已知的东西充满信心而企图以现代的能力去破解未来的一切。在经济学研究中,理性人假设是传统经济学许多定律的前提,假定人类行为会符合某些通识,比如大体上人的行为都是自利和逐利的,但对人类的理性却不能期望太高。对于未来而言,当代人的所谓自制理性正是对未来的非理性或有限理性,即当代人的经济行为大概率是对未来不利的,是不

---

① 详细讨论可参见朱小黄(2020)《拥抱不确定性》。

理性或不充分理性的。

如何理解人类的理性自负呢？存在主义代表人物、美国哲学家威廉·巴雷特在《非理性的人》中讲道：人在一个感到无家可归的世界里，需要寻求安全。但是，理性提供不出这种安全，要是它能够的话，信仰就既非必要也不会如此困难了。在存在主义者看来，高度理性主义是乌托邦的来源，常常转化为对权力的追求，反而变得不理性。

人类的理性自负是由人性深处的自卑与自负决定的。人类心灵深处的自卑是因为对大自然的恐惧。这种自卑常常以自负的姿态表现出来。最明显的现象就是每一个时代的人都会认为自己掌握了终极真理，或者像福山那样断言"历史已经终结"。

（三）人类知识的不完备与传承运用偏差

人类对世界的知识也是不完备的，对人类而言，已知的越多，则未知的越大。这就在客观上决定了人类面临着未知所挟带的不确定性。

而且传统知识的传承和运用的偏差带来的不确定性也是惊人的。知识的传承是经过不同的人的主观归纳、筛选和阐述，必然存在偏差。这种偏差可以体现在概率论的计算公式中。任何事情发生的概率，其实质就是与常识判断的偏差。在现代工业文明社会，由于知识与技术运用越来越广泛，认知偏差愈来愈多，事物发生偏差的概率也越来越大。

还有一点有必要单独说明。人类知识的不完备还会进一步加剧世界运行的不确定性，即外在主观的不确定性因为主观的主体要参与到世界的运行中（人类本来就是世界的组成部分），并应用掌握的知识试图影响世界的运行,所以主观的不确定性也会逐步内化为世界的一般不确定性。就如有学者曾经说的,"与其说社会科学不能精确地预测短期的未来,不如说社会科学的短期预测一旦被说出来,就会自己成为预测的干扰项了"。①

(四)不确定性的分布与人类文明发展

前面讨论了不确定性的主要来源,也已初步提到在绝对的不确定性中仍然存在着相对的确定性,并指出这种相对的确定性主要是由不确定性的分布方式和形态决定的。

从宇宙到人类社会,历史演变其实是一个不确定性的结果,只不过它的不确定性的分布和变化有各种各样的方式和形态。其中许多事物的变化具有较长的时间跨度,具有相对的稳定性,这就为人类生存和文明发展提供了时空窗口,产生了各种自然科学并积累成知识。那些演变期限比较长的不确定性也可以给人类文明留下建立秩序、对抗熵增、对抗无序的机会(也就是前面提到的时空窗口)。因此,不确定性是大原则和大前提,确定性则是在不确定性框架下的一个相对的表达状态。

但另一些事物尤其是人类社会和人的行为,则是偶然性的,如果失去秩序的约束,走向无序才是本质。所谓人类文明,就是人类通过自律,建立秩序、建立规则、产生知识,然后通过规则的建立和遵循来减少熵增,本质上就是人类在对抗不确定性方面的努力。在不确定性的框架下,我们应该清醒地认识到:人类其实生活在偶

---

① 详细讨论可参见玖瑶君(2019)的《〈历史决定论的贫困〉读书笔记:我们无法预测未来》一文。

然性之中，必然性的自由王国是可望而不可即的。正如某位经济学家所言：身处偶然性之中的人类却在梦想过着必然的生活。所以人类总是在不确定性中寻找相对确定的机会。如果完全没有稳定预期的可能，那经济学就失去意义了。

还要强调一下不确定性与时间的关系。不确定性和时间一样，都是宇宙世界的客观存在，而且二者之间关系极为密切。热力学第二定律被认为是定义了"时间之箭"，因为它证明了存在时间上不可逆的过程。[①] 据此"未来"可被定义为熵增的方向，而熵增就是无序（不确定性）的表达。在一定程度上甚至可以说，如果没有时间，就没有不确定性，反之亦然。

二、人类社会的偶然性及其运行机理

经济学是研究人类社会中资源配置的，也是研究人类社会运行机制的。在世界的不确定性本质下，人类社会运行与发展更多地表现为偶然性。甚至可以说，在不确定性的世界里，偶然性就是一种必然的存在。

（一）从不确定性到偶然性

不确定性必然导致偶然性，从这个表述来看，不确定性是前提，偶然性是结果，不确定性是世界运行的本质和大的原则，偶然性是不确定性在生活中的具体表现。所谓偶然性就是指每件事物的变化都是朝无序的方向发展，都是波动的，都可能会有符合预期的

[①] 详细讨论可参见梅拉妮·米歇尔（2009）《复杂》（第三章）。

"好"的结果或者不符合预期的"坏"的结果。相对确定性提供了稳定期较长的自然环境和人类由此而创造的秩序，但偶然性就像天空的悬物，随时会掉下来，或许是巨石摧毁你，或许是面包恩赐你。

从学理上看，偶然性包括多种含义。第一种含义是指巧合，与目的相对应。例如一个人到菜市场买菜，结果遇到了债主，所以把钱还了。第二种含义是指个别，与普遍相对应。例如医生给一个叫苏格拉底的人治病。第三种是指可能，与必然相对应。对于一件事情，因各种原因无法预测其未来，只能通过大量的观察来统计其结果，以概率来描述其再次发生的可能性大小。根据我们最新的研究结论，这些偶然性的数据根本无法用于判断其再次发生的可能性概率。

传统的解释是，事件的发生是受多方面因素控制的，只有所有因素都具备了，事件才发生。对于多因素事件，与两因素事件同理。因素越多，事件发生的概率越小。因素过多，就变成了非常小概率的事件。例如种子在适宜的温度、适宜的光照、适宜的湿度条件下必然发芽，这是必然性。历史事件的发生就是偶然性的，只有几个条件凑到一起才恰好发生，时机未到，个人再怎么努力也是枉然。另外还有一个经常使用的例子就是市场交易，达成交易的条件是需求与供给的双重巧合，也就是需求方在同一个时间同一个地点刚好愿意并有能力以某种价格购买某个特定的商品，供给方在同一个时间同一个地点刚好愿意并有能力以某种价格提供某个特定的商品。所以，众多市场交易的发生，其实都是偶然性的产物。市场机制正是这些凑在一起的偶然性事物的总和。

至此，可以发现偶然性存在的根源在于：事件发生的原因是多方面的，而人们在特定的条件下不一定能掌握到某事件的所有条件，同时也观测不到所有的已知条件，所以就无法推断此事件是否必然发生，因而认为该事件的发生是偶然的。另外，在事实上对事物发生的多方面原因能够充分认识也是偶然的。

（二）人类生活在偶然性之中

由于不确定性是世界的本质，所以人类生活在偶然性之中。实际上不确定性是无处不在的基本规则。尽管存在日月星辰这样一些相对确定的事物，但这种相对确定性仍然在我们感知不到的变化中缓慢渐进地改变着现有的自然规则和人文秩序。一次宇宙大爆炸或是彗星的再次撞击，就可能会改变我们熟悉的宇宙世界，以及千辛万苦建立起来的文明秩序。不确定性是绝对的，确定性都是有条件和相对的，这决定了人类生存方式的根本环境是偶然性的产物。正如《人类进化史》的作者所说，宇宙经过多少亿年的变化，人类经过多少万年的进化，成为今天的模样，其实根本找不到必然性的任何依据，都是偶然性的结果。未来会怎么样，只能问造物主。

大部分人都假装自己掌握了规律，而生活在不明所以的偶然性之中。大家企图去掌握必然性，但是必然性的条件也是偶然性的，从根本上讲就没有必然性。只有不确定性框架下的相对确定性。在天体大爆炸或彗星撞击这样的偶然性下，自然科学树立了一些有条件的必然规律，建立了文明知识，创造出规律性的生活。人类进而以此为依据，试图在人类社会的运行与发展中建立起类似的规律与秩序。在对抗不确定性的过程中，人们因为看到某些相对确定性，而忘记了世界运行的不确定性本质的表现。

人类建立了很多秩序引导人们的行为，企图减少不确定性下的偶然性，但事物总有两面性，经过规则训练的人常常损失了创新能力。长期来看，文明秩序的稳定会造成人群功能的障碍，使人们失去创造能力，这是由基因决定的人类的宿命。所以偶然性包括不确定性并不是完全的不妥，而必然性包括相对确定性也不是完全妥帖。

总之，人类生活在偶然性当中，遵循相对确定的自然规则和文明秩序就能在大自然的怀抱里获得生存与发展。没有偶然性就没有创造，没有必然性就没有发展。不必刻意迷恋必然的稳定环境，也不必对生活中的偶然性耿耿于怀。只有适应不确定性，才能创造秩序，对抗不确定性。

（三）偶然性的运行机理

在人类社会的发展过程中，偶然性其实随处可见，偶然性的影响也随处可见，有时甚至还十分强大。"偶然的发明"可能会改变整个社会运行轨迹，例如，马克思预测了资产阶级和无产阶级的长期斗争，但实际上假如有一天有机器人取代了工人的工作，那么这种斗争可能就会消解或者用另一种方式呈现，因为被剥削的工人的角色在那种社会已经被基本取代。许多传播学理论（比如沉默的螺旋）也很难预测互联网化后社交媒体上的新动态。这是因为知识技术的积累到人类社会的变革之间不存在一种简单的线性关系，知识技术能不能进步、往什么方向进步往往是"突变"的，具有极大的偶然性。人类生活在偶然性之中，因此有必要考察偶然性的运行机理。我们尝试从因果关系、关联关系和趋势关系等三个方面来解释偶然性的机理。

1. 因果关系

显然，在不确定性框架下，偶然性的社会是否存在所谓经济周期或预示未来的规律是高度存疑的。但同样明显的是，凡事都存在因果关系，这里的因果关系强调的是当什么条件发生时就会出现什么结果，就像前面提到的需求与供给的双重巧合，如果需求方的需求与供给方的供给刚好在同一个时空中遇到并且双方都有能力、有意愿，就会产生交易。这就是因果关系。由于因是不确定的，所以果也是不确定的，这就会导致人类生活中的偶然性。当因在偶然性运行中集聚在一起，构成某种果的必需条件，而且的确发生了这个果，事物就形成了因果关系。大量的偶然性就以因果关系表现出来，且常常让人觉得不可思议。再来看人类的进化，进化的根源是"可遗传变异"，主要通过 DNA 序列的随机变异来实现，没有方向性可言。在这一步，进化体现出来的更多是随机性。[①] 这其实就是典型的因果关系，随机的因、随机的果所带来的偶然性。

2. 关联关系

这里的关联关系其实是不存在因果关系的相关性。在因果关系中，出现因就必然会出现果，而相关性更多的是在不存在因果关系的情况下两个或多个现象差不多同时发生，类似于荣格在研究无意识过程的心理学时提出的"共时性"。因为因果性原理不能令人满意地解释某些值得注意的无意识心理现象，荣格发现有一些心理上的平行现象，它们之间不可能有因果联系，只可能是另一种事件联系，而这种联系主要可见于相对的同时性这一事实。[②] 除因果关系

---

① 详细讨论可参见王立铭（2022）《王立铭进化论讲义》。
② 详细讨论可参见荣格、卫礼贤（2016）《金花的秘密：中国的生命之书》。

外，具有共时性的关联关系，也构成了偶然性的运行机理之一。例如商店里的啤酒销量可能突然同卫生纸销量成正比，而小人书的销量可能同小工艺品的销量成正比。这样的相关关系是偶然性的非逻辑性表达，前者可能是替妻子买卫生纸的丈夫顺便买了啤酒，后者则可能是替孩子买小人书的母亲顺便买了一款自己喜欢的小工艺品。这些可能的关系构成了事物的偶然性状态。

3. 趋势关系

卡尔·波普曾经说过，"趋势的存在是无可怀疑的……在研究趋势的真正条件时，为了能够探明这些可能性，就必须随时设想在什么条件下该趋势将会消失"。[①] 即使某个物体在下一个时间点会往哪个方向运动并不确定，但基于自然世界的连续性，趋势关系仍然是存在的。假如某个物体现在处在某个位置，在不确定的世界中，它可能会受到各种外在和内在的冲撞，下一步会走向何方完全是随机的，但仍然可以猜测它走向的大概位置，即它现在所处位置的周围空间，空间的边缘到其现在位置的距离就是其运动的最大速度。趋势关系也是构成偶然性的运行机理之一，也为后续数据分类提供了一个依据。所有因不确定性波动而牵引事物方向形成的趋势及其变化都具有明显的偶然性，偶然性分析也可以获得趋势的方向。

三、不确定性经济理论的若干问题

现有的经济理论分析框架是人类的思想宝库。但从不确定性原

[①] 详细讨论可参见卡尔·波普（1987）《历史决定论的贫困》。

理出发，我们仍然可以发现宏观经济分析框架和微观经济分析框架中可完善、可补充的内容。例如，在宏观经济分析框架中，经济周期是根据历史数据样本得出的主观结论，在不确定性原理下，许多所谓周期现象是受到怀疑的，因为在历史数据中存在大量偶然性数据未加区分，而偶然性数据是不可重复的，很难用于预测未来（后文有专门分析）。在微观经济分析框架中，供求均衡决定相对价格理论是框架的基石，但需求曲线或供给曲线都是假设条件下的理论状态，是某一个时点的静态表达。而在不确定性原理下，如果进一步把供给曲线或需求曲线置放在时间轴上，观察和测量其实际数值，会发现这个曲线是波动的，其假设条件也会按实际变化成为动态变量，那么供求关系所带来的变化就更为复杂。如何在不确定性原理下深入分析供求关系和价格走向，值得深入研究。也就是说，传统经济学分析框架借用了自然科学的试验方法，采取了假设条件下静态分析的范式，厘清了生产要素与人的行为之间的关系，但假设条件下的函数模型并不能用于预测时间轴上的动态变化，而不确定性分析框架正是动态分析与预测的新方法。

经济学在本质上是研究人类社会运行机制的，既然我们已经从不确定性出发认识到人类社会就是生活在偶然性之中这样一个基本背景，而以不确定性为背景的偶然性生活方式下的经济运行与常规通识下的传统经济分析框架有着很大的区别和不同的观察维度，那么就有必要据此对现有经济理论的某些方面进行重新梳理。

（一）理论假设：在本能与理性之间

理性假设是整个经济理论展开的前提，不论是经济人假设还是社会人假设，甚至后续的理性预期，其根本都是一种理性假设。如果从不确定性出发，由于人性自负的客观性和人类理性的有限性，所谓的理性假设将应该被修正，真正切合不确定性本质的应该是哈耶克一再强调的"在本能与理性之间"的某些状况，这些状况可能是许多经济理论展开的前提。

所谓在本能与理性之间，其实是强调一种中间道路，即不再是完全的生物本能，也不再是完全的理性计划，而是在两者之间的一种混合体，甚至是多种模式共同作用下的产物。从人类社会发展史来看，有很多知识（包括习惯、道德、法律等）的产生与形成，不是完全基于本能，更不是基于理性的预先设计，而是经过各种有意或无意的摸索和试错，经过漫长的时间才逐步形成和定型的。哈耶克特别强调这种处在"本能与理性之间"的能力，他认为对文明的发展至关重要的"扩展秩序"，就是这种能力和进化选择过程相互作用的产物。人们在不断交往中养成某些得到共同遵守的行为模式，而这些模式又为一个群体带来了范围不断扩大的有益影响，它可以使完全素不相识的人为了各自的目标而形成相互合作。[1] 可见，强调"在本能与理性之间"，并以此作为经济理论展开的前提，既是对世界不确定性本质的回应，也是对在世界不确定性本质下人类社会发展演进历史过程的回应，更是对人类自身复杂性、多面性的清醒认识和回应。

从不确定性出发导致完全理性假设不复存在，但并不表明是要一味地反对理性，应该说，"在本能与理性之间"强调的是"有限理性"，或者说是有适用范围的理性。正如哈耶克所指出的，"虽然我攻击社会主义者一方在理性上的专断态度，但我的论证并不反对

---

[1] 详细讨论可参见冯克利（2000）为哈耶克《致命的自负》所撰写的《译者的话》。

正确运用理性"，并指出所谓"正确运用理性"是指那种承认自我局限性的理性，进行自我教育的理性，这要求正视经济学和生物学所揭示的令人惊奇的事实所包含的意义，即在未经设计的情况下生成的秩序，能够大大超越人民自觉追求的计划。[①] 著名物理学家麦克斯韦在 1873 年就猜想，有些量的"物理尺度太小，以致无法被有局限性的人类注意"[②]，这其实也是对人类有限理性的直接回答。哈耶克所说的"致命的自负"，就是无视世界的不确定性本质并进而狂妄自大的表现。

另外，还可以从微观理性与宏观理性，或个体理性与整体理性的角度来看"在本能与理性之间"的现实意义。经济理论中的理性假设一般假定每个个体都是自利的，都是追求自身利益最大化的。对蚁群中的工蚁而言，它并没有完全从个体利益出发，而是为了整个蚁群的最大利益，忠诚于自己的职责定位和分内工作，任劳任怨、不辞辛苦。可以发现，工蚁的个体不理性体现的恰恰是蚁群的整体理性（或者说是微观的不理性和宏观的理性并存），而这正是在蚁群发展进化过程中逐步形成的。这就是典型的"在本能与理性之间"来应对不确定性的表现。其实对人类而言，在情怀支配下超越趋利本能的经济行为也大量存在。

既然传统经济学研究方法的假设本身就是一种不确定状态，人们只能在经济现象的研究和数据分析过程中寻找和发现经济现象所依据的"本能与理性之间"的某种人性特征和行为特征，那么从不确定性原理出发，所谓经济理论必不可少的"假设"前提可能是一

---

① 详细讨论可参见哈耶克《致命的自负》（导论）。
② 详细讨论可参见梅拉妮·米歇尔（2009）《复杂》（第二章）。

种本末倒置的错觉。经济研究的正确方法，可能是先从现象出发归纳和提炼出某类经济行为的共同前提，形成这类经济理论研究的假设。这种假设条件常常处于本能与有限理性之间的某个区位，而且是动态变化的。

（二）运行机制：再论"看不见的手"

"看不见的手"作为现代经济学的起点，它的哲学背景其实是基于不确定性的，是通过市场价格让市场自发地形成均衡状态，而不是通过自以为是的行政手段。其实计划经济的弊端根本上就在于它是以确定性为前提设计的经济运行规则。应该说，对经济运行机制的研究基本都遵循亚当·斯密提出的"看不见的手"，也基本把握住了世界不确定性的本质，但缺乏深入研究，认为既然"看不见"，也就没有研究的必要。

1. 对"看不见的手"的再解读

斯密最早提出"看不见的手"，意思是指每个市场参与者都根据自身利益考量参与市场交易，最终在无形中提高了资源配置效率并增进了社会整体福利，由于其中的运行机制难以明确地表述出来，所以被称为"看不见的手"。因为斯密明白，人的知识是分散的，"他的资本能用于哪一类国内产业，哪些产品有可能具有最大价值，显然，每个人在自己所处的环境下做出的判断，会大大优于任何政治家或立法者能够为他做出的判断"。像市场这种收集信息的制度，使每个市场参与者可以利用分散而难以全面了解的知识，由此形成了一种超越个人的模式。在以这种模式为基础的制度和传统产生之后，人们再无必要（像小团体那样）在统一的目标上求得一致，因为广泛分散的知识和技能，现在可以随时被用于各不相同的目标。① 这就是"看不见的手"的最主要运行机制。

现在再来看"看不见的手",有如下两个方面的新体会:一是"看不见的手"体现了市场个体对不确定性的应对,即每个个体都有自己的应对方式或应对策略,或理性,或不理性,都没关系,这种杂乱无章,既是自由的保障,又是效率所必需的。二是"看不见的手"体现了市场整体(或人类社会)对不确定性的应对,即市场经济在运行过程中,不断进化出各种制度、法规、道德、习惯等,这也是制度经济学研究的主要对象。

从不确定性出发,"看不见的手"与市场规则、秩序及相关道德、习惯是一个从无序到秩序的互动过程,也是打通微观经济活动与宏观经济活动之间的桥梁。严格来说,不确定性原理下,划分宏观与微观经济的必要性是存疑的。如果需要这种划分的话,那其意义也主要局限于对宏观(总量)状况和微观(单项交易)状况的描述,据此判断不确定性的未来或许要另寻他途。

2. "放羊型理论"的启示:承认不确定性的普遍性

"放羊型理论"是王立铭教授提出的,主要观点是接受真实世界的复杂性,干脆放弃把复杂问题拆解成几条简单的定律、一步到位地解释明白;而是就复杂说复杂,用一套复杂的话语体系来描述复杂系统到底是怎么工作的。② 市场经济的"看不见的手"就是典型的放羊型理论,"但这并不意味着我们没法在放羊的场景中开展研究、找到规律"。因为这个理论有四个重要特征:边

---

① 详细讨论可参见哈耶克《致命的自负》(第一章)。
② 详细讨论可参见王立铭(2022)《王立铭进化论讲义》。

界性、不确定性、还原性、涌现性。① 对照着四个特征来分析市场机制，首先从边界性来说，市场经济的出现显然是有边界的、有约束条件的，重点包括"自由、财产和公正"。② 不确定性意味着我们对复杂现象的描述只能逼近到某种程度，而不可能做到完全精确的刻画，市场经济只能大概说明其运行机制，但具体在某件商品上谁和谁成交则是随机事件。需要注意的是，边界性和不确定性其实是一对概念，意思是在一定的边界范围内，运行机制是基本清晰的，但具体如何发生是不确定的，即边界是清晰的，结果是不确定的。还原性和涌现性也是一对概念，体现的是相反的两个方向，还原性体现的是从上往下一层一层分解还原到最基本的元素，涌现性则体现为从下往上一层一层体现出来的不同特征。本节重点讨论涌现性，所谓涌现性其实表明的是在不同层次上展现出来的完全不同的规律，就好像微观世界适用量子力学而宏观世界适用牛顿力学一样，其实在人类社会也是如此，人类个体有其运行的规律，但作为一个整体来看时，其运行规律呈现出涌现性。这也是放羊型理论的核心，即"首先承认科学理论的局限，干脆放弃了把复杂现象拆解到最底层的做法，选择直接描述复杂现象本身有什么规律"。③ 这一点对当前经济理论研究具有重要的启示。当微观经济学与宏观经济学出现分野以后，为了统一两种经济学，众多专家学者都在努力构建宏观经济学的微观基

---

① 详细讨论可参见王立铭（2022）《王立铭进化论讲义》。
② 哈耶克在《致命的自负》第二章的标题就是"自由、财产和公正的起源"，其本意就是寻找市场经济"自发秩序"的初始条件。详细讨论可参见哈耶克《致命的自负》（第二章）。
③ 详细讨论可参见王立铭（2022）《王立铭进化论讲义》。

础，并产生了许多以微观个体行为特征为基础的宏观经济模型（包括真实经济周期模型）。但从涌现性来看，这种努力似乎都是徒劳的。当然，我们并不否认未来有更加聪明的头脑可以将这两套理论体系合二为一，直接从微观个体的行为推导出整个经济体的走势。但至少在现在，从涌现性出发理解，也许可以更好地把握现实经济运行状态。

另外，还需要说明的是，涌现性既是对（复杂系统）不确定性的有效应对，同时也是产生不确定性的重要来源。就拿进化论来说，涌现性的本质是"如果时光倒流，地球生物进化的历史重演一次，我们很难想象所有进化事件会原封不动地发生"（王立铭，2022）。也就是说，40亿年的生命进化历程在历史上只出现过一次。生物进化历程是一场牵一发而动全身的过程，一种生命现象发生变化会连带改变和它相关的大量现象的进化轨迹，任何一种生命现象的发生都是千万种偶然性的巧合，然后在千万种偶然性的巧合下继续向前发展。这其实才是涌现性的根本，也是将涌现性作为产生不确定性来源的重要原因。所以，在一定程度上可以认为涌现性已与不确定性融为一体，即涌现性因不确定性而产生，同时又继续产生不确定性。

（三）经济周期与规律：到底存在吗？

如果我们认可"看不见的手"作为最主要的经济运行机制，经济运行中的规律或周期是否真的存在也许就要打一个问号了。抽象地说，从某个均衡状态开始，由于某个突变（甚至错误）导致原有的均衡被打破，从而开始新一轮的进化选择，相当于从不同的初始条件开始，后面有两种可能：一是因为原有均衡的强大向心力，导致后续的新一轮进化选择仍然回到原有的均衡状态；二是原有均衡没有足够的向心力，在新一轮的进化选择中出现另外一种新的均衡状态（或规律）。身处其中的个体，一定会感叹规律的精练、深邃与强大；但从外部来看，也许只是由于某个突变或小错误导致的新一轮的演进路线而已，这就是规律形成的偶然性。哈耶克也专门指出："从规律支配着进化产物必然经历的各个阶段，因而能够据以预测未来的发展这个意义上说，无论是生物进化还是文化进化，都不承认有什么'进化规律'或'不可避免的历史发展规律'……对于复杂现象，只能限于我所说的模式预测或原理预测。"① 大概可以说，不确定性框架下所谓经济周期和规律的各种理论都需在数据重构的条件下重新检验其真实性。

从不确定性原理出发，所有的事物都是无序状态下根据自身条件发生发展的。到目前为止，所谓的周期发现都是事后海量数据中以一个主观维度划出来的波动曲线，只是无数各种相关的不确定性曲线之一，把这条曲线上隐约显现的所谓规律放在时间轴上就命名为周期是草率的。周期不过是事后主观偏见的臆想和选定某个维度的事物变化情况的归纳，根本不是事物整体的变化的全貌。正如希腊哲学家所说的，没有两条完全相同的河流，所以也不存在事物沿某种规律循环往复地发展。人们总结出来的所谓规律或周期不过是对既有数据的分类处理，根本不能用以解释和预测未来的事物走向和发生发展，因为除了过往是确定的，未来都是不确定的，对确定的事物归纳出任何周期和规律都是毫无意义的主观臆想，对不确定的未来而言，这些归纳毫无意义。

---

① 详细讨论可参见哈耶克《致命的自负》（第一章）。

周期观念在经济理论中更多地表现为寻找确定性规律，企图用周期理论证明某一类现象会反复循环出现，从而预测未来。包括对历史规律的总结，是想要预判未来的历史走势；对股市波动规律的总结，是希望发现某一价值波动的周期，能够低吸高出，只赚不赔。根据前面对世界不确定性本质的分析，我们认为这是不可能的。将这种观点应用到经济理论研究中，我们应该破除对确定性结果的追求，以不确定性为出发点和基本语境去分析经济问题，在"看不见的手"的指引下不断向前探索。

（四）经济预期与信用体系

从不确定性角度看，社会信用体系是建立在良好乐观的经济预期基础上的。哪些区域、哪些领域具备社会信用的条件都需要进行不确定性分布和实际波动状态的分析与计量。

经济社会缺失预期就无法建立诚信，社会诚信本质上是对稳定预期的计算后的可预支额度。如果预期不稳定，社会信用制度就缺乏人性和利益期望的基础。那么社会经济预期的来源和根据何在呢？这同不确定性及其分布状态有关。预期不是人为构建所能产生的，而是客观世界的不确定性能给予人类发展空间的客观性所决定的。在传统意识上，预期是人们对未来经济变量的一种估计，预期的乐观或悲观会对人们的经济行为产生重要影响，如通货膨胀预期、经济景气预期，会导致当前消费行为的多种变化。究其根源，只有在不确定性波动预留收益空间或损耗可能的前提下，才能有根据地预判经济预期，建立相应的信用体系。因此，预期的经济学研究有必要从不确定性角度做更深入的研究。

四、数据及数据分类是经济理论重构的基础

（一）数据的主观性

人类文明是建立在数据积累以及数据因果关系基础上的，数据构建了事物之间的各种关系，产生了相关性、因果关系、逻辑关系，也构建了过去、现在和未来之间相对稳定的联系。数据是我们认识世界、理解人类社会、发现问题、解决问题的工具，正因为有了数据的积累和分类运用，我们才对未来有了信心。但是也需要指出，数据是主观的产物，知识也是主观的归纳，总是会同客观真实保持一定的偏差。

人类的行为产生数据，人们的决策依赖数据，经济理论作为研究人类社会资源配置的学科，也离不开将数据作为研究对象。在实际经济活动中，运用数据观察现状、预测未来，是宏观经济、微观经济和各种交易活动中的常态。各种数据分析、数据样本的确定，经济模型中的变量和常量的选择和计算，都基于数据。

（二）经济理论研究中对数据应用的现状

近年来，数字经济蓬勃发展，数据应用的广度和深度在不断拓展，导致数据及其应用模型的风险已成为影响世界的重要风险现象，也成为误导经济理论研究的重要原因之一。因此，数据的使用理应慎之又慎，且应建立在坚实的理论认知基础上。然而，在当前数据使用过程中，尤其在计量模型的运用上，缺乏对数据根源和性质归属的底层思考，在实际经济计量中，产成了两类问题：一种是历史数据和边际数据混杂在一起，将许多偶然性的、不可重复（即

对未来并无表达意义）的数据用来建立模型预测未来；另一种是将许多自然界产生的可重复数据应用到预测人类行为上，作为经济预测模型、金融风险模型和智能模型的样本，产生风马牛不相及的问题。这两类问题愈演愈烈，导致了大量的模型失真或算力浪费现象的产生。

一般来说，物理领域的规则相对稳定，例如岩石风化、火山爆发，这就给像牛顿定律这样的规律留下了时间窗口，在这个时间窗口中，实验是可重复的，数据就是可重复的。而在人文科学领域则不然，很多行为是无法重复的，既然不能重复，那么拿这些不可重复的数据建立模型预测未来就不可信。因此，现有的数据要重新定义和分类，只把那些在不确定性前提下具有重复空间的数据拿来使用，才能指导未来。

（三）基于不确定性背景的数据分类

由于世界的本质是不确定性的，在不确定性背景的框架下，万事万物具有偶然性的特征，也有相对确定性的特征。在自然科学领域，由于自然环境相对稳定，产生了自然科学的诸多文明和算法，所以自然科学产生的数据基本上是可重复、可验证的，这类数据对未来具有指导性。而人文社会领域中的许多现象，都与人的行为有关，具有偶然性的特征，除了人类文明规则指导下的行为，其他行为都很难重复和验证。对人类文明规则指导下的行为有必要单独进行说明，例如交通系统为什么可以相对稳定？因为秩序是确定的。这些数据就可以拿来做预测。我们可以把一个交通路口出事故的数据总结归纳，然后解释为什么这个地方出事故的概率比较高，可以采取哪些措施调整现状，这就是为什么在秩序是稳定的情况下，数据可用的原理。

基于这样的不确定性判断,我们可将人类全部能够采集到的数据划分为历史数据和边际数据(即终端数据、实时数据),这两类数据都混杂着可重复的数据和不可重复的数据,即必然性数据和偶然性数据。综合考虑,笔者认为数据可进行如下分类:一是从时间维度出发,将数据分为历史数据和边际数据;二是从产生数据的源头出发,将数据分为自然数据和行为数据;三是从不确定性出发,将数据分为必然性数据(可重复数据)和偶然性数据(不可重复数据)。

经济社会每个时期都会有当时的文明秩序,而这个秩序在短期内不会改变,在这个时期内的数据是可以重复,可用于预测未来的。这种相对确定下的数据我们可以视为必然性数据,是可以重复验证的。但是,很多不可重复和不可实验的数据拿来建模、提炼因子、计算未来是不合理的,这是目前风险管理、经济测算等领域突破不了瓶颈的一个重要原因。其本质在于数据没有按照不确定性的原理做好分类和重构。风险计量和测算是未来发生收益和损耗的可能性或者概率,而不是预测未来会发生什么具体的事件,其必须建立在可重复性数据基础上。如果是研究未来会发生什么具体事件,按照不确定性原理研究因果关系,只能以边际数据为主要依据。

所以,历史数据可用来寻找数据的可重复性,边际数据主要反映事物的发展趋势或因果关系。不可重复数据对观测未来无效,但对观察现状有用;可重复数据对观测未来有效,也对观察现状有用。厘清从客观世界到数据采集的过程,并在此基础上按照不确定性的原理对数据进行重构是当务之急,有必要重新审视各类数据的来源与分类。

（四）历史数据与边际数据：电子导航的例子

电子导航给出的道路拥堵情况是现时的数据情况，但也可能包括对过去数据的规律总结（例如某个时点某个路段会出现拥堵），总体来说就是历史数据。因为不管是过去还是现时，其实都是已经存在的数据，都是对现实情况的描述，都是确定性的情况（如果考虑测量的准确性问题，则数据是不是确定的还有待探讨），所以都应该称为历史数据。在行进的过程中，电子导航会提醒有新的更优路线。出现这个提醒的原理，与最初导航给出相关情况的原理是一样的，即根据历史数据（包括最新的现时数据）进行调整和判断。也就是说，不断增加的现时数据，它在成为历史数据的同时也属于边际数据，即最新出现的数据，这些数据会跟已有的历史数据一起，共同对现时的情况进行判定。

在这个过程中有没有预测？唯一可能有预测的部分就是对历史数据的规律趋势分析。但可以推测，这种规律趋势所占的比例非常小，最主要的依据数据肯定是边际数据，即最新出现的现时数据。当最新的现时数据出现后，可能前一秒所依赖的规律趋势就会发生变化（用数学语言表达就是，预测模型的结构发生了变化，或者至少是预测模型的参数发生了变化）。如果每一秒的边际数据出现都能够导致前一秒所遵循（至少是我们认为会遵循）的规律趋势发生变化，那么这种规律趋势还是规律趋势吗？抑或说，还存在规律趋势吗？

沿着这个思路继续探讨下去，面对不确定的事务（早晨开车去单位所面对的道路拥堵情况），如果数据是可重复的，历史数据往往可以发挥重要的作用；如果数据是不可重复的，历史数据则发挥不了什么作用。从道路拥堵情况看，显然数据不可重复的可能性更大，即使在可重复（或存在一定规律趋势）的情况下也往往是来不及发挥作用；而真正发挥最重要作用的，是最新出现的现时数据（也就是边际数据）。更进一步讲，发挥作用的其实是"边际上的趋势"，这也是在数据不可重复或可重复但来不及发挥作用时边际数据作用的最好体现。

当面对充满不确定性的世界时，所有个体的运动都是无序的，就像人类社会中的芸芸众生，就像市场经济中的交易者，就像早晨道路上的各种车辆与司机……但如果要对下一秒的状态进行预测，最好的依据就是前一秒的最新现时数据，即前一秒的状态。因为每个个体的运动虽然是无序的，但肯定是连续的。只要时间间隔足够短，前一个状态必然最接近相邻的下一个状态。换作用数学语言表达，就是最新现时数据展现的现时状态是对相邻下一个状态的最好预测。正是因为这个"连续"，让边际数据可以有效地发挥作用。

五、不确定性经济理论的主要方向

未来是不确定的，这是一个我们必须面对的现实。但在不确定性的客观现实中，每个人都想过一种确定性的生活，都需要稳定的预期来指导自己的生活方式和日常行为。这是所有经济问题的根源。尽管所有的数据都是过去的，但我们仍然需要拿沉淀下来的历史数据去观察未来、确定预期。数据表示的是过去，但其中许多数据的确能表达未来，因此，经济预期是可以测量、可以寻找、可以确立的，并给予我们希望或者预警的。经济预期应该是不确定性框架下对相对确定性的预判，是有根有据的科学数据基础上的计量产物,是建立在可重复数据基础上发现的可能的未来价值或损耗。

在对经济预期进行充分研究的基础上,可以进一步从不确定性出发,构建不确定性经济学的基本框架。面对不确定性的正确立场应该是,要充分认识到不确定性是世界运行的本质,拥抱好的结果,承担坏的结果,并努力趋利避害,不能把自然世界的相对确定性直接应用到人类社会。经济学是研究资源配置的,而不确定性经济学应该告诉人们的是,在资源配置过程中好结果与坏结果的概率,以便人们建立接近真实的预期,从而安排好今后一段时期内的生活。具体来说,后续经济理论重构的重点方向应该包括:

一是前提假设:前提假设的更新是任何经济理论的起点,这个前文已有涉及,但还未完全展开,包括对经济人假设的分析、对理性预期理论的分析、对不确定性基本语境的分析等。

二是运行机制:对运行机制的更新,这个前面也已提到,应该说不能算是完全的更新,而是对"看不见的手"的正名,"看不见的手"在本质上已经体现了从不确定性出发,并追求不确定性的结果,只是我们在经济理论研究过程中经常忘记这一点。但对运行机制还有必要进行深入分析,包括分析工具的使用(例如将风险管理工具引入经济理论分析)、贝叶斯法则的启示、因果关系对周期规律的替代等。

三是数据分类:在前文的分析中已提到,将数据区分为可重复数据与不可重复数据其实是数据分类的关键,也是从不确定性出发重构经济理论的基础,但如何区分数据的可重复性与不可重复性却是一个崭新且困难的课题。验证是区分可重复数据与不可重复数据的主要方法,目前只能从历史数据去寻找,看在不同的时间阶段,尤其是前后相连的时间阶段,相同数据(至少具有某些相同特征的数据）是否会都出现。如果都出现，则可以初步判定为可重复数据；如果没有都出现，则可以初步判定为不可重复数据。当然这里的都出现与没有都出现都需要一个客观可操作的标准。

四是预期计量：基于不确定性分布寻找到可计量预期的领域和范围及相关可以使用的可重复、可验证数据，通过逻辑分析和函数设计计量未来的预期性质，如乐观或悲观，从而为人类未来的经济行为提供积极或消极的指南。

结束语

异度均衡创立了与一般均衡、纳什均衡相并列的第三类均衡，它的四个理论假设开拓了新的经济理论场景，为可持续发展理论提供了代际公平的基础逻辑，完善了不确定性理论，解释了均衡、零和博弈与经济增长的关系，创新了公平理论的外延，对经济增长等一系列经济现象提出了新的解释，对传统经济观念进行了批判。此外，该理论明确提出了经济发展的伦理边界，把经济发展观延伸到未来；也提供了新的经济评价工具和新的预警工具。最后，通过对不确定性认识的深化与升华，进一步提出了经济理论重构的初步思考。

异度均衡理论为基础经济学理论添砖加瓦，而且更适合发展中国家的经济现象分析。异度均衡理论的经济学价值，以及对社会各类现象的新观察维度、保护未来的理论依据和逻辑结论，可以运用到社会经济生活的每一个角落，并用异度均衡解释经济现象。新的均衡思想将为基础经济学研究提供新的思想方法和逻辑工具，就像推开了一扇窗户，展现出风格完全不一样的花园。

从异度均衡的角度，人们对现代化、全球化、人的本性、市场经济，甚至对科学与宗教、理性与信仰、好与坏等都能有一些新的认识。如何更加合理地认识和思考周围的世界，可能还需要更加全面、更加深邃的思维框架，异度均衡正在尝试这一探索。有一些问题还需要深入思考：

1. 现代化、全球化对人类到底是福是祸？

与之前的生活相比，现代人类到底是更幸福还是更痛苦了？生活是更健康还是更病态了？这是一个值得深思的问题。当然，现代化、全球化对人类生活的改变确实很大，尤其是生产效率的快速提高和物质财富的极大丰富，人类不再总被饥饿和病痛所折磨，也不再为自然灾害所恐惧。但与此伴随的潜移默化的影响，不管是精神压力还是生活习惯，抑或是与这些改变相伴相生的各种负面问题，其实也在摧毁着人类的健康和幸福，而且随着现代化和全球化而不断加剧。这是人类发展中的一个宏观悖论。这些负面风险的积累在未来会不会毁掉人类的经济与文明成果？我们需要小心提防。

2. 人的本性对人类到底是福是祸？

人的本性到底是什么，这是一个争议已久的问题，包括中国历史上的性本善与性本恶之争。我们不想陷入这种争论，只想从最简单直白的方向去讨论。其实人的本性就是追求轻松快乐，回避劳累和痛苦。跟前面的讨论类似，这种本性对人的进化和人类社会的发展必不可少。正是因为这种追求轻松快乐的本性，人类才想着不断地进行知识积累和科学发明，不断地改进生产工具和改善生产关系，不断地提高生产效率和增加物质财富。应该说，人类社会发展到现在这种程度，人类这种本性发挥了至关重要的作用。但是，当物质财富积累到一定程度，这种本性还会继续发挥作用。可以说，正是在这种本性的驱使下，网络应用更加普及，人工智能逐步推广，极大地满足人类轻松快乐的追求；而且随着科学技术的发展和应用，满足人类本性的方式和途径也越来越多。如果任由这种本性继续发挥作用，人类的退化则不可避免，当人类的本性可以随时随地被无限满足时，人类的毁灭也将不可避免。

3. **人类社会的文明有没有终结？人类会越过越好吗？**

有人相信市场，有人相信非市场干预；有人相信民主，有人相信集权；有人相信集中，有人相信分散；有人讨厌资本逐利，有人借重资本功能；有人追求国强，有人追求民富；有人相信科技能改变世界，有人认为科技最终只是人类野心的工具；有人主张差异，有人主张平等；有人认可贫富差距，有人提倡共同富裕；有人主张社会一致，有人主张多样化共存。

总之，这个世界纷纷扰扰几千年，有各种不同的生存路径，笔者从经济学的原理出发，更是从异度均衡的原理出发，觉得无论世界上持有什么不同的观念，求同存异、寻找共同认同的公约数和共同观念，才是人类的出路。

比如公平、效率、均衡、自然与未来，异度均衡理论就是讨论人类未来公平的理论，笔者也相信，人类的智慧会把人类带向光明的未来。

4. **怎样才能真正做好正负两方面因素的合理权衡？**

本书从现代化、全球化、人的本性、市场经济等方面进行思考，虽然表现形式各异，其相同的内核是任何事物都有好的一方面也有不好的一方面，可能在某一阶段好的方面在发挥主导作用，可能在某一阶段不好的方面在发挥主导作用。为此，对任何事物的评价，都要从该事物好的和不好的两个方面进行全面思考，并对在不同阶段的状态变化进行合理的权衡，这就是异度均衡的基本逻辑。

虽然目前异度均衡更多的是在对经济社会问题进行研究，并力求从好的方面（总收益）和不好的方面（总损耗）的对比中去找到一个合理权衡的区间。但实际上，异度均衡更是一种思想体系，是一种更加底层和基础性的思维方式和思想方法。

5. 异度均衡如何对悖论进行解悖？

前面的描述其实都是发展的悖论，对悖论进行解悖的关键其实就是改变观察问题的视角或视野。从个体的角度是理性的，但从整体的角度来说就不一定是理性的，这就是谬误集合产生的根源。所以，看待任何问题需要不断地转换视角，甚至从更高的视野去看待和思考。异度均衡正是在现有经济学研究的基础上，从更加全面的视角和更宽阔的视野去观察社会经济问题，避免个体或局部视角的局限性，从而对现有的发展悖论提出相应的解悖建议。这个过程就相当于从小均衡到大均衡，从个体均衡到整体均衡。当然，对理性的追求可能是没有边界的，也许只能处于一个不断靠近理性的过程中。

6. 未来世界是一个什么样的世界？

未来世界是一个特色共存的世界。在我们能够预见的未来，世界会是什么样子？世界会越变越好吗？我们对未来充满敬畏，也就会充满期待。尽管三年之久的新冠疫情在全球肆虐，俄乌战争爆发，让人禁不住怀疑人类的未来会不会越来越灰暗。笔者虽花甲已过，古稀在望，观察这个世界却有着跨世纪的优势，回望20世纪的历史犹如昨日，历历在目；观察新世纪的动向同步而行，心有戚戚焉。20世纪可以说是激烈而辉煌的百年，科技创新突飞猛进，经济发展，民生改善，文明进步。但是好运气会不会骤然消失？我们留给后代一个怎样的未来，取决于今天的我们采取怎样的行为。

承认差异和多样化，承认并拥抱不确定性，是确保未来安好的思想条件。20世纪最为人诟病的就是某一种主流制度和主流思想总是企图否定别的制度和思想，这给今天的世界埋下了祸端。未来世界应该是一个共存的世界，不同社会制度、意识形态、经济运行模式、社会治理方式应当求同存异，共同繁荣。一个整齐划一的世界是停滞的，没有生机的，也不存在均衡。这个世界的规律是：当代如果发展很快，蛋糕已经很大，那么未来就会发展很慢，从自由扩张转向保守收敛；当代如果太激烈，未来必然很平淡；当代如果太奢侈，未来一定很惨淡。万事万物很难跳出否极泰来、物极必反的定律。未来是一组非常复杂的函数，影响未来的变量不胜枚举。异度均衡理论希望把正面的收益因素和负面的损耗因素筛选出来，纳入这个函数的逻辑关系中去，从而观察我们会创造一个什么样的未来。相信科技创新和人文进步以及环境改善，能够给我们的子孙后代留下一片春暖花开、蓝天白云的世界。

异度均衡理论不仅是一种经济学理论与分析方法，更是一种哲学理念，如何看待未来其实在思考人生价值上更有启发和指导意义。哲学上终极三问的第三问就是"我要到哪里去"，其直白的回答是"未来"。第一次将未来真正作为一个具象主体纳入基础经济学分析框架，是异度均衡理论最大的创新，也是思考经济问题甚至人生问题的一种重要视角。

参考文献

[1] 朱小黄. 拥抱不确定性 [M]. 北京：经济管理出版社，2020.
[2] 朱小黄. 天际之外 [M]. 北京：经济管理出版社，2019.
[3] 朱小黄. 远离冰山——打造中国商业银行额百年老店 [M]. 北京：中信出版社，2010.
[4] 朱小黄. 价值银行 [M]. 北京：中信出版社，2014.
[5] 朱小黄，林嵩，张光利等. 公平指数构建暨贫富差距研究 [M]. 北京：经济管理出版社，2018.
[6] 朱小黄，林嵩，王林，武文琦，秦权利. 中国债务拐点研究 [M]. 北京：经济管理出版社，2017.
[7] 朱小黄，孙伟，王丹等. 智能社会的经济学困境及其化解 [J]. 宏观经济管理，2018（5）.
[8] 白钦先等. 金融可持续发展研究导论 [M]. 北京：中国金融出版社，2001.
[9] 刘鹤. 两次全球大危机的比较研究 [M]. 北京：中国经济出版社，2013.
[10] 凯恩斯. 就业、利息和货币通论 [M]. 北京：商务印书馆，1999.
[11] 亚当·斯密. 国富论 [M]. 郭大力、王亚南译. 北京：商务印书馆，2015.
[12] 马歇尔. 经济学原理 [M]. 朱志泰译. 北京：商务印书馆，2010.
[13] 瓦尔拉斯. 纯粹经济学要义 [M]. 蔡受百译. 北京：商务印书馆，1989.
[14] 海森伯. 量子论的物理原理 [M]. 王正行译. 北京：科学出版社，1983.
[15] 杨军. 风险管理与巴塞尔协议十八讲 [M]. 北京：中国金融出版社. 2013.
[16] 理查德·H·戴等. 混沌经济学 [M]. 傅琳等译. 上海：上海译文出版社，1996.
[17] 钱颖一. 中国经济改革的现代经济学分析 [J]. 上海管理科学，2002（06）：4-5.
[18] 慕峰. 中国必须拒绝社会达尔文主义 [EB/OL]. 思想潮，2021年6月16日.
[19] 郎咸平. 郎咸平说：新经济颠覆了什么 [M]. 北京：东方出版社，2016.

[20] 蒙格斯．中国实体经济与虚拟经济研究报告（2020）［EB/OL］．2021．https：//mp.weixin.qq.com/s/B381yr9KyAkY4QnMdNs7FA.html．

[21] 熊彼特．熊彼特：经济发展理论［M］．邹建平译．北京：中国画报出版社，2012．

[22] 许宪春，张钟文，关会娟．中国新经济：作用、特征与挑战［J］．财贸经济，2020，41（01）：5-20．

[23] 胡冬梅，李红黎，陈维政．新经济与新技术背景下农民工面临的挑战及转型路径探究［J］．农村经济，2021（01）：137-144．

[24] 任伟，陈立文．贫富差距、房价与经济增长［J］．华东理工大学学报（社会科学版），2019，34（01）：74-81+107．

[25] 林毅夫，余森杰．我国价格剪刀差的政治经济学分析：理论模型与计量实证［J］．经济研究，2009（1）：42-56．

[26] 罗楚湘．我国农村集体所有土地征收制度之检视——以土地价格"剪刀差"为视角［J］．社会科学家．2012（6）：92-96．

[27] 舒宁．工农产品剪刀差问题研究的进展［J］．调研世界，1997（1）：48-51．

[28] 涂学林，张晖．剪刀差问题的政治经济学分析［J］．厦门特区党校学报，2012（6）：31-34．

[29] 张菀洺．我国教育资源配置分析及政策选择——基于教育基尼系数的测算［J］．中国人民大学学报，2013，27（04）：89-97．

[30] 周天勇．效率损失往往来自于二元体制扭曲的不可纠正性［R］．蒙格斯报告，2021年7月30日．

[31] 周为民．计划经济的本质是崇拜权力的力量 大数据帮不上计划经济什么忙［N］．中国企业报，2021-10-05．

[32] 何兴强，易建新．纳什均衡和经济理论的发展［J］．广东行政学院学报，2001（02）：77-82．

[33] 罗党，刘思峰，吴顺祥．灰色粗糙组合决策模型研究［J］．厦门大学学报（自然科学版），2004（01）：26-30．

[34] 路坦．董事长任期、管理自由度与研发投入［D］．湘潭大学，2018．

[35] 周伦淡．风险分析在政府工程成本控制中的应用［D］．重庆大学，2004．

[36] 张宏奇．企业"三重一大"事项决策风险防控［J］．煤炭科技，2017（03）：207-209．

[37] 娄宇，单雪菲，杨子凡．面对风险如何理性决策？——风险决策视角下的企业管理启示［J］．市场周刊，2019（01）：31-32．

［38］刘晓星，刘庆富．基于 VaR 的银行风险资本管理［J］．现代管理科学，2005（04）：109-110．

［39］叶莉，张晓云，周砚青．高新技术企业决策风险的影响因素研究［J］．企业经济，2011，30（08）：33-36．

［40］蒋辛．官员任期与腐败关系问题的实证研究［D］．武汉纺织大学，2018．

［41］潘永明，郭莹．董事长任期对公司经营绩效的影响——基于制度背景的研究［J］．华东经济管理，2019，33（09）：119-126．

［42］王文忠．政治冲击、制度效率与企业资本决策［D］．对外经济贸易大学，2016．

［43］耿曙，庞保庆，钟灵娜．中国地方领导任期与政府行为模式：官员任期的政治经济学［J］．经济学，2016，15（03）：893-916．

［44］庞保庆，王大中．官员任期制度与经济绩效［J］．中国经济问题，2016（01）：14-24．

［45］马万里．经济社会非均衡发展：中国式财政分权下的"集体行动困境"及其破解［J］．经济学家，2014（11）：37-46．

［46］海骏娇．城市环境可持续性政策的驱动因子和成效研究［D］．华东师范大学，2019．

［47］凯文·凯利．失控：全人类的最终命运和结局［M］．东西文库译．北京：新星出版社，2010．

［48］梅博，吴子建．基于碳排放税的供应链企业合作机制研究［J］．电子科技大学学报（社科版），2018，20（04）：47-55．

［49］王一彤．诺奖得主理论对我国经济绿色可持续发展的启示［N］．金融时报，2018-10-20．

［50］张安波．基于价值工程的政府投资代建项目评标方法研究［D］．山东大学，2013．

［51］郭鹏，杨晓琴．博弈论与纳什均衡［J］．哈尔滨师范大学自然科学学报，2006（04）：25-28．

［52］任亚运，胡剑波．碳排放税：研究综述与展望［J］．生态经济，2016，32（07）：56-59．

［53］范涤．CEO 任期对企业盈余质量的影响研究——基于真实盈余管理活动视角［J］．会计之友，2017（16）：75-80．

［54］肖作平，段妮妮．谁来关注董事长的任期？［J］．董事会，2008（5）：78-80．

［55］韦森．习俗的本质与生发机制探源［J］．中国社会科学，2000（05）：39-50+204．

[56] 赵宣淇. 世界国民经济核算体系比较——MPS 与 SNA［J］. 商, 2013（10Z）: 82-83.

[57] 熊俊. 经济增长因素分析模型: 对索洛模型的一个扩展［J］. 数量经济技术经济研究, 2005（08）: 26-35.

[58] 沈悦, 郭品. 互联网金融、技术溢出与商业银行全要素生产率［J］. 金融研究, 2015（03）: 160-175.

[59] 李玄煜. 中国经济增长的柯布-道格拉斯生产函数实证分析［J］. 人民论坛, 2015（35）: 89-91.

[60] 姚洪心, 武振业, 周杰. Hodrick-prescott 滤子在中国经济增长周期分析中的运用［J］. 四川师范大学学报（自然科学版）, 2002, 25（1）: 108-110.

[61] 姚景超, 王进会. 我国虚拟经济与实体经济发展协调性实证研究［J］. 金融发展评论, 2013（08）: 142-149.

[62] 白雪梅, 李莹. 教育对中国居民收入的影响分析——基于分位数回归和收入分布的考察［J］. 财经问题研究, 2014（4）: 11-18.

[63] 蔡扬波, 王栋. 当前我国贫富差距主要表征、成因及其破解［J］. 理论导刊, 2012（7）: 38-40.

[64] 曹森. 宗教视野下的经济行为分析［J］. 经济视角, 2011（5）: 105-106.

[65] 常世旺, 杨德强. 贫富差距调节与税制结构优化［J］. 财政研究, 2011（8）: 29-32.

[66] 钞小静, 沈坤荣. 城乡收入差距、劳动力质量与中国经济增长［J］. 经济研究, 2014（6）: 30-43.

[67] 陈斌开. 收入分配与中国居民消费——理论和基于中国的实证研究［J］. 南开经济研究, 2012（01）: 33-49.

[68] 陈池波, 张攀峰. 新型社会保障、收入类型与农村居民消费——基于截面数据的经验分析［J］. 经济管理, 2012（02）: 175-182.

[69] 陈惠雄. 既定收入条件下消费者支出均衡的决定［J］. 中国工业经济, 2016（04）: 5-21.

[70] 陈立旭. 论文化的超越性功能［J］. 中国社会科学, 2000（2）: 14-23.

[71] 陈其进. 风险偏好对个体收入的影响——来自中国城镇劳动力市场的证据［J］. 南方经济, 2015（08）: 92-106.

[72] 陈文通. 我国居民贫富差距过大的原因和对策［J］. 科学社会主义, 2011（4）: 101-106.

[73] 陈伟国，樊士德．金融发展与城乡收入分配的库兹涅茨效应研究：基于中国省级面板数据的检验［J］．当代财经，2009（03）：44-49．

[74] 储德银，黄文正，赵飞．地区差异、收入不平等与城乡居民消费［J］．经济学动态，2013（1）：46-52．

[75] 崔海燕，杭斌．收入差距、习惯形成与城镇居民消费行为［J］．管理工程学报，2014（03）：135-140．

[76] 董秀良，曹凤岐．基于马尔科夫转换模型的城镇居民消费行为研究［J］．经济管理，2009（12）：8-13．

[77] 董志强，魏下海，汤灿晴．人口老龄化是否加剧收入不平等？——基于中国（1996-2009）的实证研究［J］．人口研究，2012，36（5）：94-103．

[78] 杜吉国．黑龙江省人口迁移对经济社会发展的影响［D］．吉林大学，2013．

[79] 段忠桥．当前中国的贫富差距为什么是不正义的？——基于马克思《哥达纲领批判》的相关论述［J］．中国人民大学学报，2013，27（1）：2-14．

[80] 高虹．城市人口规模与劳动力收入［J］．世界经济，2014（10）：145-164．

[81] 耿德伟．中国城镇居民个人收入差距的演进——一个基于组群视角的分析［J］．管理世界，2014（03）：66-74．

[82] 顾纯磊，赵锦春．收入分配不平等、生育率与劳动生产率——兼论低生育率下我国的长期经济增长［J］．山西财经大学学报，2015，37（11）：1-15．

[83] 郭熙保．从发展经济学观点看待兹涅茨假说——兼论中国收入不平等扩大的原因［J］．管理世界，2002（3）：66-73．

[84] 国务院研究室课题组．关于城镇居民个人收入差距的分析和建议［J］．经济研究，1997（8）：3-10．

[85] 关爱萍，葛思羽．劳动力流动对区域收入差距的影响：2000-2015年［J］．人文杂志．2017，（10）．

[86] 关爱萍，李静宜．人力资本、社会资本与农户贫穷——基于甘肃省贫穷村的实证分析［J］．教育与经济，2017（01）：66-74．

[87] 韩松．新型城镇化中公平的土地政策及其制度完善［J］．国家行政学院学报，2013（6）：49-53．

[88] 何爱平．发展中国家灾害经济的特点、成因及对策［J］．灾害学，2000（2）：91-96．

[89] 胡联合，胡鞍钢，徐绍刚．贫富差距对违法犯罪活动影响的实证分析［J］．管理世界，2005（6）：34-44．

[90] 胡霞. 收入结构对中国城镇居民服务消费的影响分析——基于不同收入阶层视角[J]. 岭南学刊, 2017（3）: 108-115.

[91] 黄小明. 收入差距、农村人力资本深化与城乡融合[J]. 经济学家, 2014, 1（1）: 84-91.

[92] 黄泽清. 金融化对收入分配影响的理论分析[J]. 政治经济学评论, 2017（01）: 162-185.

[93] 杭斌, 修磊. 收入不平等、信贷约束与家庭消费[J]. 统计研究, 2016（08）: 73-79.

[94] 何刚. 论我国税制调节收入及贫富差距职能的弱化与不完全[J]. 商场现代化, 2007（11）: 353-353.

[95] 黄嘉文. 收入不平等对中国居民幸福感的影响及其机制研究[J]. 社会, 2016（02）: 123-145.

[96] 黄泰岩. 收入差距·财富差距·生活差距[J]. 理论前沿, 1997（19）: 21-21.

[97] 鞠方, 雷雨亮, 周建军. 房价波动、收入水平对住房消费的影响——基于SYS-GMM估计方法的区域差异分析[J]. 管理科学学报, 2017（02）: 32-42.

[98] 李军, 冉志. 我国贫富差距的社会原因分析——以社会转型为背景的解析[J]. 西南师范大学学报（人文社会科学版）, 2004（4）: 2-5.

[99] 李亮. 房地产财富与消费关系研究新进展[J]. 经济学动态, 2010（11）: 113-119.

[100] 李颖. 当前我国贫富差距拉大原因的"市场根源论"辨析[J]. 经济问题, 2010（1）: 45-49.

[101] 廖海亚. 收入水平对人口发展的影响研究[D]. 西南财经大学, 2012.

[102] 廖信林, 王立勇, 陈娜. 收入差距对经济增长的影响轨迹呈倒U形曲线吗——来自转型国家的经验证据[J]. 财贸经济, 2012（9）: 109-116.

[103] 刘华军, 张权, 杨骞. 中国高等教育资源空间分布的非均衡与极化研究[J]. 教育发展研究, 2013（9）: 1-7.

[104] 刘辉煌, 李峰峰. 动态耦合视角下的收入分配、消费需求与经济增长[J]. 中国软科学, 2013（12）: 58-67.

[105] 刘建飞. 民粹主义: 一个不可忽视的挑战[N]. 中国青年报, 2012-12-05.

[106] 刘思嘉. 金融发展与城乡收入差距关系研究[J]. 金融经济, 2017年1月: 158-159.

[107] 刘喆. 从贫富差距现状看我国社会政策的缺位[J]. 社会科学研究, 2012（4）:

97-101.

[108] 刘志英. 社会保障与贫富差距研究 [D]. 武汉大学, 2004.

[109] 鲁春义. 基于VAR模型的中国金融化、垄断与收入分配关系研究 [J]. 经济经纬, 2014 (1).

[110] 鲁春义. 垄断、金融化与中国行业收入分配差距 [J]. 管理评论, 2014 (11).

[111] 罗楚亮. 绝对收入、相对收入与主观幸福感——来自中国城乡住户调查数据的经验分析 [J]. 财经研究, 2009, 35 (11): 79-91.

[112] 马丁·雅克. 新自由主义的死亡与西方政治危机 [J]. 世界社会主义研究, 2017 (1).

[113] 马海涛, 姜爱华. 个人收入分配差距拉大的原因分析及对策 [J]. 财政研究, 2003 (7): 39-41.

[114] 马戎. 经济发展中的贫富差距问题——区域差异、职业差异和族群差异 [J]. 北京大学学报（哲学社会科学版）, 2009 (1): 116-127.

[115] 孟凡礼, 谢勇, 赵霞. 收入水平、收入感知与农民工的留城意愿 [J]. 南京农业大学学报（社会科学版）, 2015 (6).

[116] 潘淑敏. 流动人口综合治理现存问题及对策 [D]. 上海交通大学, 2007.

[117] 彭定赟, 陈玮仪. 基于消费差距泰尔指数的收入分配研究 [J]. 中南财经政法大学学报, 2014 (2): 30-37.

[118] 戚杰强, 谭燕瑜. 我国城市居民的收入水平对其婚姻状况的影响——以广西的抽样调查为例 [J]. 西北人口, 2008, 29 (1): 35-37.

[119] 钱满素. 自由的阶梯: 美国文明札记 [M]. 东方出版社, 2014.

[120] 单德朋. 教育效能和结构对西部地区贫穷减缓的影响研究 [J]. 中国人口科学, 2012 (5): 84-94.

[121] 任保平, 王蓉. 经济增长质量价值判断体系的逻辑探究及其构建 [J]. 学术月刊, 2013 (3): 88-94.

[122] 沈萍, 朱春奎. 中国居民收入差距研究文献综述 [J]. 中共宁波市委党校学报, 2009 (01): 56-61.

[123] 孙凤, 易丹辉. 中国城镇居民收入差距对消费结构的影响分析 [J]. 统计研究, 2000 (05): 9-15.

[124] 孙梦洁, 韩华为. 自然灾害对农户收入差距的影响研究——以汶川地震为例 [J]. 安徽工业科学, 2013 (9): 4118-4122.

[125] 田应奎. 缩小贫富差距的科学性和现实性评估 [J]. 改革, 2011 (6): 34-40.

[126] 童光荣，罗婵．教育对不同群体收入差距的影响——基于CHNS1989-2011年数据的实证研究［J］．经济与管理，2017，31（1）：30-37．

[127] 汪国华．从熟人社会到陌生人社会：城市离婚率趋高的社会学透视［J］．新疆社会科学（汉文版），2006，23（5）：5-9．

[128] 王继元，郑利敏．论缩小贫富差距与构建和谐社会：政府改革与行政能力建设研讨会论文集［C］．2005．

[129] 汪敏，陈浩，陈东．金融分权对中国民间投资的空间溢出效应［J］．山西财经大学学报，2017（1）：40-54．

[130] 王明婷，赵夏辉．收入不平等对家庭离婚率的影响分析——基于中国省级面板数据的实证分析［J］．纳税，2017（9）．

[131] 王韧．中国城乡收入差距变动的成因分析：兼论"倒U"假说的适用性［J］．统计研究，2006（04）：14-19．

[132] 王渊，杨朝军，蔡明超．居民风险偏好水平对家庭资产结构的影响——基于中国家庭问卷调查数据的实证研究［J］．经济与管理研究，2016，37（5）：50-57．

[133] 魏丽华．财富分配差距对区域协同发展的影响——基于京津冀与"长三角"比较的视角［J］．河北学刊，2017．

[134] 王力．我所理解的《21世纪资本论》［J］．当代经济，2017（02）：150-153．

[135] 王询．文化传统与组织经济［M］．大连：东北财经大学出版社，2007．

[136] 温铁军，郎晓娟，郑风田．中国农村社会稳定状况及其特征：基于100村1765户的调查分析［J］．管理世界，2011（03）：66-76．

[137] 吴福象，葛和平．资本占有量差异、收入机会不平等与财产性收入增长——基于扩大贫富差距的机制分析和实证检验［J］．湘潭大学学报（哲学社会科学版），2014，38（6）：44-49．

[138] 吴锟，吴卫星，蒋涛．贫富差距、利率对消费的影响研究——基于财富效应的视角［J］．管理评论，2015（08）：3-12．

[139] 吴向鹏，高波．文化、企业家精神与经济增长——文献回顾与经验观察［J］．山西财经大学学报，2007（6）：74-80．

[140] 吴跃．广西金融发展与城乡居民收入差距关系的实证研究［J］．区域金融研究，2011（08）：27-30．

[141] 项益才．我国现阶段贫富差距的经济学分析［J］．企业经济，2011（9）：127-129．

[142] 谢瑞巧．居民预期与消费行为的实证分析［D］．福建师范大学，2003．

[143] 谢新明, 青继福, 张国先. 公平税赋黄土地——四川省南江县农村税收征管改革 [J]. 中国财政, 1999 (4): 28-29.

[144] 新华社. 全球社会治理: 以人民利益为根本出发点 [EB/OL]. http://www.xinhuanet.com/globe/2017-11/01/c_136717152.htm, 2017-11-01/2018-7-18.

[145] 邢占军. 我国居民收入与幸福感关系的研究 [J]. 社会学研究, 2011 (1): 196-219.

[146] 熊晟欣, 孙连杰, 何鹏玲. 造成我国贫富差距过大的文化原因研究 [J]. 漯河职业技术学院学报, 2011 (4): 50-53.

[147] 徐广路, 沈惠璋. 经济增长、幸福感与社会稳定 [J]. 经济与管理研究, 2015 (11): 3-11.

[148] 许家军, 葛扬. 收入差距对我国房地产财富效应的影响 [J]. 现代经济探讨, 2011 (3): 84-87.

[149] 颜色, 朱国钟. "房奴效应"还是"财富效应"? ——房价上涨对国民消费影响的一个理论分析 [J]. 管理世界, 2013 (03): 34-47.

[150] 杨春学. 如何压缩贫富差距? ——美国百年历史的经验与教训 [J]. 经济学动态, 2013 (8): 4-13.

[151] 杨楠, 孙元欣. 贫富差距、债务经济与金融危机——基于资产分布视角的美国金融危机成因探讨 [J]. 经济管理, 2010 (1): 1-8.

[152] 阳义南, 章上峰. 收入不公平感、社会保险与中国国民幸福 [J]. 金融研究, 2016 (08): 34-50.

[153] 杨晓锋, 赵宏中. 人力资本分布结构、收入差距与经济增长后劲 [J]. 软科学, 2013, 27 (12): 80-84.

[154] 姚耀军. 金融发展与城乡收入差距关系的经验分析 [J]. 财经研究, 2005 年 2 月: 49-59.

[155] 尹恒, 龚六堂, 邹恒甫. 收入分配不平等与经济增长: 回到库兹涅茨假说 [J]. 经济研究, 2005 (04): 17-22.

[156] 尤克文, 王婷婷. 发展文化产业对缩小贫富差距的影响 [J]. 重庆科技学院学报 (社会科学版), 2008 (6): 54-55.

[157] 余华义, 王科涵, 黄燕芬. 中国住房分类财富效应及其区位异质性——基于35个大城市数据的实证研究 [J]. 中国软科学, 2017 (02): 88-101.

[158] 俞娟. 收入满足度与婚姻关系的城乡比较分析——基于 2007 年 10 月上海与河南收入满足度问卷调查数据 [D]. 上海师范大学, 2009.

[159] 原鹏飞,冯蕾.经济增长、收入分配与贫富差距——基于DCGE模型的房地产价格上涨效应研究[J].经济研究,2014(09):77-90.

[160] 岳昌君,刘燕萍.教育对不同群体收入的影响[J].北京大学教育评论,2006,4(2):85-92.

[161] 张成思,芦哲.媒体舆论、公众预期与通货膨胀[J].金融研究,2014(1):29-43.

[162] 张冲,王学义.人口流动、城镇化与四川离婚率的上升[J].天府新论,2017(1):119-127.

[163] 张凤林.制度研究的新视角:文化传统的作用与影响[J].财经问题研究,2000(4):78-80.

[164] 张凯妮,燕小青.金融发展与城乡收入分配差距关系——基于规模与结构视角[J].科技与管理,2017(01):62-67.

[165] 张会平.女性家庭经济贡献对婚姻冲突的影响——婚姻承诺的调节作用[J].人口与经济,2013(5):19-23.

[166] 赵昕东,李林.家庭经济因素和人口特征如何影响不同收入等级城镇居民消费[J].数理统计与管理,2016(06):1076-1085.

[167] 赵新宇,范欣,姜扬.收入、预期与公众主观幸福感——基于中国问卷调查数据的实证研究[J].经济学家,2013(9):15-23.

[168] 周广肃,樊纲,申广军.收入差距、社会资本与健康水平——基于中国家庭追踪调查(CFPS)的实证分析[J].管理世界,2014(07):12-21.

[169] 周靖祥,王贤彬.城乡居民消费差异与收入不平等研究——来自中国1978—2007年的经验证据[J].投资研究,2011(08):130-148.

[170] 曾飞,黄维德.收入和幸福间关系研究[J].华东经济管理,2006,20(7):154-158.

[171] 邹红,喻开志.劳动收入份额、城乡收入差距与中国居民消费[J].经济理论与经济管理,2011(03):45-55.

[172] 巴曙松,王璟怡,杜婧.从微观审慎到宏观审慎:危机下的银行监管启示[J].国际金融研究,2010,(05):83-89.

[173] 苟文均,袁鹰,漆鑫.债务杠杆与系统性风险传染机制——基于CCA模型的分析[J].金融研究,2016,(03):74-91.

[174] 何德旭,张捷.经济周期与金融危机:金融加速器理论的现实解释[J].财经问题研究,2009,(10):65-70.

[175] 刘春航，朱元倩．银行业系统性风险度量框架的研究［J］．金融研究，2011，(12)：85-99．

[176] 赖娟，吕江林．基于金融压力指数的金融系统性风险的测度［J］．统计与决策，2010，(19)：128-131．

[177] 毛奉君．系统重要性金融机构监管问题研究［J］．国际金融研究，2011 (9)：78-84．

[178] 米歇尔·渥克，王丽云．灰犀牛：如何应对大概率危机［M］．北京：中信出版社，2017，(05)：94．

[179] 肖崎．金融体系的变革与系统性风险的累积［J］．国际金融研究，2010 (8)：53-58．

[180] 徐明东，刘晓星．金融系统稳定性评估：基于宏观压力测试方法的国际比较［J］．国际金融研究，2008，(02)：39-46．

[181] 张晓朴．系统性金融风险研究：演进、成因与监管［J］．国际金融研究，2010 (7)：58-67．

[182] 周小川．金融政策对金融危机的响应——宏观审慎政策框架的形成背景、内在逻辑和主要内容［J］．金融研究，2011 (1)：1-14．

[183] 冯文成，刘英．利率和政府债务［J］．财经问题研究，1993 (3)：45-48．

[184] 高海红，余永定．人民币国际化的含义与条件［J］．国际经济评论，2010 (1)：46-64．

[185] 郭琳，陈春光．论我国地方政府债务风险的四大成因［J］．山东大学学报哲学社会科学版，2002 (1)：121-126．

[186] 林国庆．福建省地方政府债务问题研究［J］．发展研究，2002 (11)：26-28．

[187] 林胜．防范和化解地方政府债务风险［J］．发展研究，2005 (12)：55-56．

[188] 陆晓明．美国公共债务的可持续性及其影响［J］．国际金融研究，2011 (8)：27-33．

[189] 苗连营，程雪阳．分税制、地方公债与央地财政关系的深化改革——基于立宪主义的视角［J］．河南财经政法大学学报，2009，24 (4)：24-30．

[190] 荣艺华，朱永行．美国债券市场发展的阶段性特征及主要作用［J］．债券，2013 (5)：54-59．

[191] 芮桂杰．防范与化解地方政府债务风险的思考［J］．经济研究参考，2003 (90)：36-40．

[192] 田惠敏，田天．供给侧结构性改革背景下提高国家开发投资效率研究［J］．中国

市场, 2016 (26): 49-54.

[193] 尹守香. 关于发行地方公债的理论依据及现实意义的探讨 [J]. 经济研究导刊, 2009 (18): 11-12.

[194] 张明. 次贷危机对当前国际货币体系的冲击 [J]. 世界经济与政治, 2009 (6): 74-80.

[195] 张强, 陈纪瑜. 论地方政府债务风险及政府投融资制度 [J]. 财经理论与实践, 1995 (5): 22-25.

[196] 陈佳贵. 关于企业生命周期与企业蜕变的探讨 [J]. 中国工业经济, 1995 (11): 5-13.

[197] 朱小黄, 谭庆华. 不确定性与经济理论重构的若干问题 [J]. 银行家杂志, 2022 (10&11).

[198] Banerjee A V, Newman A F. Occupational Choice and the Process of Development. Journal of Political Economy, 1993, 101 (2): 274-298.

[199] Beck T, Demirguc-kunt A, Levine R. Inequality and Poverty: Cross-country Evidence. Massachusetts: National Bureau of Economic Research, 2004: 199-229.

[200] Bobonis G J, Carpena-Méndez J, Di J, et al. Income Transfers, Marital Dissolution and Intra-Household Resource Allocation: Evidence from Rural Mexico [J]. University of California at Berkeley Working Paper, 2004.

[201] Bonin H, Dohmen T, Falk A, et al. Cross-sectional Earnings Risk and Occupational Sorting: The Role of Risk Attitudes [J]. Labour Economics, 2007, 14 (6): 926-937.

[202] Chang, H. Consumption Inequality Between Farm and Nonfarm Households in Taiwan: A Decomposition Analysis of Differences in Distribution [J]. Agriculture Economics, 2012, (5): 487-498.

[203] Clarke G, Xul C, Zou H F. Finance and Income Inequality: Test of Alternative Theories. World Bank Policy Research Working Paper 2003, 72 (3): 578-596.

[204] Dahan M, Tsiddon D. Demographic Transition, Income Distribution, and Economic Growth [J]. Journal of Economic Growth, 1998, 3 (01): 29-52.

[205] Ghatak M, Jinag N N. A Simple Model of Inequality, Occupational Choice, and Development. Journal of Development Economics, 2002, 69 (1): 205-226.

[206] Greenwood J, Jovanovic B. Financial Development Growth and the Distribution of Income. The Journal of Political Economy. 1990, 98 (5): 1076-1107.

[207] Guest R, Swift R. Fertility, Income Inequality, and Labour Productivity [J]. Oxford

Economic Papers, 2008, 60 (4): 597-618.

[208] Hsee C K, Yang Y, Li N, et al. Wealth, Warmth, and Well-Being: Whether Happiness Is Relative or Absolute Depends on Whether It Is about Money, Acquisition, or Consumption [J]. Journal of Marketing Research, 2009, 46 (3): 396-409.

[209] Jin Y, Li H, Wu B. Income Inequality, Consumption, and Social-Status Seeking [J]. Journal of Comparative Economics, 2011, 39 (2): 191-204.

[210] Kentor J. The Long Term Effects of Globalization on Income Inequality, Population Growth, and Economic Development [J]. Social Problems, 2001, 48 (04): 435-455.

[211] Killewald A, Pfeffer F T, Schachner J N. Wealth Inequalityand Accumulation [J]. Annual Review Of Sociology, 2017, 43: 379-404.

[212] Kuznets S. Economic Growth and Income Inequality [J]. American Economic Review, 1955, 45 (1): 1-28.

[213] Olson J G, Mcferran B, Morales A C, et al. Wealth and Welfare: Divergent Moral Reactions to Ethical Consumer Choices [J]. Journal of Consumer Research, 2016, 42 (6): 879-896.

[214] Philipa A, Bolton P. A Theory of Trickle-down Growth and Development. Review of Economic Studies, 1997, 64 (2): 151-172.

[215] Schaller J. For Richer, If Not for Poorer? Marriage and Divorce Over the Business Cycle [J]. Journal of Population Economics, 2013, 26 (3): 1007-1033.

[216] Murray M, Stimson, Shannon C. The Figure of Smith: Dugald Stewart and the Propagation of Smithian Economics [J]. European Journal of the History of Economic Thought, 3 (2): 225-253.

[217] Mill J S. Principles of Political Economy with Some of Their Applications to Social Philosophy [M]. Hackett Publishing Company, 2004.

[218] Samuelson P. Foundations of Economic Analysis [M]. Harvard University Press, 1983.

[219] Henry J. Mathematical Sciences [J]. The British Journal for the History of Science, 1983.

[220] Wilson R. Computing Equilibria of N-person Games [J]. SIAM Journal of Applied Mathematics, 1971, 21 (1): 80-87.

[221] Kohlberg E, Mertens J F. On the Strategic Stability of Equilibria [J]. Econometrica: Journal of the Econometric Society, 1986, 54 (5): 1003-1037.

[222] Smith J M. Evolution and the Theory of Games [M]. USA: Cambridge University Press, 1982.

[223] Kreps D M. Game Theory and Economic Modelling [M]. USA: Oxford University Press, 1990.

[224] Fudenberg D, Tirole J. Game Theory [M]. London: The MIT Press, 1991.

[225] Selten R. Spieltheorethische Behadlung Eines Oligopolmodells Mit Nachfragtra Gheit [J]. Z. Ges. Staats, 1965, 12: 301-324.

[226] Harsanyi J C, Selten R. A General Theory of Equilibrium Selection in Games [M]. London: The MIT Press, 1988.

[227] Costanza R, Daly H E. Natural Capital and Sustainable Development. Conservation Biology, 1992, 6 (1): 37-46.

[228] Neumann J V, Morgenstern O. Theory of Games and Economic Bebavior [M]. Princeton U Press, 1994.

[229] Nash J F. Essays on Game Theory [M]. UK: Edward Elgar, 1996.

[230] Sandel M J. Justice: What's the Right Thing to Do [J]. 2010, 91 (4): 1303-1310.

[231] Sandel M J. What Money Can't Buy: The Moral Limits of Markets [J]. 2013, 60 (1): 101-106.

[232] Harsanyi J C. Games with Incomplete Information Played by 'Bayesian' Players [J]. Manage Science, 1967-68, (14): 159-82.

[233] Nash J. Equilibrium Points in n-Person Games [J]. Proceedings of the National Academy of Sciences, 1950, 36: 48-49.

[234] Nash J. The Bargaining Problem [J]. Econometrica, 1950, 18: 155-162.

[235] Nash J. Two-person Cooperative Games [J]. Econometrica, 1953, 21: 128-140.

[236] Nash J. Non-cooperative Games [J]. Annals of Mathematics, 1951, 54: 286-295.

[237] Acharya VV, Lasse P, Thomas P, et al. Regulating Systemic Risk [J]. New Finance, 2010, 18 (2): 174-175.

[238] Bernanke BS. Asia and the Global Financial Crisis (welcome address) [D]. School of Oriental and African Studies (University of London), 2009.

[239] Bernanke B, Gertler M. Agency Costs, Net Worth, and Business Fluctuations [J]. American Economic Review, 1989, 79 (1): 14-31.

[240] Blundell R, Bond S. Initial Conditions and Moment Restrictions in Dynamic Panel Data Models [J]. Journal of Econometrics, 1998, 87 (1): 115-143.

[241] Brunnermeier MK. Deciphering the Liquidity and Credit Crunch 2007-2008 [J]. Journal of Economic Perspectives, 2009, 23 (1): 77-100.

[242] Frankel JA, Rose AK. Currency crashes in emerging markets: An empirical treatment [J]. International Finance Discussion Papers, 1996, 41 (3-4): 351-366.

[243] Hart O, Zingales L. How to Avoid a New Financial Crisis [J]. 2009.

[244] Illing M, Liu Y. An Index of Financial Stress for Canada [J]. Staff Working Papers, 2003, 29 (03-14).

[245] Minsky H P. Stabilizing an Unstable Economy [J]. Southern Economic Journal, 2008, 54 (2).

[246] Sharpe, W. F. Capital Asset Prices: A Theory of Market Equilibrium Under Conditions of Risk [J]. Journal of Finance, 1964, 19 (3): 425-442.

[247] Sims C A. Macroeconomics and Reality [J]. Econometrica, 1980, 48 (1): 1-48.

[248] Abbas A E. Decomposing the Cross Derivatives of a Maldistributed Utility Function into Risk Attitude and Value. [J]. Decision Analysis, 2011, 8 (2): 103-116.

[249] Aizenman J, Lee J. International Reserves: Precautionary Versus Mercantilist Views, Theory and Evidence [J]. Open Economies Review, 2007, 18 (2): 191-214.

[250] Alesina A, Perotti R. The Political Economy of Budget Deficits [J]. IMF Economic Review, 1995, 94 (1): 1-31.

[251] Auerbach A J, Lee R. Welfare and Generational Equity in Sustainable Unfunded Pension Systems. [J]. Journal of Public Economics, 2011, 95 (1-2): 16-27.

[252] Baldacci E, Kumar M. Fiscal Deficits, Public Debt, and Sovereign Bond Yields [J]. Social Science Electronic Publishing, 2010 (8).

[253] Barro R J. Money and the Price Level under the Gold Standard [J]. Economic Journal, 1979, 89 (353): 13-33.

[254] Burnside C. Currency crises and contingent liabilities [J]. Journal of International Economics, 2004, 62 (1): 25-52.

[255] E. S. Levine. Improving risk matrices: the advantages of logarithmically scaled axes [J]. Journal of Risk Research, 2012, 15 (2): 209-222.

[256] Furceri D, Zdzienickadurand A. The Consequences of Banking Crises on Public Debt [C], Groupe analyses et de Theory Economies (GATE), Centre national de la recherché identified (CNRS), University Lyon 2, Ecole Normal Supergenre, 2010: 289-307.

[257] Geys B. Explaining voter turnout: A review of aggregate-level research [J]. Electoral Studies, 2006, 25 (4): 637-663.

[258] Greenspan A. Activism [J]. International Finance, 2011, 14 (1): 165-182.

[259] Hildreth W B, Miller G J. Debt and the Local Economy: Problems in Benchmarking Local Government Debt Affordability [J]. Public Budgeting & Finance, 2002, 22 (4): 99-113.

[260] Institute O S, Hogye M. Local Government Budgeting [J]. Popular Government, 2002.

[261] Levine H. The Impact of Debt Management Policies on Borrowing Costs Incurred by U. S. State Governments [J]. Public Finance & Management, 2011, 11.

[262] Mcdermott C J, Wescott R F. An Empirical Analysis of Fiscal Adjustments [J]. IMF Economic Review, 1996, 43 (4): 725-753.

[263] Mello M. Estimates of the Marginal Product of Capital, 1970-2000 [J]. B. E. Journal of Macroeconomics, 2009, 9 (1).

[264] Mikesell J L, Mullins D R. Reforms for Improved Efficiency in Public Budgeting and Finance: Improvements, Disappointments, and Work – in – Progress [J]. Public Budgeting & Finance, 2011, 31 (4): 1-30.

[265] Plekhanov A, Singh R. How Should Subnational Government Borrowing Be Regulated? Some Cross-Country Empirical Evidence [J]. Imf Staff Papers, 2006, 53 (54): 4-4.

[266] Reinhart C M, Rogoff K S. Growth in a Time of Debt [J]. American Economic Review, 2010, 100 (2): 573-78.

[267] Saint – Paul G. Technological Choice, Financial Markets and Economic Development [J]. European Economic Review, 1992, 36 (4): 763-781.

[268] Sargent T J, Wallace N. Some Unpleasant Monetary Arithmetic [J]. Quarterly Review, 1981, 5.

[269] The Securities Industry and Financial Markets Association (SIFMA), U. S. bond Market [Z]. http://www.sifma.org/legal/, 2015.

[270] The White House, Economic Report of the President [R], the U. S., 2015.

[271] Boyd J H, Jagannathan R. Ex – Dividend Price Behavior of Common Stocks [C] // Federal Reserve Bank of Minneapolis, 1994: 711-741 (31).

[272] Conyon M J, Peck S I. Board Control, Remuneration Committees, and Top Management Compensation [J]. Academy of Management Journal, 1998, 41 (2): 146-157.

[273] Fama E F, Jensen M C. Separation of ownership and control [J]. The journal of law and Economics, 1983, 26 (2): 301-325.

[274] Greiner L E. Six Trends Obstructing Change [J]. Business Horizons, 1972, 15 (3):

17-24.

[275] Jawahar I M, McLaughlin G L. Toward a Descriptive Stakeholder Theory: An Organizational Life Cycle Approach [J]. Academy of Management Review, 2001, 26 (3): 397-414.

[276] Jensen M C, Meckling W H. Theory of the Firm: Managerial Behavior, Agency Costs and Ownership Structure [J]. Journal of Financial Economics, 1976, 3 (4): 305-360.

[277] Maijoor S. The Internal Control Explosion [J]. International Journal of Auditing, 2000, 4 (1): 101-109.

[278] Murphy K J. Corporate Performance And Managerial Remuneration: An Empirical Analysis [J]. Journal of Accounting and Economics, 1985, 7 (1-3): 11-42.

[279] Haire M. Biological Models and Empirical Histories of the Growth of Organizations [J]. Modern Organization Theory, 1959, 10: 272-306.

[280] Henry L. Tosi, Steve Werner, Jeffrey P. Katz, et al. How Much Does Performance Matter? A Meta-analysis of CEO Pay Studies [J]. Journal of Management, 2000, 26 (2): 301-339.

后记

从经济拐点研究到异度均衡理论的提出及深入研究，并形成论文和本书，是一个艰难的过程，历时七年之久。与此相关的文章、课题研究及专著的写作也是一个巨大的工程。从 2014 年《中国债务拐点研究》开始，到本书的写作（2021—2022 年），参与研究与写作的团队先后有二十余人，他们是林嵩教授、张光利教授、陈金亮教授、武文琦博士、秦权利博士、罗英博士、隋钰冰博士、张微林博士、杨军博士、王林博士、谭庆华博士、蔡鑫博士、孙伟研究员、王丹研究员、付正文研究员，以及蒙格斯智库的部分研究人员。虽然相关的理论框架、研究目的、方法路径在经济思想和逻辑上来源于我本人的思考，但如此宏大的研究活动和成果，没有这些专家学者的参与和他们在研究方法、工具上的创造、数学模型上的构建，是不可能完成的。本书的写作也是由我和谭庆华博士在以前各种研究成果的基础上归纳、总结、提炼才得以完成的。

数十年的金融职业生涯和经济思考，尽管笔耕不辍，出版过十几本著作，发表过数百篇专业文章，但异度均衡理论的构建与写作过程使我明白：浅表的思考犹如砖瓦，而理论体系、思想体系的构建犹如设计一栋复杂的建筑，既非一日之功，也需要智慧的汲取与积累；发表某些经济思考容易，但建构一套经济思想体系非常艰难。异度均衡理论的构建过程几乎用尽了我自己有限的智力与精力，而且于暮年之际做学术之梦更加吃力和困难。幸好有上述各位朋友同侪的支持，尤其是谭庆华博士的鼎力相助，总算把这套理论较为完整地呈现给读者。虽然尚是浅显之作，毕竟所虑所思涉及人类的文明，属于经济理论的逻辑创新。窃以为，也是中国经济学家在基础经济学理论方面的首次贡献。搁笔之际，心中仍然感到无限宽慰。如果异度均衡理论能够得到学界的认同和传播，那就心中释然、无比幸福了。

感谢我的博士生导师白钦先教授为本书作序。白老师是中国经济可持续发展研究的先驱，本书的创作过程其实也深受白老师严谨认真的学术态度影响。很感谢我的老领导和老朋友常振明先生为本书所作的序言，常董事长是我一直敬重的智者，也给过我许多的思想指导。也很感谢我的朋友周天勇教授为本书所作的序言，作为中央党校的教授，天勇兄的创新、耿直与直言不讳是学界人的共识。他们的序言使本书锦上添花。

感谢我的家人给了我巨大的精神支持。每当我伏案写作时，我的外孙小七与小九都很自觉地不来打扰我。

朱小黄

2022 年 3 月